走／近／古／典／丛／书

天风海雨吟啸行

东坡词的智慧人生

◎周新华／著

河北大学出版社

目录

目录

下篇 胜地撷芳

上篇 情感世界

智慧的最高境界——厚博之爱

心中充溢着爱的人是可爱而明智的。因为，怀抱浓厚的仁爱悲悯之情，既可温暖他人，也可让自己活得愉悦而坦荡。

无论经历多少风吹雨打，苏东坡总是以一颗赤子般的爱心，去拥抱生活、关爱亲友、关注民生、善待万物。因此，他也享受到了心灵的抚慰与温暖，寻找到了生活的趣味与快乐，并昭示出了他的人格魅力与人生智慧的最高境界。

有情相守才是家
——琴瑟情缘

论起夫妻情爱，我脑海里首先映出的便是《诗经·关雎》，“关关雎鸠，在河之洲。窈窕淑女，君子好逑。”诗歌先以雎鸠相向和鸣起兴，写一位男子寻觅到了自己的意中人。接下来便是“寤寐求之”，展开了求爱攻势，“求之不得，寤寐思服。悠哉悠哉，辗转反侧。”受尽了相思的煎熬，仍不懈追求。终于，打动了“淑女”的芳心，便“琴瑟友之”，“钟鼓乐之”，有了甜蜜浪漫的恋爱和庄重热闹的婚礼。此诗列在中国古代第一部诗歌总集《诗经》的第一篇，意义非同一般，故引起的关注与争论自然也就很多。或曰咏后妃之德，或曰刺周康王好色晏起，或曰祝贺新婚的乐章，或曰单纯的恋歌。我却以为，此诗实为恋爱与婚姻的颂歌，它既为中国数千年的恋爱婚姻确立了理想范式，又可作今天人们婚恋的指南。

诗歌突出的是一个“情”字，最打动人的也是对情的“寤寐”求之与思念。但无论相恋与迎娶，皆借“琴瑟”、“钟鼓”以表达，显得和谐高雅。可以说既言情又

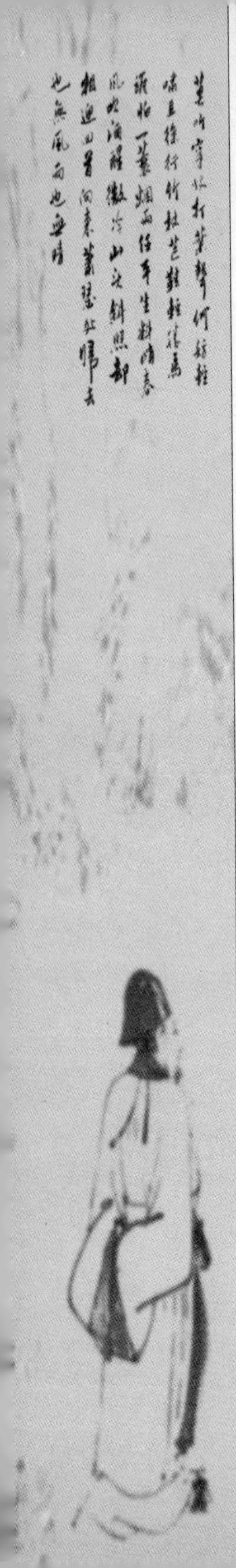

庄重，既合情又合礼。也正因为如此，此诗对后世产生了深远的影响。“琴”者，情也。求爱，往往以琴挑之。汉代大辞赋家司马相如追求卓文君，借琴弹奏《凤求凰》，谱出了文君夜奔相如的千古佳话。张生追求莺莺也照此办理，为《西厢记》增加了雅趣琴音。而李商隐《锦瑟》一诗，以“锦瑟”起兴，便给人一种朦胧又美丽的遐想。夫妻情深称作“琴瑟和谐”,丧妻为“断弦”,再续娶便是“续弦”了。“窈窕淑女，君子好逑”成为谈论男女之情的常语，“关雎”与鸳鸯一起，则成为中国传统文化中婚姻地久天长的象征。所有这一切，无不与此诗特定的审美意象有关。

电视剧《还珠格格》中有一支很好听的曲子，叫做“你是风儿我是沙”，听得人心潮激荡。尤其是“有情相守才是家”一句，唱出了爱的执著与婚姻幸福的真谛，朴素而深刻。轰轰烈烈地爱一场不容易，而守住这份情不变色，让夫妻感情家庭生活永远温馨谐美，就更不容易。那么，在漫长的婚后生活中，在柴米油盐酱醋茶的琐碎平凡中，怎样才能做到“有情相守”呢？我以为，《诗经·关雎》对我们有不少启发，概括说来即识缘、求缘、惜缘。

恋爱婚姻讲究一个缘分，所谓“千里姻缘一线牵”（《红楼梦》），“有缘千里来相会，无缘对面不相逢”（《水浒传》）。何来缘分？既需机缘，又要你识缘，识得谁是与你相配的那一半。你是“淑女”，才能配得上“君子”；你够的上“君子”，才有资格求得“淑女”，当然还需要其他条件的考虑。否则，一味强求，既难有善果，也容易造成悲剧。其次，能识缘也要会求缘，只“辗转反侧”不行，还要会“寤寐求之”。“有花堪折直须折，莫待无花空折枝。”（唐·杜秋娘《金缕衣》）你不主动追求，不会表达，就会缘走分失。最主要的，你要懂得惜缘。用真情“友之”，用真意“乐之”，才会长久地享受琴瑟之缘。

絮叨了半天《诗经·关雎》，与苏东坡的夫妻情爱有关吗？当然有。我以为，东坡之所以先后与三位女性都能够“有情相守”，就在于他能识缘、惜缘、守缘与随缘。

东坡的结发妻子名王弗，十六岁嫁入苏家，不幸华年早逝，二十七岁病逝于京都，一年后葬于四川眉山苏家祖茔，得以长伴公婆。东坡亲手栽下三万株松树，以寄托深深的哀思。她与东坡共同生活了仅十年有余，只留下一子苏迈。但她赢得了一曲《江城子·乙卯正月二十日夜记梦》，一篇《亡妻王氏墓志铭》，她的名字连同《江城子》一起，成为千古悼亡之绝唱！

十年生死两茫茫。不思量，自难忘。千里孤坟，无处话凄凉。纵使相逢应不识，尘满面，鬓如霜。夜来幽梦忽还乡，小轩窗，正梳妆。相顾无言，唯有泪千行。料得年年肠断处，明月夜，短松冈。

诗人用朴实的语言，白描的手法，叙写了夫妻的生死离别；用怀人的笔法抒发了对亡妻的无尽思念；又以倾诉的口吻诉说自己的沧桑与伤痛，情真意切，血泪交迸，哀婉欲绝。每每读之，都令人眼湿心热，情动神摇。正如苏门六君子之一的陈师道所说：“有声当彻天，有泪当彻泉。”（唐圭璋《唐宋词简释》）引起了历代无数读者的感动与共鸣。

在中国文学史上，自潘岳的《悼亡诗》三首之后，能打动人心的悼亡之作确也不少。比如元稹的《遣悲怀》

三首，贺铸的《鹧鸪天·半死桐》，纳兰性德的《浣溪沙》（谁念西风独自凉）等。但最撼人心魄的，我以为还当属东坡的这首《江城子》。

此词写于宋神宗熙宁八年（1075），东坡知密州的时候，距王弗去世已过去了十个年头。十年的漫长岁月，亡妻依然活在他的心里，让他念念不忘，难以释怀，可见东坡对亡妻的怀念是多么深沉而绵长。那么，王弗是怎样的一位女子？东坡又为什么能守住这份情呢？实际上，二人的姻缘属于先结婚后恋爱型的。东坡对王弗，有一个从随缘到识缘，逐渐才惜缘并守缘的过程。

当时，东坡本欲隐居读书，不想过早结婚，为遵父母之命，才与王弗完婚。而王弗似已对这个年轻才俊情有所钟。因为据民间传说，二人的结合实缘于一个题名择婿的故事。王弗的父亲王方，为乡贡进士，颇有名望，想借为中岩寺一鱼池征名的活动，暗中为女儿择婿，于是便请来当地众多的青年才子。鱼池依山傍岩，游人拍手，鱼儿便跃出水面。因此，或曰“藏鱼池”，或曰“观鱼池”，或曰“跳鱼池”，均不尽如人意。只有东坡的题名“唤鱼池”，赢得了众人的赞许，而王方之女王弗派人送来的取名题签，竟也是“唤鱼池”。正是这次风雅的征名活动，导致王方请人向苏洵提亲，才促成了才子佳人的珠联璧合。

在《亡妻王氏墓志铭》中，东坡深情地记下了三件事情。其一，侍奉父母，以“谨肃”。在父母公婆面前，王弗端庄守礼，谨慎懂事，恪守妇道，赢得了公婆的喜欢与器重。其二，伴读来凤轩，“敏而静”。东坡在来凤轩书房读书，王弗终日陪伴。起初，她未说自己知书，但东坡读书“偶有所忘”，她却“能记之”，从旁提醒，问其他的书，也所知不少。东坡大喜过望，方知道自己的新娘是这样的机敏而沉静，性格正好与自己的外向豪爽互补，知书又可相伴红袖添香夜读书。其三，伴仕凤翔府，“类有识”。仁宗嘉祐六年（1061），东坡以京官身份任职陕西凤翔府签判。这是东坡第一次离开父亲、兄弟步入仕途，他年方二十六岁，年轻气盛，胸无城府，缺乏处世经验，善解人意、通情达理的妻子便成了他的贤内助。她常以父母之告诫提醒丈夫谨慎行事，说“子去亲远，不可以不慎”。东坡率真无隐，往往把什么人都当成好人，而王弗则善于识人待物。每当有客人来访，东坡总愿让她在屏后聆听，而她对客人是否可交的判断总会被事实所验证，对初入仕途的东坡帮助甚大。东坡越来越敬重妻子，爱惜妻子，时时听从妻子的良言劝告，夫妻更加恩爱情深。

然而，爱益深，天也妒！患难与共、情同知己的贤妻良友，竟过早的被夺去了生命，东坡失声哀恸：“余永无所依怙”！虽然几年之后东坡又再娶，但在他的心中，一直信守着对这位结发妻子的一份情爱，以至于十年后，积淀郁结为《江城子》这曲哀乐！王弗这短暂的一生，也算值了。

东坡的继室王闰之，人称“二十七娘”，是王弗的堂妹，二十一岁时嫁给了三十三岁的姐夫。这是一段很务实的婚姻，属于亲友撮合而成的亲上作亲。对王闰之而言，东坡才华横溢，忠厚善良，前途无量。而且接替堂姐，彼此知根知底，未来生活也就没有了后顾之忧。对苏东坡而言，两情相悦固然重要，但父母双亡，前妻留下的儿子尚幼，自己公务繁忙又无暇顾家，找一个善于持家、宽厚慈爱、能善待儿子的人更切实际。而王闰之就恰好符合这个条件。因此，当年苏东坡续娶这个小妻妹时，虽未必那么心甘情愿，但还是极明智的选择。后

来的事实证明，这又是一段美好的姻缘。

东坡与王闰之于熙宁元年（1068）七月结为连理，到元祐八年（1094）八月一日闰之病逝于京城，他们的夫妻情缘为二十六年。王闰之延续了王弗对丈夫的关心和体贴，为东坡生下了次子苏迨和三子苏过，并抚育了堂姐留下的长子苏迈，“三子如一，爱出于天”，是典型的贤妻良母。夫妻之间虽谈不上有多么炽热、浪漫的爱情，但王闰之跟随东坡走南闯北，遍尝了大起大落、悲欢离合的种种境遇，抒写出了中年夫妇在患难与琐碎中相依相守、相濡以沫的深情。

在东坡的诗词中，除《祭亡妻同安郡君文》之外，少有特意标明为闰之而作的名作，因此，王闰之也就不太被读者和研究者所重视。但检读东坡诗文之后，我发现至少在十来篇作品中，闪动着王闰之的形象，仅词作就有六篇。这些词多作于夫妻两次久别之时，表现出东坡对妻子的思念与钟情。

东坡与王闰之的第一次长别是在通判杭州任上，因受命前往润州（今江苏镇江）一带赈灾，夫妻离别近半年之久，思家念妻之情便油然而生。这时期有两首词婉转真切地表达了这种情感。一首是《减字木兰花·得书》：

晓来风细，不会鹊声来报喜。却羡寒梅，先觉春风一夜来。　香笺一纸，写尽回文机上意。欲卷重开，读遍千回与万回。

此词作于熙宁七年（1074）正月，距上年冬离家，已有两个月左右，对家人的思念与日俱增，收到家人的书信更是喜悦异常。词题虽未标明得谁之书，但正如邹同庆、王宗堂所说：从“香笺一纸，写尽回文机上意”

的用典，显为“得”妻之“书”(《苏轼词编年校注》)。据《晋书·窦滔妻苏氏传》记载，前秦秦州刺史窦滔，被徙流沙，其妻苏蕙思念丈夫，织锦为八百四十字回文诗，宛转循环皆可诵读，寄给丈夫以表情思，后世传为佳话。东坡用此典喻妻子的书信，可见王闰之知书能文，信写得情意绵绵，使得诗人爱不释手，“欲卷重开，读遍千回与万回”。也流露出了东坡对妻子由衷的欣赏和深切的思念。

另一首词为《少年游·润州作，代人寄远》，是一首很美很有名的作品，词曰：

去年相送，余杭门外，飞雪似杨花。今年春尽，杨花似雪，犹不见还家。　　对酒卷帘邀明月，风露透窗纱。恰似姮娥怜双燕，分明照，画梁斜。

词的上片，用“飞雪”与“杨花”两种形似可以互拟的自然物象，作为冬、春两个不同季节的典型景物，表达夫妇别离的长久和久别的悠悠思念，形象鲜明，情景交融。同时，此词上片由两个并行的四、四、五言的句式组成，形式独特，作者巧妙地利用了这一形式，让“飞雪似杨花”时的送别场景和“杨花似雪”时的思念情景互衬，既构成回环往复的旋律节奏，让人想起《诗经·小雅·采薇》：“昔我往矣，杨柳依依；今我来思，雨雪霏霏”，又把连绵悠远的思念之情表达得淋漓尽致。

下片的画面转入室内，借李白《月下独酌》“举杯邀明月，对影成三人”之意，写月光风露下思妇凄清孤寂的心情。为了排遣相思之苦，她卷起珠帘，想邀月同饮。然而，风露却透窗纱而入，且明月也未与她“对影成三人”，却像是偏爱画梁上的成双成对的燕子，多情地

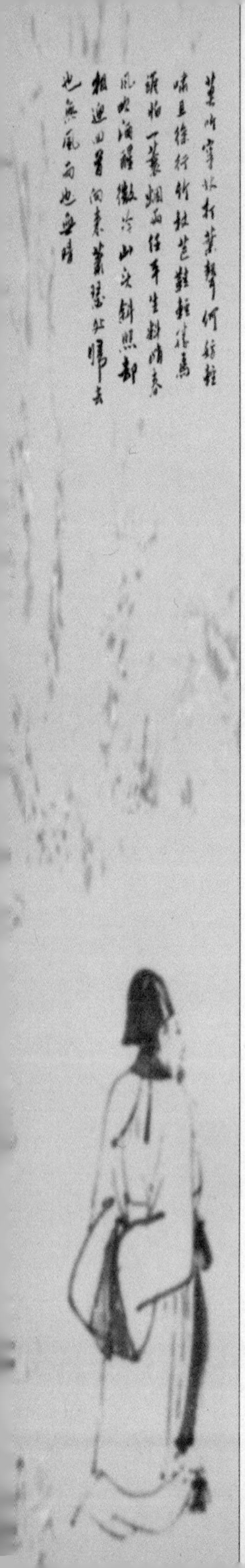

斜映着它们。这里以“姮娥”代月，写月亮初上，照见燕子双栖，更加重了孤单相思之人的孤独与凄凉，写得含蓄而多情。

最妙的是这首词的独特构思。词作的主旨本是诗人思念远在杭州的妻子王闰之，却不直写自己的思念，反写妻子在家中思念自己。类似的写法在东坡之前也不少见，最典型的莫过于杜甫的《月夜》：

今夜鄜州月，闺中只独看。
遥怜小儿女，未解忆长安。
香雾云鬟湿，清辉玉臂寒。
何时倚虚幌，双照泪痕干。

诗歌写的是天宝十五载（756）安史之乱中，杜甫身陷叛军占据的长安，思念鄜州的亲人。“本是诗人对月怀念妻儿，但诗中所写主要的却是妻子对月怀念丈夫，和孩子由于年龄太小还不知道怀念爸爸的情形。通过这样一种巧妙的构思，就不仅使得自己的怀念之情更加突出，而且整个诗篇也由自己单独的抒情变为夫妻两人共同的抒情了。”（程千帆《古诗今选》）

东坡的《少年游》与杜甫的这首诗很相似，都以独特的构思写出了伉俪的深情，但手法仍有些不同。杜诗虽揣想妻子如何思念自己，但仍是从自己的角度着笔，是“心已神驰到彼，诗从对面飞来”（清·浦起龙《读杜心解》）的写法。而东坡此词则完全站在妻子的角度，以妻子的感觉和口吻来写，用的是“代言体”的方式，既曲折深婉，又更可见夫妻情同彼此，心灵相通。

东坡与妻子的第二次久别，是自元丰二年（1079）七月系狱乌台，到元丰三年（1080）五月苏辙送王闰之及一家大小到黄州与东坡团聚，前后达十个月之久。这期间，东坡寄给王闰之的一封信使用了词的形式，即《南歌子·感旧》：

寸恨谁云短，绵绵岂易裁。半年眉绿未曾开。明月好风闲处、是人猜。　春雨消残冻，温风到冷灰。尊前一曲为谁哉？留取曲终一拍，待君来。

词作于东坡初到黄州贬所的元丰三年二月，离别家人正好半年。想半年前在湖州任上，东坡被突然逮捕，家也被抄，一家人几乎吓死，哭声震天。据《东坡志林》记载：看到丈夫被带走，王闰之哭得一句话也说不出。东坡为了安慰妻子，便回头说到："子独不能如杨处士妻，作一诗送我呼？"——杨处士名朴，为宋真宗时的一名隐士，善作诗，因不愿应诏入京而被押到朝中。真宗问他能否作诗，他答曰："不能"。真宗又问他临行时有无人作诗送行，杨处士便回答说："没有。只有老妻作了一首绝句：'且休落托（魄）贪杯酒，更莫猖狂爱吟诗。今日捉将宫里去，这回断送老头皮。'"真宗听后大笑，便放了杨处士回家。王闰之听丈夫如此说话，"不觉失笑"，二人这才分手作别。这个生离死别的场面既表现了东坡的旷达与幽默，也显示出夫妻相互之间极深的了解。

东坡此词既向妻子倾诉了被抓、受诬、遭贬的痛苦"旧事"及满腔怨愤，又想象、推测妻子半年来一定是"眉绿未曾开"，满腹忧愁。既说"春雨"、"温风"到来，灾难过去，自己心情渐趋好转，以免妻子担忧挂念，又盼妻子早来黄州，一家团聚。

真可谓患难见真情！谁说"夫妻本是同林鸟，大难

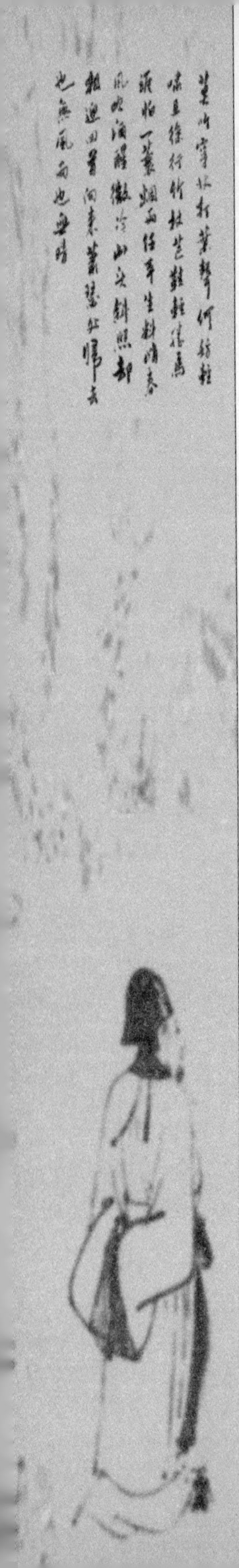

到时各自飞”？灾难也是机缘，它会让爱的火花更灿烂温馨。这绵绵的情愫，殷殷的思念，今天读来都让人叹息与感动。真该感谢当时没有电话、手机、电子邮箱等高科技的玩意儿，才让这缕缕的真情美意借文字保存下来，供今天的我们咀嚼回味。

在漫长的婚姻生活中，突发事件毕竟为偶然，常态的必然则是一粥一饭，朝夕相处，很容易产生所谓的审美疲劳。冯小刚一部贺岁片《手机》，便将婚姻生活中的这一面，巧妙地演绎出来。因此，有人便悲叹：“婚姻是爱情的坟墓。”打架吵嘴者有之，红杏出墙、移情别恋者也非少见。东坡“不是一个完人，处在宋代纳妾、携妓宴游颇为风行的社会环境中，他也曾有过一些风流韵事，但是从整体上看，苏东坡的爱情生活还是较为严肃而质朴的。”他“爱情生活的特点，是钟情于自己的妻子，而不是拈花惹草。”从他的文学作品里，我们“清楚地看到了一位感情炽热，但却严肃而忠诚的苏东坡。”同时，我们也清楚地看到“一位与丈夫同生死、共患难，忠贞不二，勤于持家的贤妻良母的王闰之形象。”（朱靖华《苏轼论》）

王闰之贤惠稳健，善良宽厚。作母亲，她待堂姐之子如同己出，把家庭生活安排得温暖而清爽。作妻子，她对丈夫关怀体贴，无微不至。元祐七年正月，东坡任颍州知州，州堂前梅花大开，月色鲜霁。王夫人说：“春月色胜如秋月色，秋月令人凄惨，春月令人和悦，何如召赵德麟辈来，饮此花下。”东坡大喜，认为“此真诗家语耳”，遂召赵德麟等人饮酒赏花，并作词《减字木兰花·春月》：

春庭月午，摇荡香醪光欲舞。步转回廊，半落梅花婉娩香。　　轻云薄雾，总是少年行乐处。不似秋光，只与离人照断肠。

闰之尊重、理解丈夫的脾气爱好，给他以极大的宽松和自由。她知道丈夫爱借酒解忧，无论多困难，也要给丈夫预备点好酒。东坡有感于怀，常常把妻子的体贴与贤惠写入诗文之中。比如《后赤壁赋》：

客曰："今者薄暮，举网得鱼，巨口细鳞，状似松江之鲈，顾安所得酒乎？"归而谋诸妇。妇曰："我有斗酒，藏之久矣，以待子不时之需。"于是，携酒与鱼，复游于赤壁之下。

闰之清楚地知道自己嫁的是一个什么样的人，不会愚蠢地去改造他。她也清楚地知道自己爱的是丈夫这个人，而不是他的财产、地位与名声。因此，丈夫被贬黄州，躬耕东坡，生活艰苦，她也毫无怨言，助耕养蚕，"菽水欣然"。丈夫官高位显，荣华富贵时，闰之有机会陪皇后祭拜皇陵，受到贵夫人般的荣宠，她也不会喜笑颜开。因此，当她因病离世之时，东坡痛彻肺腑："孰迎我门，孰馈我田？"谁会在门口迎接我，谁来体贴照顾我？这就是夫妻！平平淡淡又温暖如春。这才是真正的夫妻！永远的关爱与牵挂。东坡无以为报，发愿"唯有同穴，尚蹈此言。"七年以后，东坡撒手人寰，夫妻得以合葬相伴，实现了自己的诺言。

东坡感情生活中的第三位女性王朝云，字子霞，为东坡的爱妾，是东坡晚年遭贬惠州时的精神慰藉与生命支柱。与前两位王姓夫人均出身于书香门第不同，朝云则出身风尘，但这并不影响东坡对她的尊重与疼爱。两

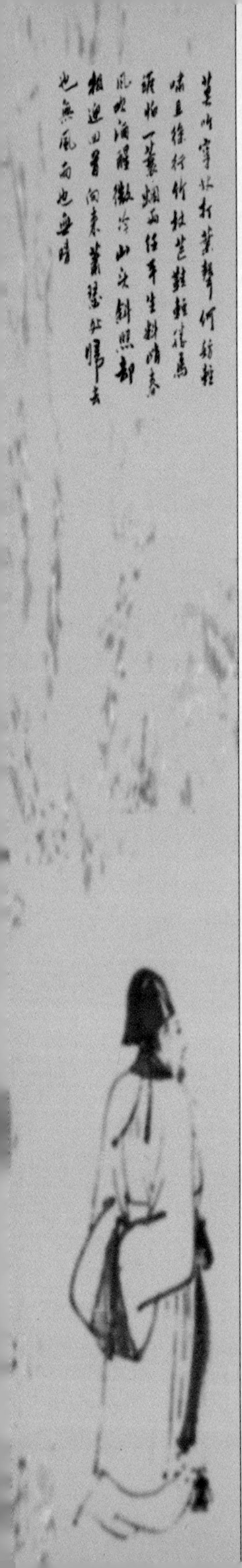

个人的结合，既有宋朝文人喜歌舞、善音律、好携妾宴游的文化背景，有东坡浪漫风流的天性因素，更有他对美的妙赏和追求。这是苏东坡千挑万选出来的一个，也是他为之奉献诗词文最多的一个，可以说是他一生中尤其是晚年的最爱。

据说，朝云原为杭州富春院的歌妓。熙宁七年(1074)，时任杭州通判的苏东坡发现了她，见这位十二岁的小姑娘容颜娇美，能歌善舞，秀外慧中，又有一股清丽脱俗的气质，很是喜欢。东坡帮她脱籍跳出火坑，并收她为侍女，十八岁时纳为爱妾。元丰六年（1083）居黄州时，朝云生一子名苏遁，小名幹儿，给全家带来了莫大欢乐。但孩子只活了十个月就因病夭亡，朝云痛不欲生，郁郁寡欢。东坡沉痛地写下悼儿诗两首，对朝云更加怜惜。

朝云不仅姿色出众，歌喉悦耳，而且聪明机敏，是东坡晚年的精神知己。元祐初年，司马光尽废新法，东坡则主张“较量利害，参用所长”，屡次遭到攻击，心中郁闷。一日退朝用完饭，东坡“扪腹徐行”，回头对侍女们说：“你们说我这腹中装的是什么？”一个侍女说：“都是文章”，东坡不以为然。另一个侍女说：“满腹都是经纶机关”，东坡也认为不对。这时朝云说道：“学士一肚皮不合时宜。”东坡乃捧腹大笑（颜中其《苏东坡轶事汇编》)。可见朝云确为深知东坡的妙人。

朝云最为人称道的是她用情的执著和品行的高贵。东坡晚年远谪岭南惠州，家中数妾“相继辞去”。东坡出于怜爱，让朝云离开自己，以免受到牵累，可朝云却执意陪伴东坡走向蛮烟瘴雾的岭南。当时的苏东坡已五十九岁，年老体衰，“时宰欲杀之”，生死难料。而朝云才三十二岁，依然年轻漂亮，却甘心情愿的与东坡共赴逆境，同沐风雨。他们虽白发、红颜，有很大的年龄差异，却用爱弹奏出了极和谐的共鸣曲。他们种菜、酿酒，生活上互相关怀；吟诗唱词，心灵上互相宽慰。其感情超出了寻常的男欢女爱，也越过了一般的夫妻情感，升华为志同道合、心心相印的崇高爱情。朝云获得了苏东坡最诚挚的敬重与疼爱，也以自己爱的奉献，让年迈的东坡充满了生命活力和生活乐趣。

东坡较少为女性写诗作文，可为朝云，他却献出了近二十篇精美作品。我们不去说大家熟悉的《朝云诗并引》等诗歌作品，只举几首词来感受一下他们的恋情，领略一下大诗人晚年的深情。

白发苍颜，正是维摩境界。空方丈、散花何碍？朱唇箸点，更髻鬟生彩。这些个、千生万生只在。好事心肠，著人情态。闲窗下、敛云凝黛。明朝端午，待学纫兰为佩。寻一首好诗，要书裙带。（《殢人娇·赠朝云》）

这是绍圣二年（1095）端午节，也就是朝云生日的前一天，东坡赠给朝云的赞诗。“维摩”，即维摩诘，著名大乘居士，与释迦为同时代人。东坡贬岭南后，很长时间住在嘉祐寺，常自称维摩，如《朝云诗》“天女维摩总解禅”等，用以表示年老、修行已成，经得起各种诱惑。“散花”，指佛经中的天女散花，这里指朝云。词的上片，先说自己发白年老，已达到维摩诘的境界，即便与散花天女同居方丈亦无妨碍。又说朝云嘴唇点上口红格外美丽，发髻上梳着髻鬟，流光溢彩，这种种的美在朝云身上永远存在，表现了对朝云美的欣赏与赞美。下片先写朝云的万般柔爱与千种风情。说朝云既有做善

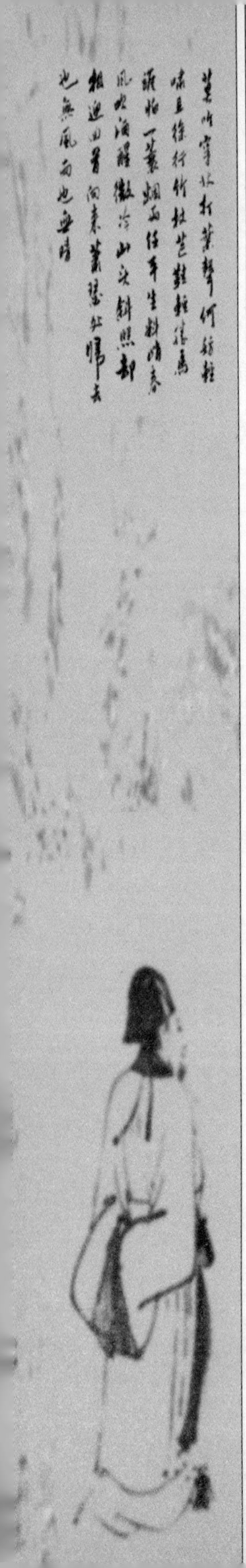

事的热心肠，又如少女般昵恋着东坡，收敛眉黛，情态动人。因此，东坡要“纫秋兰以为佩”（屈原《离骚》），为她佩带兰花，为她把表达情爱之词书写在裙带上。

第二天，东坡果然寻了一首好词《浣溪沙·端午》，愿“佳人相见一千年”。在这里，年已六十的东坡老人与三十三岁的朝云，很像一对热恋中的情人，让人好生羡慕。

然而，朝云的娇姿弱体，实在经受不起蛮风瘴雨的侵袭。绍圣三年夏天，朝云患上了瘴疫，虽尽力抢救，却少见起色。东坡忧心如焚，写下了一首《三部乐·情景》：

美人如月，乍见掩暮云，更增妍绝。算应无恨，安用阴晴圆缺？娇甚空只成愁，待下床又懒，未语先咽。数日不来，落尽一庭红叶。　今朝置酒强起，问为谁减动，一分香雪。何事散花却病，维摩无疾。却低眉，惨然不答。吹金缕，一声怨切。堪折便折，且惜取、少年花发。

词写朝云病重时的情事，悲痛不已。病中的朝云仍美如明月，虽有薄雾掩映，却更增几分妍绝。东坡感慨万分，月应无恨，为什么要有阴晴圆缺？人应无憾，为什么不能健康长在？朝云强打精神，勉强起床，把酒言欢，却“未语先咽”。“何事散花却病，维摩无疾”？据《维摩经》言，本是维摩诘有疾，散花天女前来问疾，可为什么却是天女得病维摩无疾呢？痛心疾首的东坡对天祈祷：该得病的是我这个老维摩呀，散花天女似的朝云是不该得病的！朝云唱起了《金缕衣》：“有花堪折直须折，莫待无花空折枝”，才唱一句，便“怨切”万分，泪如雨下。

读至此，朝云日诵《蝶恋花》“枝上柳绵”两句，哽咽难继的画面又袭上心头，真是情何以堪！

东坡用尽全力，仍难挽住朝云年轻而美丽的生命。绍圣三年（1096）七月五日，“狂风卷朝霞”，朝云走了！年仅三十四岁。东坡依朝云生前遗愿，把她安葬在惠州城西西湖旁边的栖禅寺松林之中，背后山脊上矗立着巍巍的大圣塔，寂静而肃穆。僧人们在墓上筑亭覆盖，墓联依朝云临终口诵的两句《金刚经》文，为“如梦如幻如泡，如影如露如电”，人称“六如亭”。据说至今香火不断，时有双蝶绕茔飞舞。

朝云死后，东坡极为悲痛。在《朝云墓志铭》中，他称赞朝云“敏而好义，事先生二十有三年，忠敬若一。”他连续写诗作词，抒发他连绵不尽的哀思。他说朝云的去世，“使我如霜月，孤光挂天涯。西湖不欲住，暮树号寒鸦。”（《丙子重九二首》其一）“伤心一念偿前债，弹指三生断后缘。归卧竹根无远近，夜灯勤礼塔中仙。”（《悼朝云》）沉痛凄恻，催人泪下。

东坡晚景凄凉，复官无望，幸有朝云的相伴聊以自慰。对朝云，东坡充满了感动与感激，常把她比作高洁的梅花：

玉骨哪愁瘴雾，冰肌自有仙风。海仙时遣探芳丛，倒挂绿毛幺凤。　　素面常嫌粉涴，洗妆不褪唇红。高情已逐晓云空，不与梨花同梦。（《西江月》）

借咏梅赞朝云的玉洁冰清，气骨不凡。他又长歌当哭：

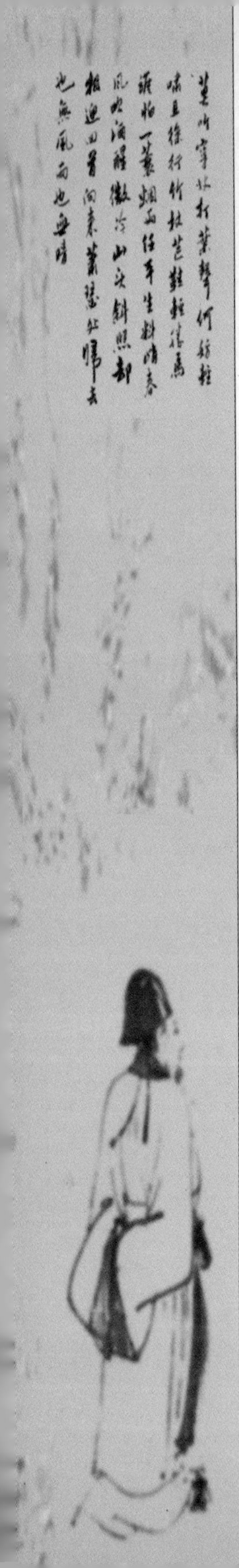

嫩脸羞蛾因甚，化作行云，却返巫阳。但有寒灯孤枕，皓月空床。长记当初，乍谐云雨，便学鸾凰。又岂料、正好三春桃李，一夜风霜。　丹青□（原文脱字）画，无言无笑，看了漫结愁肠。襟袖上，犹存残黛，渐减余香。一自醉中忘了，奈何酒后思量。算应负你，枕前珠泪，万点千行。　（《雨中花慢》）

东坡忆昔伤今，既为朝云的华年早逝而哀痛，又为自己的晚境孤寂而哀伤。尤其“一自醉中忘了，奈何酒后思量”两句，类似于《江城子》悼王弗之“不思量，自难忘”，凄婉沉痛，令人徘徊低回，久久不忘!

人这一生，各有不同，婚恋生活也千姿百态。但只要用心在意，就能长久；只要“有情相守”，就是幸福。记得周国平说过：“我不相信人一生只能爱一次，也不相信人一生必须爱许多次。次数不说明问题。爱情的容量是一个人心灵的容量：你是深谷，一次爱情就像一道江河，许多次爱情就像许多次浪花；你是浅滩，一次爱情就是一条细流，许多次爱情也只是许多泡沫。”我以为，苏东坡的心胸是大海，他每一次的爱情都像一道江河!

亲情如水，一生相伴

——手足情深

兄弟这个称谓，听起来就让人感到亲近、温暖；兄弟如手足这个比喻，又是那么形象、贴切。它似乎在提醒人们：骨肉亲情，是与生俱来的天伦之情，是血脉相连的生命相关，也是每个人心中永远的惦念与港湾。

在中国古代文明史上，手足亲情占有极重要的位置，兄弟，与君臣、父子、夫妻、朋友，为儒家所倡导的“五伦”（《孟子·滕文公上》）。在中国古代文学史上，吟咏手足之情的作品也是浩如烟海。最早写兄弟之情的，应该是《诗经·小雅·棠棣》，最家喻户晓的，莫如王维的一曲《九月九日忆山东兄弟》。许多诗人，不仅有作品传世，其笃于亲情的令名也让人们久久不忘。比如，曹植曹彰兄弟、陆机陆云兄弟、鲍照鲍令晖兄妹、谢灵运谢惠连兄弟等等。而苏轼苏辙兄弟的手足情深，更赢得了普遍赞誉，让人生无限向往之情。

二苏兄弟年龄相差三岁，形貌各异。东坡中等身材，

健壮结实，高颧骨，长下颏，故民间有“去年一点相思泪，至今流不到腮边”（《醒世恒言·苏小妹三难新郎》）的戏语。弟弟苏辙则是高个子，圆型脸，比较丰满。东坡曾戏言：“宛丘先生长如丘”，把弟弟比作身材高大的孔夫子。据《史记·孔子世家》所说，孔子身长九尺六寸，人皆谓之长人而异之。故东坡又夸张地打趣：“常时低头诵经史，忽然欠伸屋打头。”（《戏子由》）平时低头读书不觉，站起来伸个懒腰就头碰屋顶了。既不平于初入仕途的弟弟住房的简陋矮小，又把弟弟身材的高大诉之于形象。

兄弟俩自小一起读书、成长，“未尝一日相舍”，但性格、气质很不一样。其父苏洵作《名二子说》，很能见出二子的差异。

轮辐盖轸，皆有职乎车，而轼独无所为者。虽然，去轼则吾未见其为完车也。轼乎，吾惧汝之不外饰也。

天下之车，莫不由辙，而言车之功者，辙不与焉。虽然，车仆马毙，而患不及辙。是辙者，善处乎祸福之间也。辙乎，吾知免矣。

二子的名字是早就起好了的，一名轼，字子瞻；一名辙，字子由。在这里，苏洵根据对二子性情的观察了解，由命名引发，由物及人，提出了个性上的告诫，爱子之情油然而显，知子莫如父也非虚言。古人往往把对子女的希望寄托于他们的名字中。“轼”，本意是车厢前面供人凭倚的横木，“瞻”作为表字，是望的意思；“辙”的本意是车轮压出的痕迹，“由”是顺随、听从的意思。可见苏洵是希望苏轼能登高眺远，志向远大，功成名就；苏辙能顺从父教与自己的个性，稳重守成。二子果然如父所望，一个才华横溢，豪爽不羁；一个执着沉稳，性情淡泊。但苏洵担心儿子苏轼“不外饰”，过于锋芒毕露，易招祸端，对另一个儿子苏辙则比较放心，知道他“善处乎祸福之间”。后来二子的经历及遭遇也印证了父亲的明智与担忧。苏轼放情肆志，直言无隐，屡遭贬谪；苏辙恬淡沉静，寡言沉稳，虽也坎坷多难，但官至宰执，得尽天年，享寿七十有四。

虽然性情不一，但兄弟二人相互敬重，感情极深，既休戚与共，又棠棣同辉。一个说：“岂独为吾弟，要是贤友生。”（苏轼《初别子由》）“嗟余寡兄弟，四海一子由。”（《送李公择》）一个说：“抚我则兄，诲我则师。”（苏辙《亡兄子瞻端明墓志铭》）“手足之爱，平生一人。”（苏辙《祭亡兄端明文》）兄弟间自相师友，实乃天伦间少有的幸事。二人学问相当，互相推崇。子瞻曾对子由说：“吾视今世学者，独子可与我上下耳。”认为“子由文，汪洋澹泊，有一唱三叹之声，而其秀杰之气，终不可没。”（《答张文潜书》）子由则曰，自兄“谪居于黄，杜门深居，驰骋翰墨，其文一变，如川之方至，而辙瞠然不能及矣。后读释氏书，深悟实相，参之孔、老，博辨无碍，茫然不见其涯也。”（《亡兄子瞻端明墓志铭》）

二人既为手足，又是知己。文必共赏，诗必同和，有福共享，有难同当。“患难之中，友爱弥笃，无少怨尤，近古罕见。”（《宋史·苏辙传》）二人皆仕途坎坷，迭遭打击，于他人所不能言、不愿言者，皆于兄弟间发之，相互慰藉勉励。因此，两人所处的地点只要不是交通断绝，便埙动篪应。子瞻在密州修葺旧台，子由命名“超然台”，子瞻便为文《超然台记》。子瞻在黄州以“快哉”名亭，子由马上为文《黄州快哉亭记》。由此可见兄

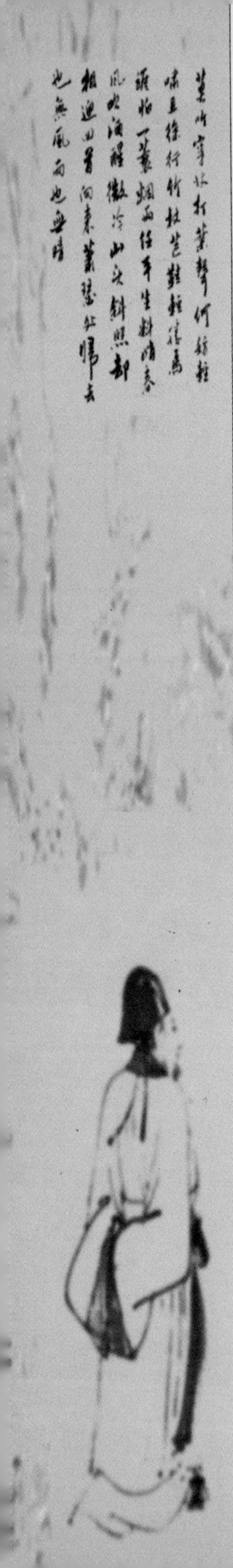

弟之同心，也见出二人共具的才情。难怪林云铭在《古文析义》中赞道：“子瞻尝云：‘四海相知惟子由’。人伦之中，岂易得此？安得不令人羡杀！”也“无怪其父子兄弟，能于唐宋八家文中各据一席”（过商候、印水心《古文评注读本》）。二苏则被人并称长公、少公或大苏、小苏。

如此亲密的兄弟，惟愿长相聚首，诗酒言欢。但为官不自由，步入仕途之后，聚少离多，备尝思念之苦。他们常常以诗词代言、代信，传达聚散离合的心曲和种种人生况味。几十年间，二人诗文往来，从未间断，留下的相关作品各有一百多篇，且名作颇多。

嘉祐六年（1061），兄弟二人同举制科入等，仁宗高兴地夸赞：“朕今日为子孙得两宰相矣！”（《宋史·苏轼传》）之后不久，苏轼被任命为大理评事签书凤翔府（今陕西凤翔）判官，即以京官的身份充任州府的佐官，主要负责文书档案等工作。十一月，苏轼离京赴任，留京侍父的苏辙送兄到离京一百四十里的郑州，相别于郑州西门外。这是苏轼从政的开始，是父子兄弟的第一次远别。苏轼心潮激荡，信笔写下了第一篇吟咏手足之情的诗歌佳作，且用了一个很长的题目：《辛丑十一月十九日既与子由别于郑州西门之外，马上赋诗一篇寄之》。这是一篇优秀的古体诗，很值得引述欣赏一下：

不饮胡为醉兀兀，此心已逐归鞍发。
归人犹自念庭帏，今我何以慰寂寞。
登高回首坡垅隔，惟见乌帽出复没。
苦寒念尔衣裘薄，独骑瘦马踏残月。
路人行歌居人乐，童仆怪我苦凄恻。
亦知人生要有别，但恐岁月去飘忽。

寒灯相对记畴昔，夜雨何时听萧瑟？
君知此意不可忘，慎勿苦爱高官职。

开篇四句写即别之苦。因不忍离别，不饮酒就精神恍惚，一颗心已随着弟弟的“归鞍”而回京了。很快就回去见亲人的弟弟还思念父亲，自己今后远离家人，这孤独寂寞该如何打发！“登高”四句写方别之境况。登上高处，久久地回望归去的弟弟，无奈弟弟的身影被坡垅遮挡，能够看见的只有弟弟头上戴的乌帽时出时没。既状“难写之景如在眼前”，又道出了作者心中的怅惘与不舍。他又担心弟弟衣服单薄，归途孤单受凉，那份牵挂与体贴让人怦然心动。“路人”四句写自己悲苦的原因。别人不理解自己为何“凄恻”，自己也努力以人都有悲欢离合来宽解。可想到未来岁月盛时难再，分散聚合难以把握，便不由得悲从中来。

“寒灯”四句写与弟弟的约定，包含着对往事的回忆和对未来的期望。是年秋天参加制科考试时，兄弟俩寓居汴京怀远驿。一天夜半风雨大作，他们正好读到韦应物的《示全真元常》诗，其中“宁知风雨夜，复此对床眠”两句，正对应了眼前情景。二人感慨不已，对从宦之后可能造成的离别充满了惆怅，便“相约早退，为闲居之乐”（苏辙《逍遥堂会宿并引》），好长久享受联床对话。

此诗历来受读者激赏，不仅在于它是苏轼写兄弟之情的第一篇，“在于感情真挚，摹写入微，行文跌宕，收转自如，具有浓郁的抒情色彩”（《曾枣庄，见于《宋诗鉴赏辞典》），更在于这是“夜雨对床”之典在诗中的第一次出现。从此之后，“夜雨”成了触发手足之情的媒介，“夜雨对床”频繁地出现于苏轼的诗词作品中，

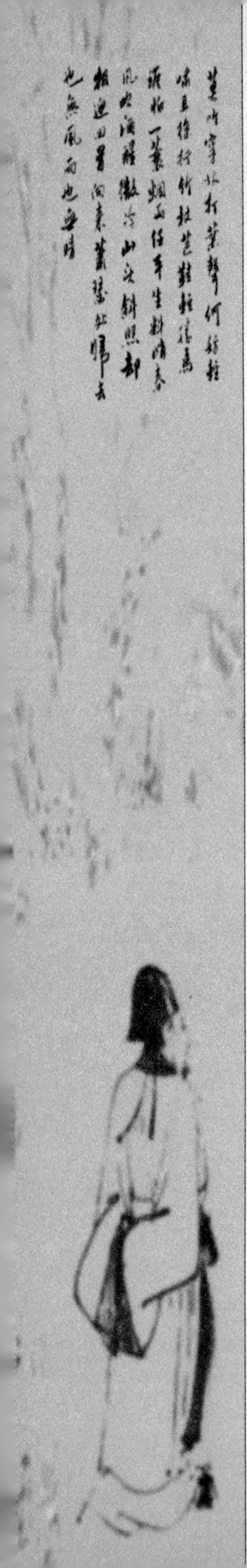

成了他一生的企望和未了的心愿。

风雨之夜，是自然物象的大变化，最容易引发人们的躁动不安，唤起对温暖亲情的渴望。《诗经·郑风》中便有《风雨》一篇：“风雨凄凄，鸡鸣喈喈。既见君子，云胡不夷？风雨潇潇，鸡鸣胶胶。既见君子，云胡不瘳？风雨如晦，鸡鸣不已。既见君子，云胡不喜？”写出了风雨之夜亲人到来时的喜悦。李商隐《夜雨寄北》：“君问归期未有期，巴山夜雨涨秋池。何当共剪西窗烛，却话巴山夜雨时。”也正以“巴山夜雨”之苦，遥盼日后“西窗”剪烛之乐，言少情浓。

东坡写到“夜雨对床”之约的诗歌达十几首，仅词就至少有三首，都写得很美。最早的一首调寄《菩萨蛮》：

买田阳羡吾将老。从来只为溪山好。来往一虚舟。聊随物外游。　有书仍懒著。水调歌归去。筋力不辞诗，要须风雨时。

元丰七年（1084）离开黄州后，东坡在常州宜兴购得一小田庄，以备归隐田园，养家糊口。他说，我为什么在年将老时在阳羡买田呢？从来只是为了欣赏这里的山水之美。我空舟往来，心中淡然，姑且与大自然融为一体，逍遥自在。但是苏辙不在，这样的闲居有何乐趣呢？所以心生懒惰，书未完成，只想唱着《水调歌头》回归故乡。我还能够写诗，但要等到与兄弟相聚的风雨之夜，诗兴才能够真正发挥出来。表达了与兄弟同归故乡，共享欢乐的殷切期望。

期望虽美好，而人生最大的痛苦就是，期望越多，失望越重。在数十年的宦海浮沉之中，虽然有过不少次的夜雨相对，让他们惊喜不已："逍遥堂后千寻木，长送中宵风雨声"（苏辙《逍遥堂会宿》）；"雪堂风雨夜，已作对床声"（《初秋寄子由》）；"对床老兄弟，夜雨鸣竹屋"（《过建昌李野夫公择故居》）。但常常是"别期渐近不堪闻，风雨萧萧已断魂。"（《子由将赴南都与余会宿于逍遥堂作两绝句读之殆不可为怀因和其诗以自解》）到元祐年间，虽兄弟二人同为朝廷重臣，但因直道难以见容于世，受到新旧两党的攻击，东坡仍不得不一次次的离京外任。因此，不仅"每夏秋之交，风雨作，木落草衰，辄凄然有此感"（《感旧诗》序），就是没有风雨的日子里，离别之苦也常常让诗人触景伤怀。

清颍东流，愁目断、孤帆明灭。宦游处、青山白浪，万重千叠。辜负当年林下意，对床夜雨听萧瑟。恨此生、长向别离中，添华发。　一樽酒，黄河侧。无限事，从头说。相看恍如昨，许多年月。衣上旧痕余苦泪，眉间喜气添黄色。便与君、池上觅残春，花如雪。（《满江红·怀子由作》）

眼前东流的颍水，远飞的鸿雁，青山与白浪，无不让诗人触景伤怀。对兄弟的思念如潮水翻卷，如山峦起伏。回忆起一次次的离合悲欢，恍如梦境。念起聚少离多，退隐之志难谐，心生无限感慨。便设想与兄弟相聚的情景，以自作排解。整首词以阔大之景抒凝厚之情，以忆昔与展望表无尽的思念，笔势劲健吞吐，词情慷慨激荡，让人感佩，也令人怆然！

事无两全，确为至理明言。东坡兄弟步入了很多人想进而进不了的官场仕途，却也失去了普通人本该享有的安乐与自由。对床夜雨，兄弟晤谈，多么简单而微不

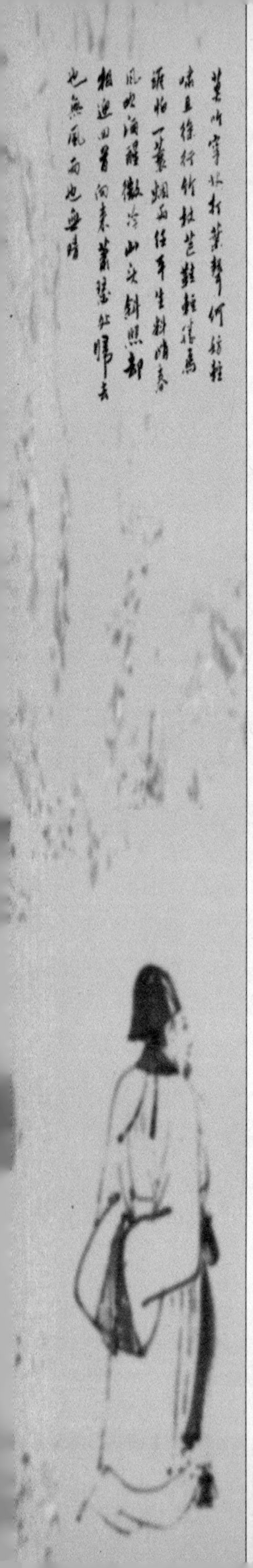

足道的心愿，可对东坡兄弟而言却成了可望而不可即的奢望，成了一生未了的企盼！

绍圣元年（1094）八月，在赴惠州贬所的途中，夜雨潇潇，东坡写下了《木兰花令·宿造口闻夜雨寄子由、才叔》：

> 梧桐叶上三更雨。惊破梦魂无觅处。夜凉枕簟已知秋，更听寒蛩促机杼。　梦中历历来时路。犹在江亭醉歌舞。樽前必有问君人，为道别来心与绪。

“梧桐”一句语出温庭筠的《更漏子》：“梧桐树，三更雨，不道离情更苦。一叶叶、一声声，空阶滴到明。”词先借温词的词境描绘眼前实际的风雨，进而暗用“夜雨对床”之事，抒发对弟弟的深切怀念。下片写梦境历历，与苏辙“在江亭醉歌舞”，似乎充满了欢乐。但上片已告诉我们，梦已被风雨“惊破”，使得“梦魂无觅处”。这也就是说，东坡清醒而痛苦地意识到：随着这次遭贬惠州，暮年投荒，也就宣告了兄弟俩“夜雨对床”理想的破灭。事实也正是如此，联床对话，归乡闲居，只是东坡兄弟难以实现的梦想，令人唏嘘不已。

除了风雨意象之外，触发东坡起思亲念弟之情的另一个重要媒介是月亮，尤其是中秋的圆月亮。“露从今夜白，月是故乡明。”正是普照大地的明月，使杜甫倍加思念因战乱分散各地的弟弟们，写下了《月夜忆舍弟》。“独在异乡为异客，每逢佳节倍思亲。”正是佳节之时亲情的缺位，使王维写出了《九月九日忆山东兄弟》，道出了人人心中有，想说又未能说的名言常理。

在东坡的诗词作品中，中秋明月屡屡出现，而且多和怀念弟弟苏辙有关。最有名的当然是《水调歌头》

（明月几时有）一篇，既把酒问月，思考人生的种种问题，表现超然意趣；又“兼怀子由”，表达对亲情的渴求与祝愿，情深意切。一年之后，又一个中秋节来到，兄弟二人得会于徐州共度佳节，东坡异常快慰又感慨万分，写下了又一首中秋名作《阳关曲·中秋作》：

暮云收尽溢清寒，银汉无声转玉盘。
此生此夜不长好，明月明年何处看。

这是自熙宁四年起七年以来兄弟二人第一次共度中秋，共赏明月，他们分外珍惜。这又是苏辙留住百余日，节后将离去的即别之时，他们又备感怅惘。月团圆，人团圆，良辰美景，赏心乐事，多么美好，多么难得！无奈明月刚满即亏，少圆常缺；人生别易会难，聚少离多，让人顿生良宵苦短、佳会难得、人生难测、亲情难舍的悠悠别情和深深感慨！并且，三、四句对仗工巧，句中自为对仗，且有一字相重，是为标准的“当句对”。探其意蕴，似袭李白“相思相见知何日，此时此夜难为情”（《三五七言》）之语典而来。短短的二十八个字，就把兄弟友爱之情和游宦漂泊之感明白道出，语短情深，感人肺腑。

苏辙性情内敛，沉稳寡言，极少作词。但忆起去年兄长所作《水调歌头》，有感于今夜彭城月夜的欢聚，也情不能已，挥笔写下了一首《水调歌头·徐州中秋》，以抒离忧。

离别一何久，七度过中秋。去年东武今夕，明月不胜愁。岂意彭城山下，同泛清河古汴，船上载凉州。鼓吹助清赏，鸿雁起汀洲。　坐中客，翠羽帔，紫绮裘。

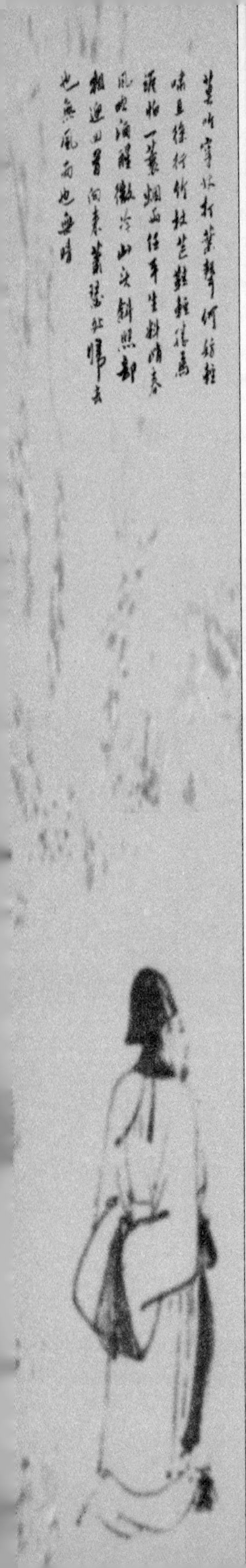

素娥无赖，西去曾不为人留。今夜清尊对客，明夜孤帆水驿，依旧照离忧。但恐同王粲，相对永登楼。

词的上片，尽情描述兄弟聚会的欢悦情景，把郁结于胸的手足深情淋漓倾吐。下片则因分离在即，欢乐情境无法久留，而坚定了“早退”之意，希望与兄早日归隐，同践旧约。

东坡觉得弟弟此词的词意过于悲伤，便依韵和词一首劝慰弟弟。词曰：

安石在东海，从事鬓惊秋。中年亲友难别，丝竹缓离愁。一旦功成名遂，准拟东还海道，扶病入西州。雅志困轩冕，遗恨寄沧洲。　　岁云暮，须早计，要褐裘。故乡归去千里，佳处辄迟留。我醉歌时君和，醉倒须君扶我，惟酒可忘忧。一任刘玄德，相对卧高楼。（《水调歌头》）

此词连用典故，感情极为深沉。上片用了东晋谢安的典故。谢安才略过人，但一直不愿做官。后经多次征召，在四十多岁才痛苦地告别亲友，踏入仕途。本打算功成名就后归隐故里，却病死在都城南京。东坡感慨于谢安的归隐之志为仕宦所困，只能抱恨终身，希望以谢安为戒，功成即身退。

下片既用了曹操《短歌行》“何以解忧，唯有杜康”的语典，又用了许汜见刘备的事典。《三国志·陈登传》记载：许汜见刘备，抱怨陈登无待客之礼，自己睡大床，让客人睡下床。刘备便说：当今天下大乱，你空有国士之名，却无救世之意，只知“求田问舍”，陈登干吗要理你。他对你算客气，换成我，我会自卧百尺楼上，让你睡地下。东坡用此二典言退居田园之志，虽略显颓唐，但借“退而相从之乐”宽慰弟弟别愁的深情，则显而易见。

可悲可叹的是，东坡的“雅志”终为“轩冕”所困，不仅未实现归居田园，与弟弟“夜雨对床”的夙愿，甚至晚年远谪海岛，连兄弟谋面都不可能，只好“把酒凄然北望”（《西江月》）。

有人可能要说，这些离我们太遥远了。如今交通发达，信息快捷，离得再远坐上飞机几个小时就可亲人见面，或者打个电话发个邮件就可互道平安，古人的关山阻隔相思之苦与我们何干。这话有一定的道理，但美好的亲情是谁也不能忘怀的。随着历史的进步，世界变得越来越小，亲人间的时空阻隔与思念之苦大大减轻。但与此同时，相伴一生的亲情也在淡化，有些细微的感觉渐渐离我们而去，快乐的体验也日渐淡薄，这也是事实！而读读东坡的亲情词，也许能唤醒那些遥远而美好的情感体验，加深对人性人情的理解。

“别离随处有，悲恼缘爱结”（《罢徐州，往南京，马上走笔寄子由》）。一个“爱”字，既让二苏兄弟平日里真诚相待，相依为命，更在患难中生死与共，肝胆相照。

“乌台诗案”东坡陷狱，苏辙闻讯上书为兄陈情：“臣闻困急而呼天，疾痛而呼父母者，人之至情也。臣虽草芥之微，而有危迫之恳，惟天地父母哀而怜之。”（《为兄轼下狱上书》）他以呼天抢地的悲号，乞求朝廷赦免兄长，并表示愿效汉代缇萦以身赎父故事，纳还一切在身官爵替兄长赎“罪”。在狱中的东坡自料必死，便与长子苏迈相约，平时送饭只需菜肉，若有不测则送鱼。一日苏迈因事他往，托一亲友送饭，而又忘记交待。亲

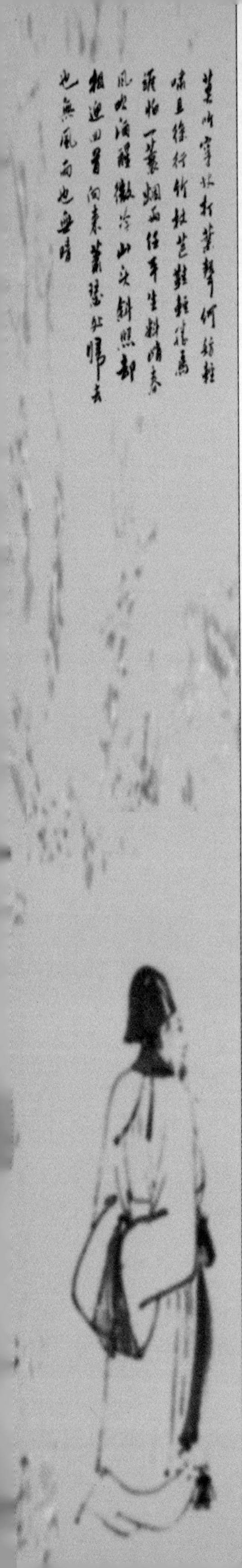

友好心做鱼相送，东坡得鱼大惊，便写了两首诀别诗，托狱卒转给苏辙。在绝命诗中，他首先惦记的便是弟弟，深情地写道：

> 圣主如天万物春，小臣愚暗自亡身。
> 百年未满先偿债，十口无归更累人。
> 是处青山可埋骨，他时夜雨独伤神。
> 与君今世为兄弟，又结来生未了因。（《狱中寄子由》其一）

肺腑之言，深挚感人。真乃千古兄弟，又胜过兄弟！“人穷则返本”，在忧患灾难到来之时，在困苦与绝境之中，人们最向往的、最靠得住的，首先还是亲情！

元祐年间，兄弟二人青云直上，都做了朝中重臣，仁宗皇帝“未来宰相”的预许有望实现。在功名利禄面前，兄弟俩同时采取了避让的态度。为避朋党之嫌，减轻政敌对苏辙的压力，东坡连续上书自请外任，在旧党掌权的八年中，有一半左右的时间在地方任职。苏辙也前后四次上书，声言“只可使弟避兄，不可使兄避弟；只可使不肖避贤，不可使贤避不肖。”（《兄除翰林承旨，乞外任札子》）兄弟深情与品行可敬可佩！真堪与古代圣贤伯夷、叔齐兄弟互让孤竹国君的行为相媲美。

利益是一块试金石，亲情也往往受到考验。当利益相关或一致时，兄弟之间大都能够同心协力，互相帮衬，甚至舍命相助。当利益不一致或相悖时，兄弟之间也常常会明争暗斗，结怨生仇，甚至骨肉相残。在历史上，同室操戈，“煮豆燃豆萁”的悲剧经常上演。在现实生活中，为了一点钱财利益，不讲亲情，吵嘴打架的事情时常发生。

骨肉亲情同气连枝，是每个人都割舍不了的、无可替代的感情需要。钱财利益身外之物，对身心的影响，远没有人们想象的那么重要。利益与亲情，孰轻孰重都搞不清楚的人，实在是愚蠢得很。

东坡兄弟在利益面前相互推让、相互扶助，手足深情一生不变。晚年遇赦北归，苏辙邀请兄长到颍昌与己同住，以实现兄弟俩早年“夜雨对床”的夙愿。东坡极想践约，但迫于政治局势的变化，只好放弃定居颍昌的打算。他极为痛苦地致书苏辙：“恨不得老境兄弟相聚，此天意，吾其如天何！然亦不知天果于兄弟终不相聚乎?”（《与子由弟十首》之八）临终之时，东坡最深的遗憾便是未能见弟弟一面。他派人送信给弟辙说：“即死，葬我于嵩山下，子为我铭。”把后事全权托给了弟弟。他悲痛的弟弟苏辙遵照兄长的遗嘱，撰写了墓志铭，并把哥哥与嫂子王闰之合葬于汝州郏县（今属河南）钧台乡境内的小峨眉山上。到苏辙临终前，又命子孙将其遗骨也安葬于此，遂有二苏坟之称。在那风景宜人，与家乡峨眉山同名的小峨眉山上，兄弟二人也许会实现“夜雨对床”之约吧?

“四海知心弟与吾，连床夜雨忆同听。东窗读《易》互师友，饱啜藜羹灯火青。”（谢启昆《读全宋诗访元遗山论诗绝句二百首·苏轼》）二苏兄弟的友睦之情深挚动人，将永远温暖着人们的心灵！

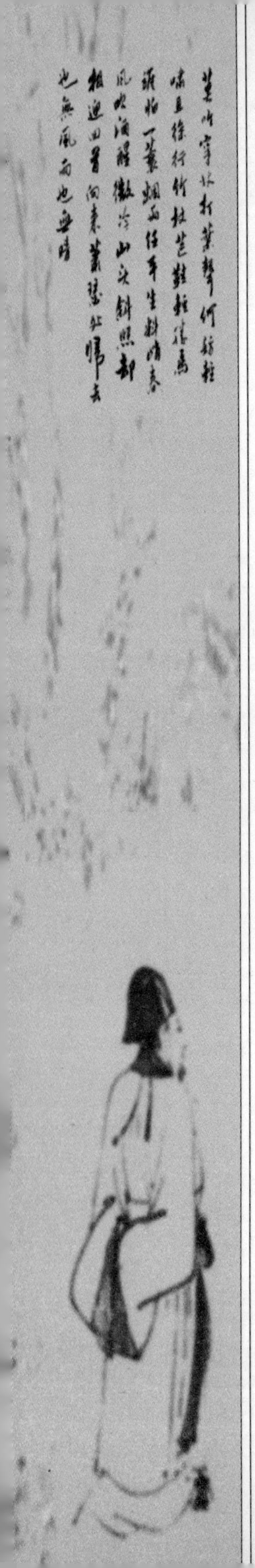

君子之交，如沐春风
——师友情谊

“嘤其鸣矣，求其友声。相彼鸟矣，犹求友声。矧伊人矣，不求友声？”（《诗经·小雅·伐木》）小鸟尚在鸣叫着到处寻友，何况是人，不寻找朋友怎么行呢？早在两千多年前的周代，先人们就已经认识到，友情乃人类的一种自然需求，它和亲情、爱情一样，是我们生命、生活中不可或缺的组成部分。儒家学派也把友朋列为“五伦”之一，（《礼记·中庸》）主张“与朋友交，言而有信。”（《论语·学而》）“四海之内，皆兄弟也。”（《论语·颜渊》）

重情诚信，重友尚义，既是中华民族的传统美德，又是古代文学中的重要主题。从《诗经·秦风·无衣》中“与子同袍”、同仇敌忾的战友之情，到汉古诗《别诗·骨肉缘枝叶》“四海皆兄弟”的宽广胸怀；从王勃《送杜少府之任蜀川》“海内存知己，天涯若比邻”的高唱，到王维《送元二使安西》“劝君更进一杯酒，西出阳关无故人”的咏叹，可谓美不胜收，让人触目生春。

苏东坡乃性情中人，笃于夫妇、兄弟之情，为历代少有；于朋友间亦是至性真情，为人称道。无论走到哪里，他都有朋友和崇拜者。无论何种境况，他都离不开朋友交游。他久历宦海风波，常能从友情中获得帮助与慰藉，增强抵抗逆境的勇力与信心。他交友的特点是以道相期，同气相求，契心为高，和而不同。他交友的范围上至宰执，下至草野，遍布天下。仅文化名人就有不少，如著名画家文同、李公麟、王诜；宋代四大书法家之一的米芾；史学家范祖禹；藏书家李公择等。他友情词的内容也涉及广泛，主要有师徒之情，同僚之谊，草野之友，方外之交等方面。下面分而述之。

一、师徒之情

对苏东坡的一生影响至大的人，除父母外，就要属恩师欧阳修了。还在少年求学时，他读到《庆历圣德诗》中欧阳修、范仲淹等人的名字和作品，就见贤思齐，心向往之。嘉祐初年，苏洵携二子进京参加进士考试，父子三人皆得欧阳修的赏识与奖掖，尤其是苏轼，更受到欧阳修的特殊称赏。当读到苏轼的试文《刑赏忠厚之至论》时，作为主考官的欧阳修惊喜“以为异人”，因怀疑是门人曾巩所作，为避嫌疑才排在第二。看过东坡的全部试文和谢书后，欧阳修对苏轼更赞赏有加：“读轼书，不觉汗出，快哉快哉！老夫当避路放他出一头地也。可喜可喜！”（《与梅圣俞》）“善读书，善用书，他日文章必独步天下。”又说：“更三十年，无人道着老夫也。”苏东坡果真不负师望，成了欧阳修之后诗文革新运动的领袖，而欧阳修也更因此被人们反复称“道着”。试想当年的欧阳修，已经是文坛盟主，一代宗师，竟如此赏爱、

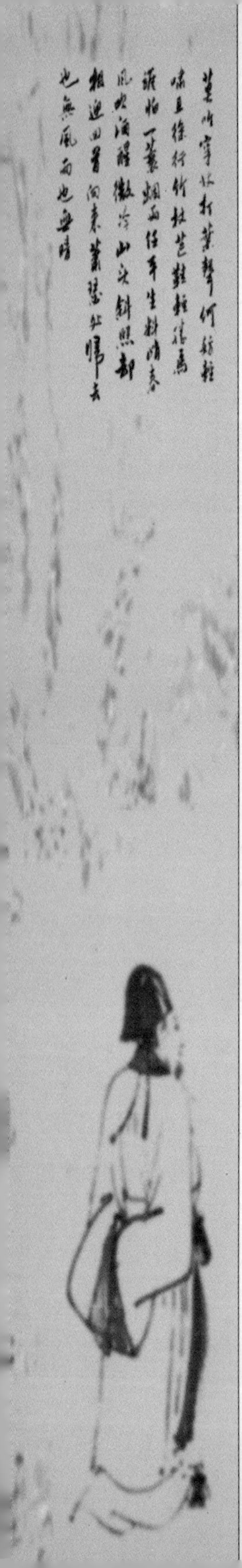

期许一个初出茅庐的年青人，其识才、爱才的眼力与气度，实在令人高山仰止。

苏东坡对恩师的知遇之恩，始终心存感念。对恩师的品节操守，始终心怀敬佩。多次专程求教、拜望，执弟子礼甚恭。神宗熙宁五年（1072），欧阳修病逝于颍州，东坡满怀悲痛地写下了《祭欧阳文忠公文》，高度赞美其高风亮节，歌颂其辅翼国政、振兴文化的非凡功业，表达平生知己之感念，抒发真挚深沉的悼念之情。情真意挚、悲恻动人，向来为人传诵。此后，东坡又多次写诗作文以追悼，仅词就有两首。一首是《西江月·平山堂》：

三过平山堂下，半生弹指声中。十年不见老仙翁，壁上龙蛇飞动。　　欲吊文章太守，仍歌杨柳春风。休言万事转头空，未转头时皆梦。

平山堂，位于扬州大明寺侧，为欧阳修做扬州太守时所建，留有欧阳修如“灵蛇飞动”般的书法墨迹。东坡宦游四方，每次路过扬州，必然登游平山堂。如今已是第三次来到平山堂，距欧阳修去世已十来年了，但睹物思人，对恩师的怀念之情油然而生。为凭吊恩师，不由得又吟起欧阳修的名词佳句，激情满怀，又无限伤感。据说，东坡作此词时，周围站满了围观的士女，“看其落笔置笔，目送万里，殆欲仙去耳”。两位“文章太守”的文采风流，让人追想不已。真挚的师友情谊，也令人由衷感动。

元祐六年（1091）深秋，苏东坡在颍州又作词一首，抒发对恩师的缅怀之情：

霜余已失长淮阔，空听潺潺清颍咽。佳人犹唱醉翁词，四十三年如电抹。　草头秋露流珠滑，三五盈盈还二八。与余同是识翁人，惟有西湖波底月。（《木兰花令·次欧公西湖韵》）

皇祐元年（1049），四十三岁的欧阳修任颍州知州，写有《木兰花令》（西湖南北烟波阔）一词，六十五岁退休又居住在此，作《采桑子》十首讴歌这颍州西湖的美丽景色，第二年竟病死在这里。东坡曾在熙宁四年（1071）赴杭州通判任时，与苏辙一起专程到颍州拜谒恩师，并陪游西湖。如今东坡以知州的身份再来这里，再游西湖，竟然听见红粉佳人仍在歌唱恩师四十三年前的词作。年已五十六岁的坡翁不禁悲欣交集，次其韵而作此词。

追思往事，恍然如昨。当年陪同欧阳修宴游颍州西湖时，东坡曾"插花起舞为公寿"，而"公言百岁如风狂"（《陪欧阳公宴西湖》）。谁曾想，这竟是师生最后的一次会面。如今，西湖水依旧澄澈，十五的圆月依然朗照，而恩师却已逝去二十年了。时间如电光飞逝，"与余同是识翁人，惟有西湖波底月"。和我一样真正熟识您懂得您的还有谁呢？怕是只有那映照于西湖波光中的月影了吧！这煞尾两句思致婉转，韵味无穷。

借月写友情古已有之，最擅长者为李白，比如"我寄愁心与明月，随风直到夜郎西"（《闻王昌龄左迁龙标遥有此寄》）等句，情深意重，又冰清玉洁。苏东坡却青出于蓝而胜于蓝。词中拟人化的波光月影，既表达了师生情谊的纯洁与永恒，也象征着两代文坛泰斗品格节操的高洁，蕴含着知音难觅、知遇难求的感慨。

坡翁与欧公的相遇相识，相知相敬，是以道为朋、契心为高的最好注脚，也是可为人垂范、为江山助色的千古佳话！

苏东坡自己也有很多门人弟子，向有“苏门四学士”、“苏门六君子”之说。他对弟子的褒奖与提携，师徒间的推赏与扶助，也历来备受称道。

晁补之，字无咎，为苏东坡的开门弟子。他幼承家学，七岁能文，十五岁就喜读东坡的诗文。熙宁四年(1071)，他便写了《上苏公书》，表达欲求教于苏门的愿望。熙宁六年（1073)，任杭州通判的苏轼巡行属县，会见新城县令晁端友（补之父)，侍父从宦年仅二十一岁的晁补之袖文谒见，得到赏识。东坡称其“博辩俊伟，绝人远甚”，预言他必将显于世，并亲自指点其诗文。晁补之根据东坡对钱塘山川风物的讲述，作赋《七述》，据说东坡大为赞赏，并叹曰：“吾可以搁笔矣！”唐代大诗人李白也有过搁笔的时候，是“眼前有景道不出，崔颢题诗在上头。”（辛文房《唐才子传》）一向传为美谈，崔颢的《黄鹤楼》也身价倍增。东坡这里为一弱冠学子“搁笔”，使得晁补之由此知名，成为苏门著名文士，同时也显示了东坡虚怀若谷，奖拔后学的气度。

元祐七年（1092）东坡知扬州时，晁补之为扬州通判，成了恩师的属官。师生胜地同游，共理政务，朝夕酬唱，欢洽无间。

回风落景，散乱东墙疏竹影。满座清微，入袖寒泉不湿衣。　梦回酒醒，百尺飞澜鸣碧井。雪洒冰麾，散落佳人白玉肌。(《减字木兰花》)

据词前序言，这是对一次消暑情景的描述。农历五月盛夏的一天，师生在晁补之的寓所“随斋”小聚。为了

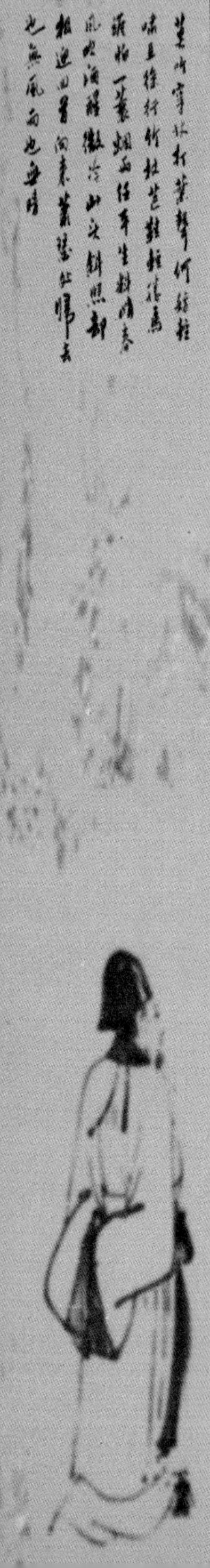

解除暑热，晁补之命人从百尺深井之中汲来清凉的水，注在大盆之中，又洒落在白色的荷花上。大家顿感暑热散去，浑身清爽。词作记录了这件消夏避暑的很有意思的事情，生活气息浓厚，读来如同置身于清凉环境之中，一睹师生高雅之情趣与欣悦之神采，而心旷神怡。

在同一时期所作的《和陶饮酒二十首》中，有一首便是写给晁补之的。诗中有言："晁子天麒麟，结交未及仕。高才固难及，雅志或类己。"晁补之和曰："先生门弟子，佐守同一国，举杯日相属，有句安得默。"道出了师生间的相知与相得。

苏门其他弟子与东坡的交游也大概如此，缘于文学，通于道义，谊兼师友。东坡对后学不遗余力地奖掖栽培，弟子们也尊师重道，终生不悔。东坡屡遭贬谪，弟子们多受牵累，却无一人背叛师门。黄庭坚晚年更在室内悬挂东坡画像，每天早晨恭敬地荐香以拜。秦观虽年幼，却先东坡而亡。东坡心中的悲痛，如同孔子哭颜渊一样，难以自制，"少游已矣，虽万人何赎！"

特别值得一提的是：东坡尊重每一个人的个性差异，反对严守家法的门户派别之见，主张多元发展，不要求门人同己。因此，秦观的词自成一家，被称为"婉约之宗"；黄庭坚另辟阵地，成就了宋代最大的诗派——江西诗派；陈师道可以批评东坡的词"要非本色"（《后山诗话》）。也正因为此，才使得苏门人才辈出，百花争艳。

苏东坡与弟子之间的友情，历来被人们津津乐道。他们相互知赏，和而不同又患难与共的师生情谊，让人动容，也启人思考。即便在今天，也非常值得学习和借鉴。

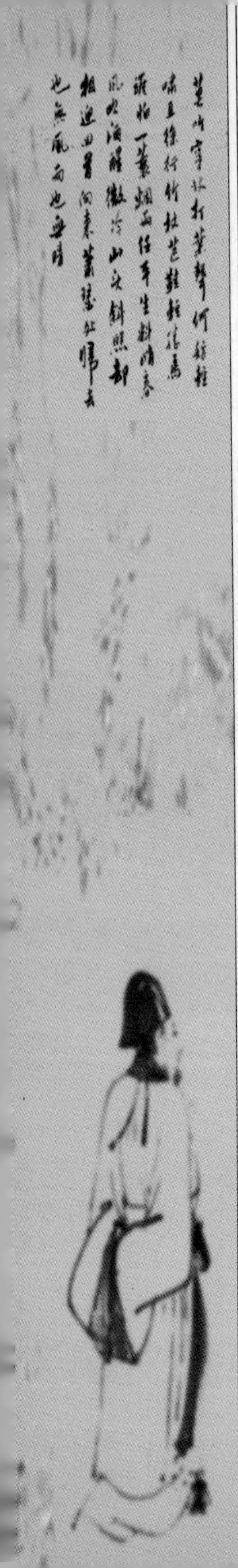

二、同僚之谊

苏东坡性格开朗，待人坦诚，心胸豁达，即便在充满矛盾与争斗的官场中，也结交了无数的朋友，如陈述古、杨元素、苏伯固等。但宦海浮沉，升迁贬谪司空见惯，欢聚离别乃家常便饭。东坡十分多情，一旦与朋友分别，惜别之情便油然而生，分手之后也常常思念感怀。所以，送别赠答词的数量很多，感情也真挚深厚。这一点，从送别陈述古的词中，便可略见一斑。

陈述古，名襄，在东坡倅杭时任杭州太守，为东坡的顶头上司。一般情况下，正副职之间难免有些矛盾与隔阂。可陈、苏二人却相知甚深，相处甚欢。陈述古比苏轼年长，曾向神宗皇帝推荐苏轼是难得的人才，后来二人又都因为反对新法而离朝外任。在杭州任上，二人配合默契，宴集酬唱，十分相得。因此，当陈述古任满调往南都（今河南商丘）时，东坡心中怅然，依依不舍，相继写下了七首送别词。先是《虞美人·有美堂赠述古》，接着《诉衷情·送述古迎元素》，然后又作《菩萨蛮·述古席上》。既在孤山竹阁摆下送别宴（《江城子·孤山竹阁送述古》），又在西湖洒下惜别泪（《菩萨蛮·西湖送述古》）。既"送述古赴南都"，调寄《清平乐》，揣想其一路行程、节候及途中所为，又追送至临平，别于舟中，再赋《南乡子·送述古》：

回首乱山横。不见居人只见城。谁似临平山上塔，亭亭。迎客西来送客行。　　归来晚风清。一枕初寒梦不成。今夜残灯斜照处，荧荧。秋雨晴时泪不清。

别后回望，留在视野中的只有那临平山和临平镇，却不见了好友的身影。这种写法，让人想起“孤帆远影碧空尽，惟见长江天际流。”（李白《送孟浩然之广陵》）想起作者第一次与弟弟子由分手时“登高回首坡垅隔，但见乌帽出复没。”把临歧执别、高处挥手，怅然若失的情绪表现得深沉动人。“谁似临平山上塔，亭亭。迎客西来送客行。”山上塔居高望远，或许还能望见友人远去的身影，可谁又能做到像塔那样呢？

他竟然羡慕起塔来，一片痴情宛然若现。甚至在送走朋友后的夜晚，辗转不眠，还设想自己因思念朋友而“今夜残灯斜照处，荧荧。秋雨晴时泪不晴。”借凄冷的景象与词语把离别之苦渲染得淋漓尽致。对友情的珍重，对朋友的深情厚谊，实在难能可贵。

“多情自古伤离别”（柳永《雨霖铃》），离情别绪之词，多写得哀婉凄切。东坡与友人话别时，虽也怅惘失落，恋恋不舍，但他天性乐观，又心怀大志，非常注重个人操守名节。所以，在念旧怀人、叹离伤别之作中，也蕴含着健康高朗的襟怀。尤其对“失官”下台，心情抑郁的朋友，更多关怀与劝勉。如《减字木兰花·送东武令赵昶失官归海州》：

贤哉令尹，三仕已之无喜愠。我独何人，犹把虚名玷缙绅。　不如归去，二顷良田无觅处。归去来兮，待有良田是几时。

开篇两句，引用了典故。《论语·公冶长》称赞：楚“令尹子文三仕为令尹，无喜色；三已之，无愠色。”东坡这里用楚令尹子文喻赵昶，赞扬他不计较仕途得失，以示鼓励。然后说自己凭借虚名作官，不免玷污士林。

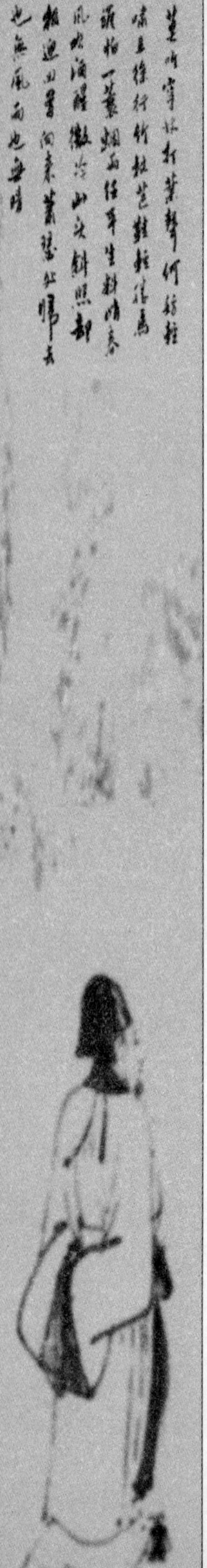

虽是谦虚之辞，但语意诚恳。下片写自己一直想归隐田园，无奈总也实现不了这个愿望，借以言明去官也并非不幸，思想通达，慰勉有加。由此也可以看出，“物以类聚，人以群分”，和东坡交好的人，多志向宏远，淡泊名利。

三、草野之友

苏东坡具有“上可陪玉皇大帝，下可以陪卑田院（收养院）乞儿，眼前见天下无一个不好人”的赤子之心，和各类人都能平等交往，真诚相待，肝胆相照。这样的人，似乎一大半是为朋友而活，他的终生，也永远会有朋友相伴。东坡有很多官场上的朋友，也有很多不在位，没有权势的草野朋友。我们仅以他贬居黄州时期为例，了解一下他与平民之友的交往与情感。

苏东坡一生很少为人作传，却为他的至交好友陈季常，写了一篇脍炙人口的传记《方山子传》。传主名慥，字季常，为陈公弼之子。陈公弼为眉州青神人，与苏洵为友。嘉祐年间任凤翔知府时，东坡为凤翔府签判，与陈季常结为好友。季常少慕西汉豪侠朱家、郭解，一身侠气。长大后折节读书，希望有所作为。到了晚年，由于无所遇合，抛弃家产富贵，隐居于光州、黄州之间。

元丰三年（1080）一月，东坡由京城贬赴黄州，途经麻城歧亭。在离亭二十五里的地方，忽有人戴着方帽子骑着白马跑来迎接他，仔细一看，才知是旧时好友陈季常。相从至其家，只见“环堵萧然，而妻子奴婢皆有自得之意”（《方山子传》）。季常更是安贫乐道，心境恬淡，东坡分外感动，心生钦佩。又听季常介绍，他曾“自洛之蜀，载二侍女，戎装骏马，至溪山佳处，辄留，见者以为异人。后十年，筑室黄冈之北，号静庵居士”，便欣然作《临江仙》以记之：

细马远驮双侍女，青巾玉带红靴。溪山好处便为家。谁知巴峡路，却见洛城花。　面旋落英飞玉蕊，人间春日初斜。十年不见紫云车。龙丘新洞府，铅鼎养丹砂。

对这个由侠而隐的“佯狂”之人作了鲜明而生动的描绘，也折射出了作者当时的心态。在居黄期间，二人过从甚密。东坡曾三次去岐亭过访，陈季常七次来黄探望，每次都住上十天半月甚至更久。两人谈诗说文，饮酒下棋，登山泛舟，其乐融融。东坡为他写了不少诗，如“送君四十里，只使一帆船。江边千柳树，落我酒杯中。此行非远别，此乐固无穷。但愿长如此，来往一生同。”（《陈季常见过二首》）东坡常和朋友开玩笑，并因“忽闻河东狮子吼，拄杖落地心茫然”两句诗，留下了“河东狮吼”的著名典故。

马正卿（后来为黄州通判），追随苏东坡二十年，不离不弃。东坡贬官黄州，他也来到黄州，为之请地并参与东坡垦荒。对此，苏东坡深感于怀，《东坡八首》之八便为他而写：

马生本穷士，从我二十年。
日夜望我贵，求分买山钱。
我今反累君，借耕辍兹田。
刮毛龟背上，何时得成毡。
可怜马生痴，至今夸我贤。
众笑终不悔，施一当获千。

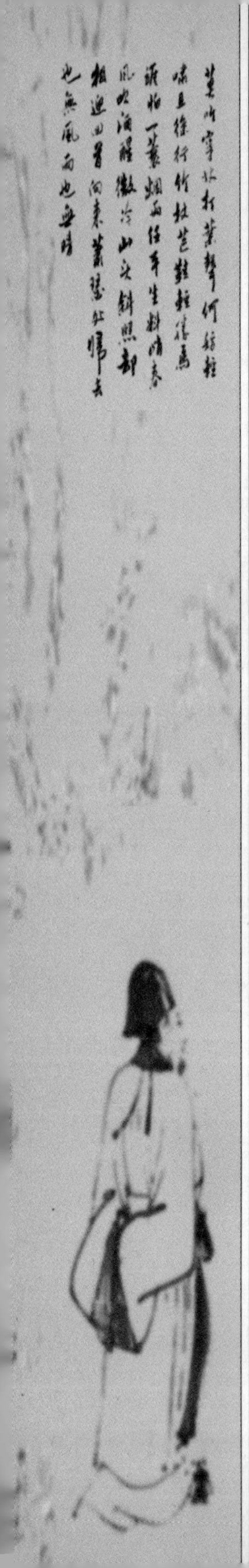

还有潘丙、郭遘、古耕道等人，对罪谪中的东坡热情相待，慰勉相助。“我穷交旧绝，三子独见存。从我于东坡，劳饷同一飧。”（《东坡八首》其七）东坡深情地把他们写入诗中，并由这些贫贱之交，体会到了“四海皆弟昆”的无边温情。因此，当他要离开黄州的时候，是那样的眷恋不舍，专门作词《满庭芳》，以“留别雪堂邻里二三子”。词曰：

归去来兮，吾归何处？万里家在岷峨。百年强半，来日苦无多。坐见黄州再闰，儿童尽、楚语吴歌。山中友，鸡豚社酒，相劝老东坡。　云何？当此去，人生底事，来往如梭！待闲看，秋风洛水清波。好在堂前垂柳，应念我、莫剪柔柯。仍传语，江南父老，时与晒渔蓑。

上片写对邻里父老的告别以及邻里朋友对自己的挽留。“归来”三句写故乡遥远，自己从宦被贬身不由己，思归故里而不得的激荡心绪。“百年”五句，说既然回不了故乡，岁月流逝来日无多，就不愿再到处奔波了，何况久居黄州，已经习惯了这里的习俗和生活，孩子们都一口的黄州地方话了，自己和家人已经把这里当作第二故乡了。末三句写邻里父老的款待与殷切挽留。他们杀鸡摆酒，尽其所有，苦劝诗人留在这里终老，朴实而真诚。

下片写对邻里父老的宽慰与托付。“云何”？说什么好呢？世事变化无常，谁都无法把握自己的命运。虽然舍不得，也无法答应朋友们留在这里。“待闲看”两句，又强作轻松地说要去的汝州也很不错，可以悠闲地欣赏洛水风景，宽慰大家不要挂念。末六句托付父老照管好雪堂的杨柳树木，帮自己时时翻晒一下打鱼的蓑衣，表示一定会再回来。交待得那么细致，那么琐碎周到，一种强烈的无法割舍的感情自肺腑而出。

词写得通俗朴实，明白如话，又思潮激荡，深情款款。虽然露出了漂泊无归、身不由己的伤感，但那份乐观坚强的旷达与朴素实在的友情，给人长久的感动与温暖。

在东坡几次遭贬的逆境之中，有很多草野中人给了他无私的帮助和真切的关怀，温暖了他苦涩而凄凉的心灵。对此，东坡深有所感，他真心与这些人为友，并写了很多诗词散文，抒写对这些人的赞美与感激之情。因此，使很多小人物流芳千古，也一次次地证明着：友情不在于地位是否相等，而在于相知与真诚。真情、良善常常存在于山野陋巷之中！

四、方外之交

在东坡众多的朋友中，有不少是道士、僧人，尤其是吴越诗僧，十分引人注目。幽居湖山的诗僧们，既通晓禅理，又善作诗歌，很合东坡的兴趣。因此，东坡逢寺必游，在僧舍中参禅作诗，写下了数百首与方外交游的诗歌，也结交了一大批诗僧友人。尤其是参寥，与东坡由诗交发展为生死之交，谱写了一曲动人的友情之歌。

参寥，是诗僧道潜的字，他自幼出家，诗文道义双修，有《参寥子诗集》传世。东坡称赞他“诗句清绝，可与林逋相上下。而了通道义，令人见之萧然。”（《与文与可》）早在东坡知徐州时，参寥就专程前去拜访。东坡贬黄后，他又不远千里奔黄，相从一年之久。东坡深为感动，曾在信中感叹道：“仆罪大责轻，谪居以来，

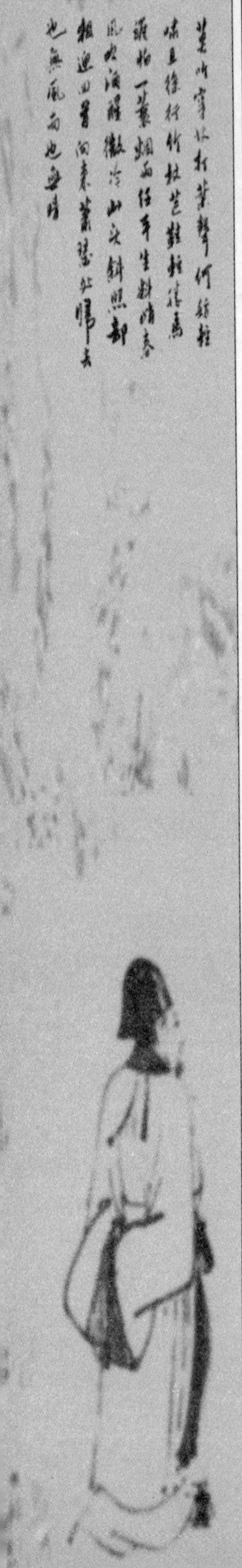

杜门念咎而已。平生亲识，亦断往还，理故宜尔。而释老数公，反复千里致问，情义之厚，有加于平日，以此知道德高风，果在世外也。”（《答参寥书》）元祐中，东坡知杭州，为参寥选择了一处寺院居住，二人游湖登山，品茗访谈，诗词唱和。绍圣初年，东坡贬惠州，参寥也因诗中有讥刺语，被勒令还俗，编管兖州。即使这样，参寥还多次派专人前往惠州探望，并书信劝慰。东坡贬儋州后，已被放还杭州寺院的参寥欲渡海赴儋州相随，被东坡力劝后方作罢。

这样的相知相惜，实在是千古少有。东坡不仅屡屡借诗文表达自己的感激，又作词抒写二人的生死之情，即元祐六年三月所作的《八声甘州·寄参寥子》：

有情风万里卷潮来，无情送潮归。问钱塘江上，西兴浦口，几度斜晖？不用思量今古，俯仰昔人非。谁似东坡老，白首忘机。记取西湖西畔，正春山好处，空翠烟霏。算诗人相得，如我与君稀。约他年、东还海道，愿谢公雅志莫相违。西州路，不应回首，为我沾衣。

词的上片借观潮写人生感慨。有情的风卷起海潮似从万里汹涌而来，可转瞬间又无情地送潮而归。气象开阔壮观，又在“有情”“无情”的拟人化描写之中，寄寓了人世间盛衰离合的深沉感慨。东坡两度出仕杭州，如今又要离去，心中有很多的不舍与无奈。看潮水的涨落，夕阳的西下，他不由想起世事的沧桑，宦海的浮沉，人生的起落。人们追名逐利，人事代谢无常，但俯仰之间，已成陈迹，古往今来，莫不如是。“谁似东坡老，白首忘机”？什么得失荣辱，人事争斗更迭，我都不去管它，一切的磨难又奈我何！又转为旷达。

下片与挚友叙旧，畅谈心愿。先叙写难忘的西湖美景，与好友同游共处的种种往事。“算诗人相得，如我与君稀”，为二人相知遇合之深而自豪，又露出不能长相聚首的惜别之意。后七句便用谢安与羊昙的典故，表达自己来年归隐杭州与参寥再聚的心愿，也借此宽慰友人。据《晋书·谢安传》记载，谢安虽身在仕途，却心怀归隐之志。但在出镇广陵时病危还京，经过西州门时，遗憾地喟叹夙愿未偿。谢安死后，素受其器重的外甥羊昙十分悲痛，不忍心从西州门经过。一次酒醉中误至西州门，“悲痛不已，以马策扣扉”，“恸哭而去”。东坡说我一定会实现退隐的夙愿，不会使参寥像羊昙那样痛哭于西州。既是宽慰放达之语，又心存入朝从政之忧和生离死别之悲。真是百感交集，一片至情，从心底流出。

这首词历来受到很高的评价。郑文焯《手批东坡乐府》评赞说：“词境至此，观止矣！”蔡嵩云《柯亭词论》评价：“其阔大处，不在能作豪放语，而在其襟怀有涵盖一切的气象”。夏敬观更认为此词如“天风海涛之曲”，而“中有幽咽怨断之音”，代表了东坡词的最高成就。

前人的评价都很精到。但我以为，若从表现友情的角度来看，这首词同样感动人心，值得称道。从友情到宦情，从对往事的回忆到今天的离别，从对历史、人事的感慨到聚散离合的无奈，从对入朝为政的担忧到生离死别的悲伤，他把能对人言及不能对外人道的种种思虑，都毫无保留地倾诉给参寥。由此更证明了二人确为心碰心的生死之交。得这样的知己，是人生的大快乐！

俗话说：“在家靠父母，出门靠朋友”。但什么样的朋友才算真朋友？并不是每个人都懂。古人常说：“人生得一知己，可以死而无憾”。可为什么知己难寻？怎样

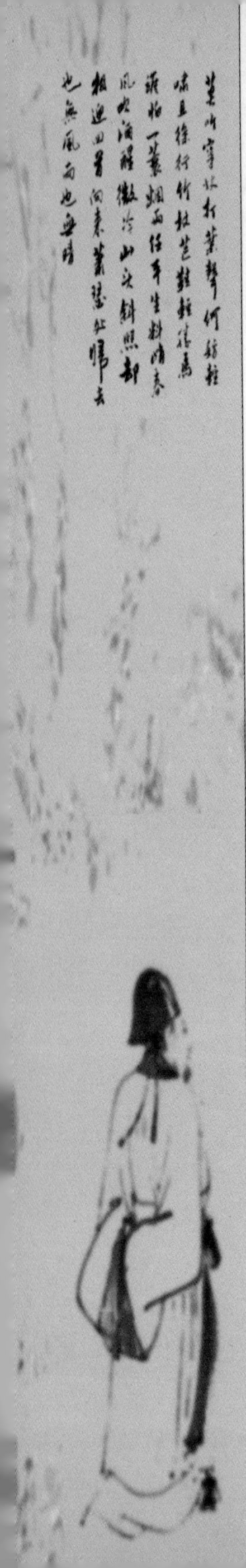

才能结交到真正的朋友？在抱怨“人心隔肚皮”的同时，自己是否也要负些责任？孔子说，交友要先分辨益友和损友，“友直、友谅、友多闻，益矣。”（《论语·季氏》）就是说正直、诚信、博学的才是益友。爱因斯坦说：“世间最美好的东西，莫过于有几个头脑和心地都很正直的朋友。”那么，你所交往的是益友还是损友呢？你自己能否成为别人的益友？

有关交友的种种问题与困惑，古代先人给我们提供了很多借鉴，苏东坡的交友之道，更会给我们很多的教益与启发。

忧国忧民，天地良心
——兼济情怀

历代的志士仁人，除了一己的忧愁，人伦的情感外，往往忧国忧民，心怀天下。“大道之行，天下为公。”（《礼记·礼运大同篇》）他们常常把个人的喜怒哀乐、前途命运，和国家的兴衰、人民的疾苦联系起来，“先天下之忧而忧，后天下之乐而乐”（范仲淹《岳阳楼记》）。中国古代的一些杰出诗人，也无不是担荷道义，怀揣报国济民的理想，借诗歌干预现实民生的重大问题。从屈原“虽九死其未悔”的爱国热情，到杜甫“穷年忧黎元，叹息肠内热”的伟大情怀，再到龚自珍“我劝天公重抖擞，不拘一格降人才”的热情呐喊，中国古代的诗歌贯穿着一种关注现实、为民请命、为天地立心的可贵精神。

苏东坡虽受传统文化的全面濡养，对儒释道思想兼收并蓄，但像绝大数文人一样，他最先选择和追求的，是儒家的仁者爱人与进取有为。他既有“致君尧舜”、建功立业的政治抱负，又有为官一任、造福一方的政治才

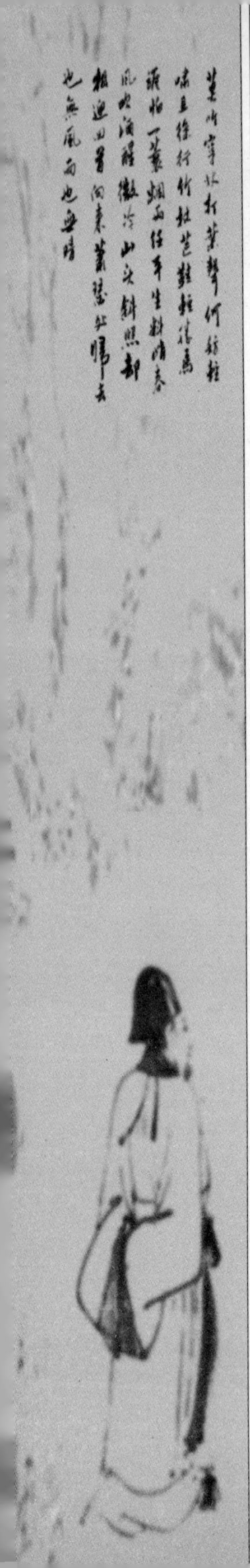

能与实践。尤为难得的是，无论他一生中的哪个时期，都以强烈的责任感和使命感，关注国计民生，都以满腔的热诚，为百姓排忧解难，表现出了赤诚为民的天地良心。

在《宋史》苏东坡传记中，开端就讲述了他幼年时随母读书的故事。当他十岁时研读经史，“父洵游学四方，母程氏亲授以书，闻古今成败，辄能语其要。程氏读东汉《范滂传》，慨然叹息。轼请曰：‘轼若为滂，母许之否？’程氏曰：‘汝能为滂，吾顾不能为滂母耶？’”（《宋史·苏轼传》）

据《后汉书·范滂传》记载，范滂为政清廉，政绩卓著，为人刚正不阿，重义守节，深受人民爱戴。当他被任命为清诏使时，他登车揽辔，慨然有澄清天下之志。当“党锢之祸”，受到迫害、危难时，他不逃避，不委曲求全，为理想献出了生命。只是与母诀别时，深感对不起母亲。而其母却说“汝今得与李（膺）杜（密）齐名，死亦何恨？既有令名，复求寿考，可得兼乎？”支持儿子去实现自己的理想。程夫人为这个悲壮的故事慨然叹息，才十岁的小苏轼也内心激动，便问母亲：他日儿作范滂，母亲能作范母吗？程夫人答道：你若能作范滂，我怎么不能作范滂的母亲呢？

中国历史上许多杰出人物的出现，都与母亲的教导和影响有关。孟母择邻，岳母刺字，欧阳修的母亲画荻教子等，都是著名的范例。苏轼何其有幸！有这样一位仁慈贤德，又知书达理的母亲。而父亲苏洵，博通经史，关心时事，有独到的思想操守和满腔的社会责任感。既教子读书、做人，更为两个儿子设计、铺就了求取功名、建功立业的人生之路。这种成功的家庭教育，使苏轼自幼就“奋厉有当世志”（苏辙《亡兄子瞻端明墓志铭》）。

苏轼二十一岁和弟弟随父出川参加进士考试，后来又参加直言极谏科的制科考试，受到主考官欧阳修的惊世知赏，又受到仁宗皇帝的嘉许，名动京华。他的进取心更强，奋发有为之观念更浓。他追攀杜甫，自信“有笔头千字，胸中万卷，致君尧舜，此事何难”（《沁园春》）。他认为，人的一生虽行止难料，但“应似飞鸿踏雪泥”（《和子由渑池怀旧》），给人世间留下一些实在的印记，“知天命必尽人事，然后理足而无憾”（《墨妙堂记》）。虽后来仕途多艰，壮志难酬，他进取功名的意识大为淡薄，但人必有所作为，有益于社会，才能无愧于心的人生理念始终未改；心系国事民生的意念一直未放弃；立言忠直的作风始终未变。

因此，在朝，他敢于言政议政，敢于逆当政者之鳞，坚持自己的政治见解，不顾个人的荣辱得失。为了国家、百姓的大业，虽知道“一生得罪，皆由口出”，仍刚正不阿，表里如一，不改初衷。在地方官任上，他尽职尽责、兴利除弊、造福百姓，作出卓越政绩，深受人民厚爱。直到晚年，他还在说：“许国心犹在，康时术已虚。”（《南康望湖亭》）感慨报国心存，救国无术。还在写指责谗佞、忧国忧民的《荔枝叹》。其忠爱之情与人格操守，直到今日仍让人感动不已。

词这种文学样式，是以情为中心的文学，不擅长言志说理。正如王国维在《人间词话》中所言：

> 词之为体，要眇宜修。能言诗之所不能言，而不能尽言诗之所能言。诗之境阔，词之言长。

就是说词是一种经过精致修饰的、具有女性柔美特质的文学，其长处在于委婉含蓄的抒发个人内心深处最复杂最细微的情感，其短处是反映生活面窄，词境狭小。

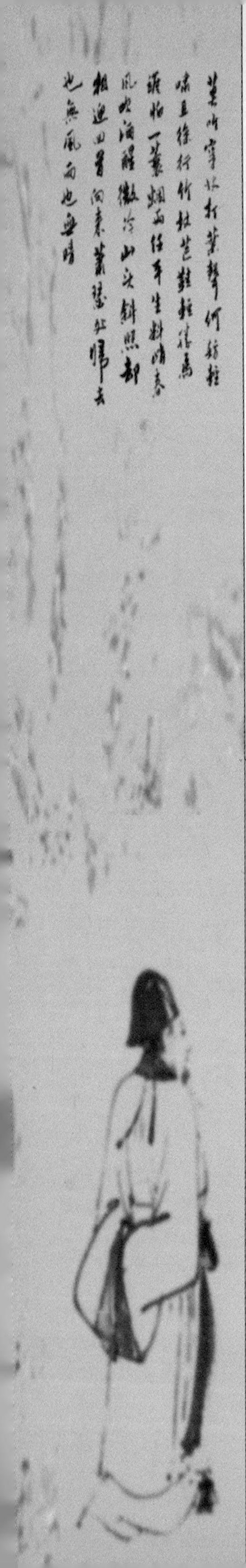

自然，谈理想抱负，就非词体所长，此类作品也确实少而又少。

苏东坡的词，则气象恢宏，别具一格。他既以非凡的才力和雄大的气魄开拓词境，使其“无意不可入，无事不可言”（刘熙载《艺概·词曲概》），又有意开创出和诗歌相通的豪迈清旷的新风格。而且，还写出了几首“颇为壮观”的充满壮志豪情的爱国词，令人耳目一新，大大提高了词品。

北宋经济繁荣，国力强盛，但在对外关系上软弱无能，一直受着辽和西夏的威胁。因此，对国家安危的忧虑，希望杀敌报国的心声，就经常出现在东坡的诗词中。

杭州太守杨元素离任，似有典兵之议，东坡便兴奋地写了首《南乡子》相赠：

旌旆满江湖。诏发楼船万舳舻。投笔将军因笑我，迂儒。帕首腰刀是丈夫。　粉泪怨离居。喜子垂窗报捷书。试问伏波三万语，何如？一斛明珠换绿珠。

这首词借对想象中出征者的歌颂，表达了自己书剑报国的理想与壮志。他羡慕“帕首腰刀”的“投笔将军”，不甘心做迂腐儒生。熙宁八年（1075），东坡在密州打猎，因小试身手而激发出为国效力，抗敌疆场的壮志雄心，并慨然写下了生平第一首壮词《江城子·密州出猎》：

老夫聊发少年狂，左牵黄，右擎苍。锦帽貂裘，千骑卷平冈。为报倾城随太守，亲射虎，看孙郎。酒酣胸胆尚开张，鬓微霜，又何妨。持节云中，何日遣冯唐。会挽雕弓如满月，西北望，射天狼。

词作开篇便渲染了一幅“狂态”。你看：他不到四十岁，却自称“老夫”。人已到中年，却有少年人的豪情。他左手牵着黄犬，右臂架着苍鹰，威风凛凛，意气风发。而随猎人员的装束是“锦帽貂裘”，这是汉代羽林军的装束，也就是说一派戎装打扮，雄姿英发。打猎的阵容，则如千骑奔驰，狂飙突卷，好不壮观！作者豪气勃发地说道：请为我通告全城的人，都随我去打猎，我要像当年的孙权一样，射杀老虎，一显身手！

下片写饮酒小憩，写内心的“狂”情。畅饮酒酣，更觉心胸开阔，胆气雄壮。虽两鬓染霜，又有什么关系呢？更没必要为此感伤！因为，建功立业还有机会，冯唐不是持符节去赦免、起用魏尚了吗？据《史记·冯唐传》记载：魏尚为云中郡郡守，抵御匈奴有功，只因上报杀敌数多了六人，便获罪削爵。冯唐上谏汉文帝这叫轻罪重罚，不应如此对待功臣名将。于是，汉文帝接纳了意见，派冯唐持符节到云中郡赦免魏尚，让他官复原职。作者是因为反对王安石新法而自请外放的，这里借用此典，明显表达了希望重新得到朝廷重用的愿望。他表示，如有机会到疆场，一定会力挽雕弓，奋勇杀敌，为国立功。

词作由狩猎的豪情，写到报国的壮志，抒发了文官儒生报效疆场、建功立业的宏愿，塑造了英武豪迈的自我形象，充溢着一种“横槊赋诗”般的英勇气概。这在整个词坛上，都具有开创性的意义。

自晚唐五代以来的文人词中，还少有这样抒写立功疆场的作品，更缺少这样英武鲜明的形象塑造。范仲淹的《渔家傲》（塞下秋来风景异）一词，虽写出了志在

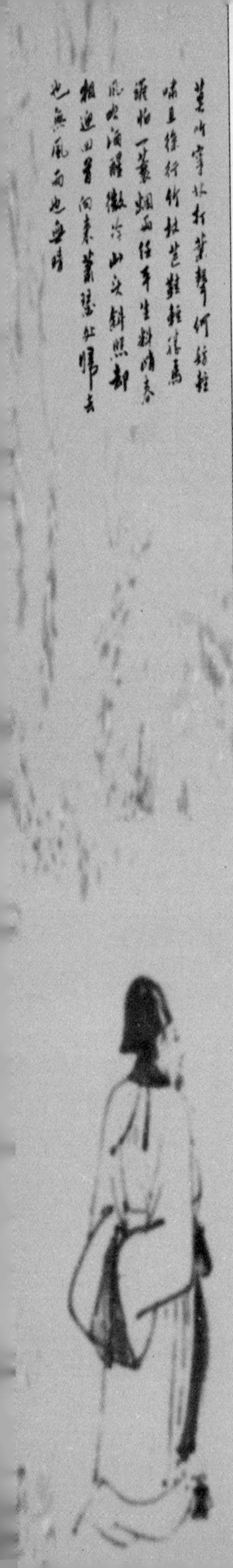

杀敌的白发将军形象，但全词的重点不在此，而在边塞苦寒景象的描绘和将士思乡与卫国责任之间矛盾心态的揭示，远不能和东坡词中的自我形象相比。可以说，东坡此词上承唐代边塞诗积极进取的英雄主义精神，下开南宋诗词慷慨激昂的爱国情怀，令人举首高歌，精神振奋！同时，也为以婉约柔媚为主的传统词坛，增添了阳刚之气、雄壮之美。

与此词同时，东坡还写了《祭常山回小猎》和《和梅户曹会猎铁钩》等数首诗，表达了同样的理想壮志。如“圣朝若用西凉簿，白羽犹能效一挥”，用晋朝西凉主簿谢艾之事表自己的决心。谢艾本是白羽书生，但善于用兵。作者自比谢艾，表示自己虽也是一介书生，圣上若用之为将，当不减谢艾之风采。

元丰元年（1078）在徐州，东坡又连续写了两首壮词。一首是《阳关曲·赠张继愿》：

受降城下紫髯郎，戎马台南旧战场。
恨君不取契丹首，金甲牙旗归故乡。

怀古叹今，抒情言志，用“紫髯郎”孙权喻友人张继愿，写活了一个抵抗侵略、杀敌报国的猛士形象，壮怀激烈，又虎虎有神。

唯见眉间一点黄，诏书催发羽书忙。从教娇泪洗红妆。　上殿云霄生羽翼，论兵齿颊带风霜。归来衫袖有天香。（《浣溪沙·蓬门送梁左藏》）

“左藏”是管理国库的官职名，梁左藏，指武将梁交。词作羡慕梁交得以应诏入京的荣幸与光荣，激励他在天子面前以刚健的谈风陈奏兵略，充满了豪情与进取精神。

然而，耐人寻味的是，不论哪个朝代，封建皇权政治都使正直的士大夫伤透了心，积极入世、济世利民者总要付出巨大代价。苏东坡重大节，不盲从，“一肚皮不合时宜”，更在仕途上历经磨难，壮志难酬。

但他始终未拂袖而去，始终未放弃以天下为己任的理想。这其中掺杂着恋禄报恩的思想，所谓“老去君恩未报，空回首弹铗悲歌”（《满庭芳》）。但主要的还在于，他有着拳拳的赤诚爱国之心。因此，即便在贬官黄州期间，他仍想着“臂弓腰箭何日去，直上阴山取可汗”（《谢陈季常惠一揞巾》），为抗击辽和西夏的侵扰建功立业。边疆传来大破西夏侵扰的捷报，他拍手称快，写下了著名的《闻洮西捷报》。在俯视滚滚的长江东逝水，追思赤壁之战的英雄时，他写下了雄奇悲壮的《念奴娇·赤壁怀古》，赞颂美丽的江山胜景，仰慕雄姿英发、功耀史册的儒将周瑜，抒发对英雄功业的渴望，倾吐一腔壮志付诸流水的痛苦，让人激情满怀，又扼腕长叹！

作为一个朝廷命官和诗人，苏东坡既有不凡的抱负和浓厚的爱国主义思想，又以强烈的责任感和真挚的悲悯之心，关注民生，勤政爱民，做到了“为官一任，惠民一方”，并写下了一系列心系民生，关心民瘼的光辉诗篇。

他“早岁便怀齐物志，微官敢有济时心”（《和柳子玉过陈绝粮》）。步入仕途之后，一直关心“民贫而役重”的问题，提出了很多改善民生的建议。在历次的地方官任上，也每每不顾个人得失为百姓请命。打开《苏轼全集》，无数封为民请命的奏书，无不昭示着一种伟大的良

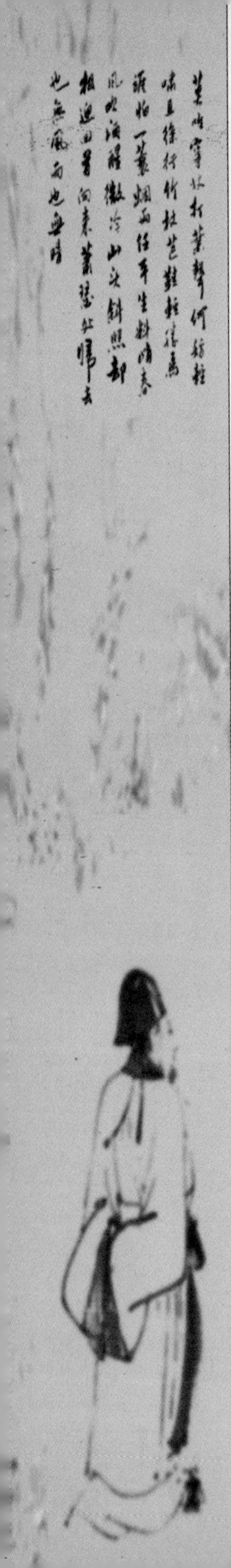

知和强烈的责任感，让人不得不为之动情。

每遇灾荒，他就上书朝廷如实禀报灾情，请求免赋税，免“积欠”，赈济灾伤，并减价粜常平米，支散义仓积谷救济饥民。或者“多做饘粥药剂，遣使挟医，分坊治病，活者甚众”（《宋史·苏轼传》）。看到因贫困“民多弃子”的现象，他一方面“洒涕巡城拾弃孩”（《次韵刘贡父、李公择见寄二首》），一方面下令“收养弃儿，月给六斗，比期年，养者与儿，皆有父母之爱，遂不失所，所活亦数千人”（《与朱鄂州书》）。尽管如此，他仍常常自责对不起黎民百姓：

秋禾不满眼，宿麦种亦稀。
永愧此黎庶，芒刺在肌肤。
平生五千卷，一字不救饥。
何以累君子，十万贫弱啼。（《和孔郎中荆林马上见寄》）

苏东坡任地方官前后有十几年，每到一地，都留下了让老百姓称道的“惠民之政”，其中最突出的，是在徐州治水和在杭州疏浚西湖。对西湖的治理，修建“苏堤”，早为人耳熟能详了，这里只谈谈徐州治水之事。

熙宁十年（1077），他刚到任徐州三个月，便遇到了黄河大堤决口的灾难。决口处位于河南澶州曹村，徐州地处其下游，汹涌的洪水咆哮着冲到徐州城下。一时间庄稼、房屋被冲毁，徐州城也被洪水围成了孤城，“夜闻沙岸鸣瓮盎，晓看雪浪浮鹏鲲”（《答吕梁仲屯田》），情况万分危急。

作为一任太守，他一面组织救援落水之人，一面亲率军民筑堤抗洪。在连续暴雨数天，“彭门城下水二丈八尺”（《河变》叙）的危难中，他身披蓑衣，挽起裤腿，“庐于城上，过家不入”（《宋史·苏轼传》），夜以继日地指挥军民，疏导河流，分堵守城。经过七十余天的奋战，终于战胜了洪水，保住了全城人民的生命财产。为此，举城欢庆，载歌载舞，四十二岁的太守也夹杂在人群之中，“旋呼歌舞杂诙笑，不惜饮酹空瓶盆”（《答吕梁仲屯田》）。表现了急民之所急，乐民之所乐的可贵精神。

第二年夏天，麦浪滚滚，丰收在望，东坡欣喜万分的写下了《浣溪沙·徐州藏春阁园中》：

惭愧今年二麦丰。千畦细浪舞晴空。化工余力染夭红。　归去山公应倒载，阑街拍手笑儿童。甚时名作锦薰笼。

这是一篇写丰年之乐的杰作。前两句写远眺中的丰年景象：放眼望去，晴空万里，麦浪随风起伏翻滚，大麦、小麦均长势挺拔，都会喜获丰收。真是难得的好年景！第三句调转笔锋，写近观藏春阁的瑞香花。作者深情地赞叹大自然这个造物主，不仅化育了农作物，还有余力把瑞香花熏染得姹紫嫣红。下片前两句，把丰年带给乡民的喜悦写的神态活现。乡民喝得酩酊大醉，蹒跚归去；孩子们追逐嬉戏，拍手欢笑，一派喜气洋洋。结尾再点瑞香花，这么美艳香郁的鲜花，何时被冠之于“锦薰笼”这样的雅称！既借鲜花与二麦相互映衬，烘托丰年胜景，又借植物的茂盛与乡民的欢乐，衬托自己难以言传的欢喜与快慰，一片赤诚的爱民情愫跃然纸上，真是难得的好官！

百姓心中都有一杆秤，它称得出谁真心谁假意，谁

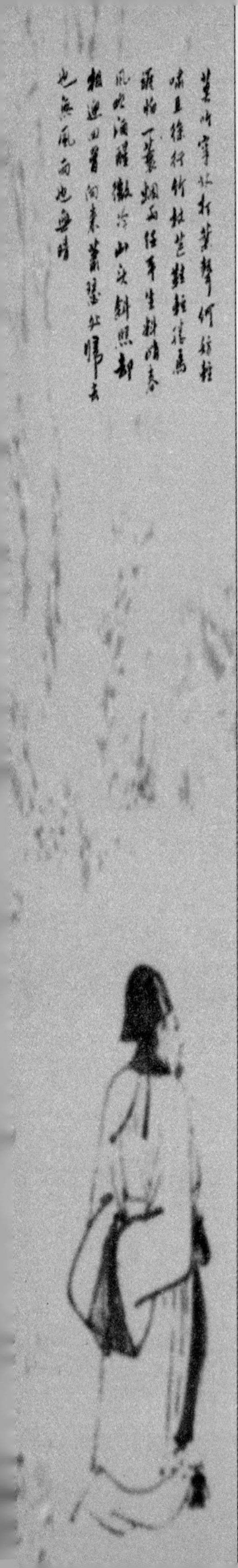

诚心为民，谁谋权贪利，这是金钱权势所左右不了的，更不是仅靠谁说就能行的。谁为人民谋幸福，人民就会把谁放在心头。

当东坡调离徐州时，城郊出现了十分动人的景象。这里的人民感激这位好太守，扶老携幼，难分难舍。人们手持彩红、吹奏着送别乐曲，一边拉住马缰绳，一边把酒祝愿：“请寿使君公：前年无使公，鱼鳖化儿童。”东坡感动万分，频频答谢劝慰道：

吏民莫扳援，歌管莫凄咽。
吾生如寄耳，宁独为此别。
别离随处有，悲恼缘爱结。
而我本无恩，此涕谁为设。（《罢徐州往南京，马上走笔寄子由五首》）

在第二首中又说：“水来非吾过，去亦非吾功。”表现出了态度的谦逊和婉，也真真正正看出东坡和徐州乡民父老结下的深厚情谊。

东坡最可爱的地方在于：居江湖之远仍忧国忧民，不在其位亦心系百姓，即使成为逐臣，在最困难的情况下，也能够推己及人。

他本因为用诗反映民生疾苦、新法弊端而被捕遭贬，但刚出监狱赴黄途中，他就写下了一首《蔡州道上遇雪》：

下马作雪诗，满地鞭箠痕
伫立望原野，悲歌为黎元。

自己刚刚从死亡的边缘走过，便为黎民百姓的苦难而挥鞭箠地，悲歌一曲了。甚至在遭难的晚年给朋友李公择的一封信中，仍说自己“虽怀坎壈于时，遇时有可尊主泽民者，则忘躯为之；祸福得丧，付与造物。”这真是苏东坡的伟大和可爱！

元丰五年（1082）十二月二日，黄州太守徐君猷携酒来访。这是一个善良厚道的人，对东坡十分尊重，并照顾有加。宾主相得尽欢，东坡因之作《浣溪沙》三首。第二天酒醒，风雪大作，又追作二首，其中一首为：

万顷风涛不记苏。雪晴江上麦千车。但令人饱我愁无。　　翠袖倚风萦柳絮。绛唇得酒烂樱珠。尊前呵手镊霜须。（《浣溪沙五首》之五）

上片写酒醒后的所见所闻。不记得何时从醉酒中醒了过来，只见狂风大作，雪花飘飞。俗话说，瑞雪兆丰年，雪这么大，来年的小麦一定会获得大丰收吧。果能如此，贫苦的百姓就能吃饱肚子，我也就没有什么忧愁了。下片倒叙，转忆昨日徐君猷来访时的席间情景。歌女倚风而立，雪花萦绕飘飞，酒入红唇如樱桃般绚丽明媚。而自己，则嘘气暖手，胡须斑白，更显老态龙钟。

联系全词，本是自己年衰体弱，生活困窘，由瑞雪联想到来年的丰收，引起对摆脱贫困的渴望，却还能够推己及人，想到他人的幸福，实在难得。“但令人饱我愁无”一句，尤为动人，使人想起杜甫的“安得广厦千万间，大庇天下寒士俱欢颜”，“吾庐独破受冻死亦足”（《茅屋为秋风所破歌》）；白居易的“安得万里裘，盖裹周四垠”（《新制布裘》）。三位大诗人，一个说“住”，一个说“衣”，一个说“食”，都表现出了民胞物与的人道主义情怀。

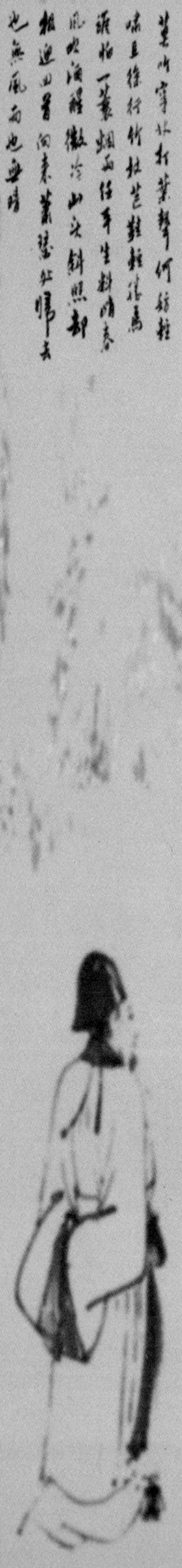

当然了，虽同是推己及人，其角度与感情的差异还是显而易见的。杜甫的仁爱之心与忧民情怀，是因感同身受而推己及人，其情感分外真切而深厚。自己漂泊无依，贫困潦倒，却能由自己的不幸想到天下“寒士”的不幸，甚至为了解脱别人的不幸而甘愿自身承担不幸，其博大胸怀与人性热诚正是他成为“诗圣”的主要原因。白居易是一位典型的“达则兼济天下，穷则独善其身”的著名诗人，其对民生疾苦的关心，对新乐府运动的倡导及讽谕诗的创作，都是很值得称道的。但境遇不同，生命质量不同，感情的深浅自然也和老杜不同。正如叶嘉莹先生所说：“昌黎载道之文与乐天讽谕之诗，他们的作品中所有的道德，也往往仅只是出于一种理性的是非善恶之辨而已，而杜甫诗中所流露的道德感则不然，那不是出于理性的是非善恶之辨，而是出于感情的自然深厚之情。是非善恶之辨乃由于向外之寻求，故其所得者浅；深厚自然之情则由于天性之含蕴，故其所有者深。”（《杜甫〈秋兴〉八首集说》）

苏东坡既秉承了仁爱忠厚的家族风范的熏陶，又接受了先秦儒家仁者爱人、民为邦本的思想传统，更在长期贬谪的困境中，深切地体验了人世冷暖与生活甘苦，与广大下层贫苦百姓建立了极深厚的感情。所以，他能够将小我化为大我，其仁爱之心与悲悯之情接近杜甫，“是他发自内心灵魂的咏叹，是他生命本体的体现，因而这也正是他处处受到人民群众爱戴和敬仰的根本原因。”（朱靖华《苏轼论》）

苏东坡了不起的地方还在于，他既能不论穷、达都心系国事民生，又能在自己人生的低谷时，实实在在地帮助他人，竭尽全力地为人民办好事。

贬官黄州时期，他身处被“监管”的境地，仍一如既往地关心民生疾苦。时值疫病流行，他主动配制治疫病的偏方“圣散子”，免费发散给病人。他生活拮据，痛自节俭，但听说有贫苦人家溺婴之事发生，尤其溺女婴更是常见的陋习，心中悲悯不已。他一方面给太守写信，提出纠正陋习的建议和具体措施，一方面带头捐出“十千”钱（相当于全家两个多月的生活费），并出面筹款，切实救护了不少女婴。

流放惠州时，他无职无权，时刻面临政敌更大的迫害加身，却竭尽心力为百姓排忧解难。其一，请建惠州营房。惠州驻军缺少营房，散居市井，急则滋事扰民，百姓苦不堪言。东坡利用表兄程正辅居惠的便利，反复写信，建议并促成了营房的修建，使军民各得其安。其二，关心农事，介绍并推广在黄州发现的秧马技术，促进了惠州的农业生产。其三，促成东新桥和西新桥的建成。两座桥的位置原有小桥，但多废坏，百姓往来不便，经常出现淹死人的现象。东坡殚精竭虑，想尽各种办法促成桥梁的兴建，并把当年皇帝御赐的犀带捐出来作建桥的资金，还动员苏辙之妻史氏捐出了入宫得赐的黄金数千。两桥建成，百姓欢欣鼓舞，“父老有不识，喜笑争攀跻。”（《东新桥》）“父老喜云集，箪壶无空携。三日饮不散，杀尽西村鸡。”（《西新桥》）这种种惠民利民的义举，至今在当地有口皆碑。

晚年自儋州北归常州，曾靠朋友帮助买了一所房子。后来发现出售房屋的人是瞒着年迈的老母，并不顾其母居无其屋的情况下卖的房，便当着老人的面烧毁了房屋买卖的契约，退还了房子，并不再索回买房之钱。而东坡自己，借住在朋友家中，最后竟病逝于借住的房子中。其善良厚道感天动地！

正因为苏东坡想民之所想，急民之所急，所以，不

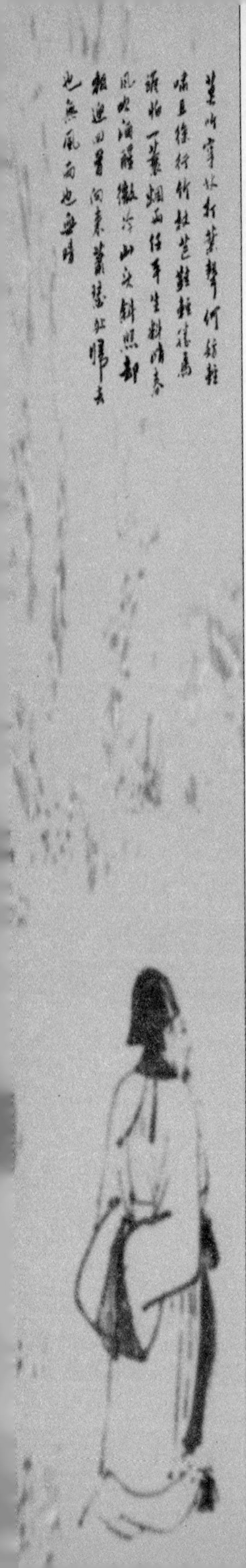

论走到哪里，都深受百姓的拥戴。晚年“东坡自海外归毘，病暑，著小冠，袒露半臂，坐船中。夹河两岸，千万人随之，东坡顾坐客曰：‘莫看杀轼否?’其为人爱慕如此。”（邵博《邵氏闻见录》）东坡逝世后，万民哀痛。“吴越之民相与哭于市，其君子相吊于家，讣闻四方，无贤愚皆咨嗟出涕，太学之士数百人，相率饭僧慧林佛舍。”（苏辙《亡兄子瞻端明墓志铭》米芾、黄庭坚、张耒等文人士大夫纷纷作诗文哀悼，流传最广的是“苏门六君子”之一的李廌的祭文：

> 道大不容，才高为累。皇天后土，鉴平生忠义之心；名山大川，还千古英灵之气。识与不识，谁不尽伤！闻所未闻，吾将安放！

直到现在，凡东坡生活过的地方，都留有其美德善政或诙谐智慧的美丽传说。在中国文豪遗迹中，东坡遗迹是保存最多的，据说全国有近百个。其生前受百姓爱戴，死后受到如此关注的，实在少有人比。

东坡已矣！但他以天下为己任的志向怀抱，无论穷达皆关怀民生，关爱大众的品格精神，会永远闪耀在丹青史册上，活在人民大众的心目中。东坡以他的一生，以他发自肺腑的良知，留给了我们一部爱的哲学，对今天人们的做人、为官之道，仍有着许多启迪。

惜花未忍都无言

——爱物情趣

爱物思想是由己及人思维方式的产物，是民胞精神的一种扩展，所谓“亲亲而仁民，仁民而爱物”（《孟子·尽心上》）。又是万物同源、天人合一哲学思想的具体体现。老子讲道生万物，庄子讲齐物论，都把人看作物的一部分，同受造化沾溉。儒家也认为,人能够与外物相应而感通,是以“格物以致知”（《礼记·大学》）。可以说，在先秦思想家的学说里，人与物的关系是一种和谐友好的关系。宋儒张载更明确提出了“民胞物与”的哲学思想，即“民，吾同胞；物，吾与也”（《西铭》）。也就是说，所有的人都是我的同胞，万物都是我的朋友。因为“性者万物之一源，非有我之得私也”（《正蒙·诚明》）,万事万物都有统一的本性，所以人和万物在本质上都是平等的，爱人爱物也就是自然本然的。但真正做到泛爱万物，就不是一件很容易的事了，非得有博大而深广的胸怀不可。

“多情好事余习气，惜花未忍都无言。”（《花落复

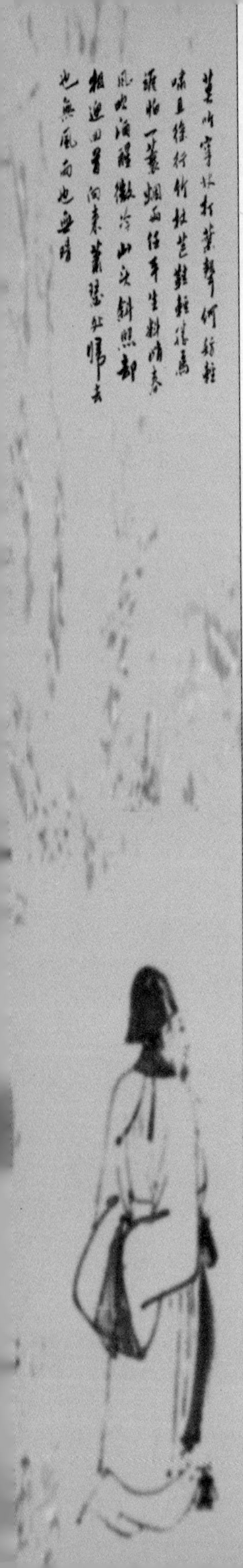

次前韵》）苏东坡初到惠州吟咏的这两句诗，婉转而概括地表达了诗人热爱生活、民胞物与的伟大情怀。在人与人的关系上，他仁爱多情，天真淳朴，把人人都当成自己同胞兄弟，朋友遍天下，与所到之处的百姓都能建立起深厚的感情。在人与物的关系上，他能够平等待物，赏爱万物，把物视作自己不离不弃的友朋，甚至是自己的某种化身与象征，体现出可贵的爱物思想。

苏东坡的咏物词有四十多首，占其全部三百六十二首词作的九分之一强，也是北宋词人中创作咏物词最多最好的一位。其咏物诗就更多了，约有四百多首。咏物诗词的产生，多缘于人们审美的需要，更是社交游戏的产物。或描摹物象，绘形传神；或感物言情，抒发感慨；或借物言志，以喻性情，形成了独特的写作手法与要求。东坡咏物诗词突出的个性特点是：既注重物性形貌及神态的传达，兼具“以形写神”和“遗貌得神”之法，更以物我同一的胸怀与视角，把物当作有感情的生命体来对待，充满了怜惜与赏爱之情，极具人情味。下面仅以吟咏植物花卉的词为例，浅说一二。

荷花，出淤泥而不染，是人们喜欢而熟悉的花卉，但在作者笔下，俨然成了一个风韵天然又心事重重的佳人。

霞苞露荷碧，天然地，别是风流标格。重重青盖下，千娇照水，好红红白白。　每怅望，明月清风夜，甚低迷不语，夭邪无力。终须放，船儿去，倩香深处住，看伊颜色。（《荷花媚·荷花》）

上片写荷花、荷苞在碧绿荷叶的衬托、掩映下，美丽多姿，又风韵天然。下片写月夜下的荷花迷濛幽香，在清风吹拂下，摇来摆去，婀娜动人，好似“笼着轻纱的梦”（朱自清《荷塘月色》）。可“低迷不语”、“夭邪无力”、“倩香深处住”、“伊”等拟人化的描写，就把荷花描绘的宛如窈窕娇媚、风情万种、又低首不语、幽香自守的脱俗佳人。人的容止与花的神韵，已浑然相融了。周敦颐曾言，“莲之爱，同予者何人？”（《爱莲说》）东坡堪为其爱莲同道。再如咏牡丹。“熙宁八年乙卯，以旱蝗斋素，方春，牡丹盛开，不获赏。九月忽开一朵，雨中特置酒，作《雨中花》。”（傅藻《东坡纪年录》）词曰：

今岁花时深院，尽日东风，荡飏茶烟。但有绿苔芳草，柳絮榆钱。闻道城西，长廊古寺，甲第名园。有国艳带酒，天香染袂，为我留连。　清明过了，残红无处，对此泪洒尊前。秋向晚，一枝何事，向我依然。高会聊追短景，清商不假馀妍。不如留取，十分春态，付与明年。（《雨中花慢》）

开花时节，牡丹盛开，国色天香。名贵的花品如绯红色的“国艳带酒”（今名“醉杨妃”）、贡黄色的“天香染袂”（今名“御袍黄”）适时而开，只等我去欣赏，但因为旱灾蝗害相继，自己忙于公务，又素斋累月，竟没有闲暇和心情去赏花、伴花。可时光易逝，韶华易过，自己得暇想去追赏的时候，已是清明过去，花谢红残，再也寻不到花的踪影了。作者对此惋惜伤悼不已，不禁“泪洒尊前”，极写人惜花。“秋向晚，一枝何事，向我依然”一句，又极写花恋人。虽时令入秋，牡丹却不忍弃我而去，单单有那么一枝，斜倚向我，似“别情无极”（周邦彦《六丑·蔷薇谢后作》）。但是，秋风肃杀，万物

凋零，又哪里会容得牡丹之“余妍”。“不如待到明春来临，你再尽情开放，一展绝色吧!”花恋人，人惜花，融而为一，真是多情而缠绵!

东坡笔下的吟咏对象，往往具有人的情感、心理乃至生命，就连作为果品食物的荔枝也不例外。

天与化工知，赐得衣裳总是绯。每向华堂深处见，怜伊。　两个心肠一片儿。自小便相随，绮席歌筵不暂离。苦恨人人分拆（一作析）破，东西。怎得成双似旧时。（《南乡子·双荔枝》）

东坡把荔枝那绯红色的外壳想象成造化所赐予的绯衣，把并蒂结果的双荔枝比拟成孪生姐妹，写她们自小一起成长，一刻不离，在被人分开的时候“苦恨”不已，希望永远“成双似旧时”。真是敏感多情至极，又表现的富于童心童趣。

因为，只有在童心未泯的世界里，感觉才那么纯洁细腻，想象才会那么富于爱心。正如孟子所说：“夫大人者，不失赤子之心”。而在成人化的世界里，在世俗的生活中，人们的感觉变得迟钝，感情变得冷淡，动物就是动物，植物就是植物，食物就是食物，一切都习以为常。虐待猫狗、猎杀动物、乱砍乱伐、破坏生态平衡的现象更是时有发生、屡禁不止。在很多人眼里，这似乎是人的成熟和经济发展必须付出的代价。果真必须如此吗？这实在是值得思考的大问题!

在东坡的心里，生命是平等的，是值得敬畏的。任何生命，不管它有多么的弱小，都有值得尊重的自身权利和尊严。这让我们想起尼采搂着被主人鞭打的马哭着喊兄弟的场景，想起《红楼梦》中林黛玉、贾宝玉葬花的画面……这种超越物种的生命意识极为少见，也分外可贵！

坡公太可爱了！无论经历多少磨难与困苦，都没有消蚀掉他博大的悲悯之心、博爱的生命意识和天真烂漫的赤子之心，这正是他令人望尘莫及又令人万分倾倒的地方！

最深切地表现物我同一、物我浑融的作品，还要推《水龙吟·次韵章质夫杨花词》。其词如下：

似花还似非花，也无人惜从教坠。抛家傍路，思量却是，无情有思。萦损柔肠，困酣娇眼，欲开还闭。梦随风万里，寻郎去处，又还被、莺呼起。不恨此花飞尽，恨西园、落红难缀。晓来雨过，遗踪何在？一池萍碎。春色三分，二分尘土，一分流水。细看来，不是杨花，点点是、离人泪。

此词作于元丰四年（1081）四月，是一首次韵之作。所谓“次韵”，是依照别人词的原韵及用韵的先后次序而答和，又叫“步韵”，限制很多，好似带着手铐脚镣跳舞。何况章质夫的原作已经写得相当不错，尤其“傍珠帘散漫，垂垂欲下，依前被、风吹起”三句，体物颇工，曲尽杨花之妙。东坡在写给章质夫的一封信中赞叹道：“《柳花词》绝妙，使来者何以措词。”虽如此，东坡的和作还是超过了原作，甚至“压倒古今”（张炎《词源》），被王国维称赞为“咏物之词，自以东坡《水龙吟》为最工。”（《人间词话》）其主要原因在于：东坡词打破了一般咏物词物我间离的窠臼，让“我”化入对象物之中，达到了物我浑融与和谐。

“似花还似非花，也无人惜从教坠。”这开篇两句写

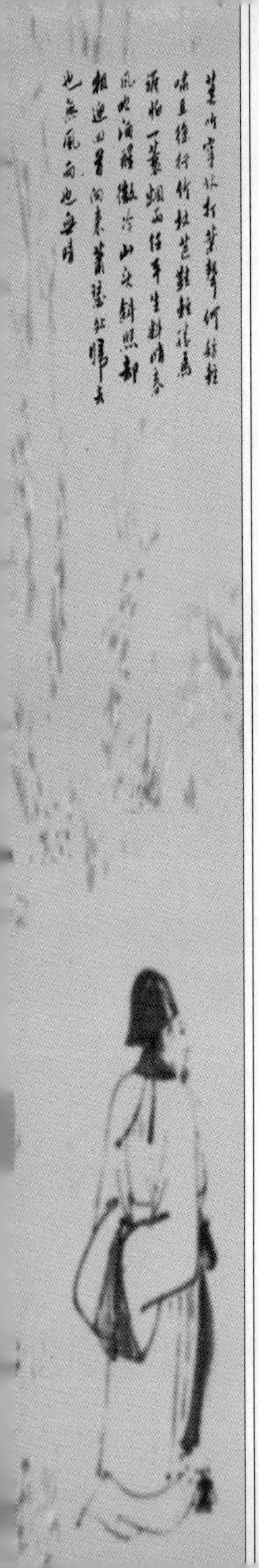

得极为精妙，既化用白居易《花非花》之语典，又含义颇丰。杨花冠以花名，如桃李一样随春来开放，随春去飘落。然细小无华，没有艳丽的色彩，也没有芳香的气息，又不像花。作者对物性特点抓得极准，又设身处地暗示了它的处境命运。像花，应有花的荣宠，可又非花，故当其飘坠之时，并没有像对花那样怜惜它，而是任凭它飘落坠地。但一个“也”字，透露出了抒情主人公对杨花的百般怜惜。众人不“惜”，乃世情使然，但我却倍加怜惜之。不知不觉间，“我”与飘坠的杨花，已经联系在了一起。是“以我观物，则物皆着我之色彩”（王国维《人间词话》）。

“抛家傍路，思量却是，无情有思。”这里反用韩愈“杨花榆荚无才思，惟解漫天作雪飞”（《晚春》）之诗意，写杨花离开枝头随风飘舞，似离开了家园漂泊的游子，看似无情，却又傍落路边，实又恋恋不舍。“萦损柔肠，困酣娇眼，欲开还闭。”由杨花恋家，想到了杨花的“家”柳树、柳枝。为什么杨花的家是柳树呢？隋炀帝开凿京杭大运河时，命人在河两边广种柳树，并御赐姓杨。故后世称柳树为“杨柳”，柳花、柳絮也就被叫做杨花了。你看那纤细的柳条，如同思妇受尽离愁折磨的柔肠；那嫩绿待展的柳叶，就如同思妇的娇眼，春困未消，“欲开还闭”。“梦随风万里，寻郎去处，又还被、莺呼起。”化用唐代金昌绪《春怨》诗句：“打起黄莺儿,莫教枝上啼。啼时惊妾梦,不得到辽西。”写飘转飞扬的杨花，仿佛闺中少妇的思绪，随着梦境飞越万里寻郎。可不解人的黄莺儿偏偏叽叽喳喳叫个不停，以致梦被惊醒，不禁惆怅万分。写到这里，物性与人情，已浑然难辨了。

下片写暮春雨后之杨花，并由杨花之情态，转写人的惜春伤逝，处处关合杨花，又处处赋予杨花以人的情感与心态。“不恨此花飞尽，恨西园、落红难缀。”因为杨花的飘坠正是暮春时节，故把杨花的命运与春的归去连在了一起。杨花飞尽无人怜惜也就罢了，可恨的是，随着杨花的飘尽是群芳凋萎，落红满地。正如杜甫的深情感慨：“一片花飞减却春，风飘万点正愁人”（《曲江二首》其一），春光难以挽回，怎不让人伤感呢？“晓来雨过，遗踪何在？一池萍碎。”夜来一场风雨，再也难见杨花的踪影。它去哪里了？落入水中成了一池浮萍，花残身碎了。“春色三分，二分尘土，一分流水。”这里借杨花代指春色，三分之二“抛家傍路”，零落成泥土；三分之一“一池萍碎”，随流水而去，三分春色竟转眼全无！作者巧妙运用数字的加减，把惜春伤春之情，表达得触目惊心，撼人心魄！

“细看来，不是杨花，点点是、离人泪。”既化用唐诗典故：“君看陌上梅花红，尽是离人眼中血”。又关合杨花落水“一池萍碎”的描写。杨花、流水、泪水相应相融，幽怨缠绵。如此词境，对《红楼梦》中林黛玉的《葬花吟》，应该有不小的影响。

作者紧扣杨花的物性特点写其形态和命运，又运用丰富的想象，赋予杨花以人的情感与生命，把杨花、思妇、游子、抒情主人公融而为一，使得这小小的杨花，变得那么多愁善感、令人怜惜。时至今日，每春仍可见杨花飘坠，可几人有东坡的情怀呢？我不禁揣想，生性洒脱不羁的苏东坡，何以有如许的柔肠百转呢？其内心世界是何等的柔善而丰富！在这个方面，东坡一如诗圣杜甫。

杜甫的民胞物与情怀少有人能比，其咏物诗也是质高量多，为唐人咏物诗之集大成者。诗人多爱花，咏物

诗更以花木诗为最多，可在杜甫全部一千四百五十八首诗中，竟无一首写海棠的诗，并由此引出了一段千古诗案，而且还与苏东坡扯上了关系。

《百花谱》称海棠为“花中神仙”，可见其美。人们说“龙眼生岭南，海棠开四川。”可见四川的海棠最美、最有名气。杜甫晚年居蜀，“漂泊西南天地间”（《咏怀古迹五首》其一），海棠又是蜀中名花，杜甫为什么不言海棠呢？许多文人学者对此很感兴趣，议论纷纷。或说杜甫生母名海棠，杜甫为避母亲名讳，所以才不咏海棠；或说杜甫衣食尚且难保，没有心思或不愿意写这样的花草。有人因此对杜甫生出埋怨，如“浣花溪上堪惆怅，子美无心为发扬”（郑谷《蜀中赏海棠》），说成都浣花溪上的海棠因为杜甫的忽视而倍感惆怅；有的为杜甫辩护，如陆游便说“拾遗旧咏悲零落，瘦损腰围拟未工”，认为杜甫应该是写了，但或许是因为在一生漂泊中遗失了，或许杜甫对自己写的不满意，不愿流传。很多的诗人都对此事不甘寂寞，而苏东坡的说法最有意思。

据说东坡居黄州之时，“每有燕集，醉墨淋漓，不惜与人”，有些官妓也往往得之。有一位色艺俱佳的乐籍女子李琪（或曰李宜），深为没有得到过东坡的诗而遗憾，在东坡离黄州的饯行宴上，李琪“奉觞再拜，取领巾乞书”。东坡当即令李磨砚至墨浓，取笔大书：“东坡五载黄州住，何事无言及李琪”，然后放下笔与客人谈笑。坐中客人极为不解，“语似凡易，又不终篇，何也？”待宴席将散，李琪又再次拜请，东坡大笑曰：“几忘出场。”提笔续道：“恰似西川杜工部，海棠虽好不留诗。”众人击节赞叹，尽欢而散。（颜中其《苏东坡轶事汇编》）

东坡题诗的意思是说，杜甫之所以不写海棠诗，是因为海棠实在太美了。而世间过于美的事物是很难描写的，正如“意态由来画不成”（王安石《明妃曲》），“丹青难写是精神”（王安石《读史》）。东坡虽如此说，却爱之甚切，自己忍不住地写了不少咏海棠的诗词。

东坡在《记游定惠院》一文中说：“黄州定惠院东小山上，有海棠一株特繁茂。每岁盛开，必携客置酒，已五醉其下矣。”这种反复对花的赏爱，结晶出了他最负盛名的《海棠》诗：

东风袅袅泛崇光，香雾空濛月转廊。
只恐夜深花睡去，故烧高烛照红妆。

一、二句写海棠的美与香。在微风吹拂下，海棠花闪动着高洁的光泽，美艳动人；在春夜月色之中，有一股暗香在弥漫，给读者以迷幻空濛之感。古人多认为海棠无香，《本草》中记载只在四川嘉州一带有带香的海棠，但这不妨碍诗人爱花惜花的深情。所谓“情人眼里出西施”，在东坡眼里心中，面对海棠，就感觉有“香雾”袭来，可见作者用情之深。

后两句，更把诗人对花的感情写到了近乎痴绝的地步。“只恐夜深花睡去，故烧高烛照红妆。”诗人生怕夜深后海棠也像人一样睡去，自己太孤单寂寞，故特意点起高大的红烛照耀，既让海棠打起精神不致睡去，自己更可以彻夜陪伴、呵护海棠。构思极为奇特，想象极为浪漫，感情极为真挚。

据《明皇杂录》和《太真外传》记载，有一天唐明皇李隆基登沉香亭，召见贵妃杨玉环，恰逢杨贵妃宿酒未醒。当高力士和侍女扶她来到沉香亭时，她“醉眼残妆，钗横鬓乱，不能再拜”。明皇见贵妃醉后仍不掩国

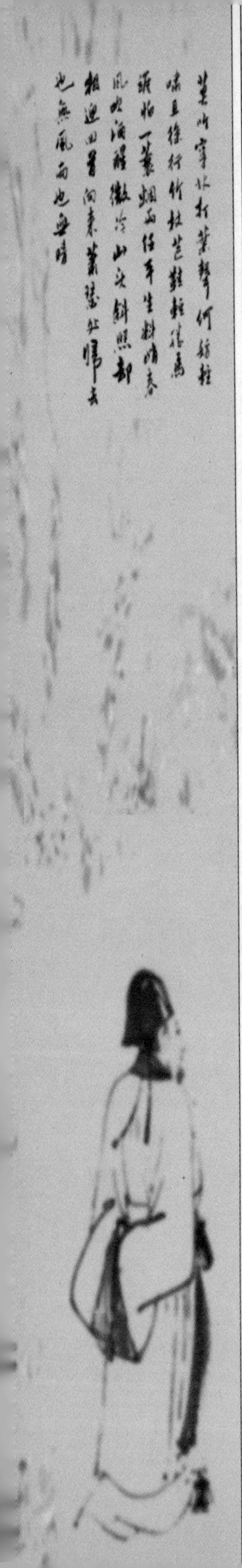

色，便笑语赞道：“岂是妃子醉耶？真海棠睡未足耳。”深情地把杨贵妃比作了海棠花。东坡对此似有借鉴，但一个是以花喻人，一个是以人喻花，光景一新。

李商隐《花下醉》一诗有句：“客散酒醒深夜后，更持红烛赏残花。”写秉烛“赏残花”，寂寞伤感，深情款款。东坡此诗也写烧烛赏花，诗意似从李诗中出，但浑化令人不觉，且更加深情绵邈，别有情致。

东坡的痴语痴情很得后人的传赏，但多不能出新，真能得其精髓的倒是两部小说。一部是冯梦龙《三言·醒世恒言》中的一篇，题作《灌园叟晚逢仙女》，塑造了一个爱花成癖、舍身护花的花痴秋先。一部是曹雪芹的《红楼梦》，在六十三回“寿怡红群芳开夜宴”中，“只恐夜深花睡去”一句被制成了花签，掂到者正是那位曾经醉卧花丛中的史湘云。闭目思之，竟觉得形魂俱合，曹雪芹也不愧为东坡痴绝之异代知己。

东坡最喜欢的花卉，除了海棠就是梅花了。他的咏梅诗词多达四十多首，其中仅词就作有六首。梅花疏枝横玉、老干苔枝，又常常与冰雪做伴，“玉雪为骨冰作魂”（《梅》），得到了人们的特殊关注与喜爱，既被列为花卉四君子“梅兰竹菊”之首，又是诗人们最喜爱的题材。几乎代有咏梅诗，屡有咏梅佳作。如“疏影横斜水清浅，暗香浮动月黄昏”（林逋《山园小梅》），“梅须逊雪三分白，雪却输梅一段香”（卢梅坡《雪梅二首》其一），“雪满山中高士卧，月明林下美人来”（高启《梅花》）等，正所谓“诗染梅香添妙句，从来情到美人多。”

东坡既钟情于梅，视梅为不离不弃的朋友，又心仪梅花之品格内美，借梅喻情言志，写出了人性与梅性的和谐，人品与梅品的契合。

熙宁七年（1074）冬，东坡就写了一首很漂亮的梅花词：

寒雀满疏篱，争抱寒柯看玉蕤。忽见客来花下坐，惊飞，踏散芳英落酒卮。　痛饮又能诗，坐客无毡醉不知。花谢酒阑春到也，离离，一点微酸已著枝。

词写寒梅报春，东坡与友人在梅下共饮的场景，摹景写情，生动有趣。尤其是“寒雀满疏篱，争抱寒柯看玉蕤”两句，把一群麻雀引到词中，写麻雀也被如玉般的白梅深深吸引，争着抢着的抱住梅枝仰看梅花，甚至篱笆上也挤满了这样的“观众”。太绝妙了！既写足了梅花的香艳动人，又把作者的爱梅之情隐含其中，而且生动形象，情趣盎然。

元丰三年（1080）正月，东坡赴黄州贬所，路过麻城县春风岭，在雨雪霏霏中见到芳英坠落的梅花，受到强烈的震动，引起深深的怜惜与共鸣，挥笔写下了《梅花二首》：

其一

春来幽谷水潺潺，的皪梅花草棘间。
一夜东风吹石裂，半随飞雪度关山。

其二

何人把酒慰深幽，开自无聊落更愁。
幸有清溪三百曲，不辞相送到黄州。

其一的前两句，写自己行走于流水潺潺的山道幽谷之中，忽然见到了生长于草棘间的梅花，是那么鲜明惹

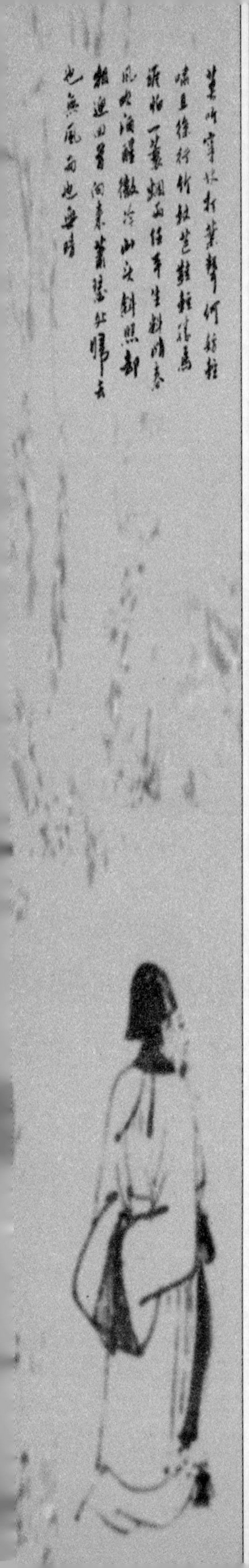

眼。诗人不忍离去，借宿附近村中。不想一夜东风之后，却见梅花像雪片一样随风飞落，相伴行人度过关山，令人伤感断魂。东坡由这处荒僻、受摧残的梅花形象，联想到了自己的处境及命运，对梅花更添怜爱与知己之感，梅花受蹂躏的形象画面也就深深地刻在了作者的心中。以至于在一年之后仍念念不忘：“去年今日关山路，细雨梅花正断魂”（《正月二十日》）。甚至到绍圣元年(1094)，再贬惠州邂逅梅花时，仍在说：“春风岭上淮南村，昔年梅花曾断魂。岂知流落复相见，蛮烟蜑雨愁黄昏”（《十一月二十六日松风亭下，梅花盛开》）。

其二的前两句，以深情的诘问，感慨梅花的自开自落，孤独寂寞，并把自己遭贬的抑郁与忧愁融入其中，使人与花同境遇、共命运。“幸有”两句承其一的“水潺潺”和其二的“落”字，说梅花瓣之所以落入溪水之中，是因为梅花舍不得自己，要凭借“清溪三百曲”，相送自己前去黄州。这梅花，已化成了作者深情的挚友。

东坡与梅花的结缘，始于熙宁年间通判杭州之时。“孤山山下醉眠处，点缀裙腰纷不扫。万里春随逐客来，十年花送佳人老。”在杭州之时，诗人常追步林逋，于孤山观梅赏梅。岁月流逝，人事沧桑，但直到遭贬黄州的时日，诗人爱梅之心依然，梅花恋己之志亦未变。因此，东坡“多情立马待黄昏，残雾消迟月出早。江头千树春欲暗，竹外一枝斜更好。”（《和秦太虚梅花》）他骑在马上痴痴地等，就是为了黄昏后去赏梅。江头的梅花盛开，使明媚的春光也相形变得暗淡。但东坡最喜欢的是竹外那一枝斜开的梅花，因为那枝梅花最得清劲凛然之风骨，幽独闲雅之神趣。它“无意苦争春”（陆游《卜算子·咏梅》），只自开自得，其外修内美出于本然。应该说，苏东坡真不愧为梅花的同道知交，堪与林逋的“梅妻鹤子”

相提并论。

元丰五年（1082），东坡连作《红梅三首》，仍觉兴犹未尽，又作《定风波·咏红梅》：

好睡慵开莫厌迟。自怜冰脸不时宜。偶作小红桃杏色，闲雅，尚馀孤瘦雪霜姿。休把闲心随物态，何事，酒生微晕沁瑶肌。诗老不知梅格在，吟咏，更看绿叶与青枝。

词作发端就用了拟人化的手法，把迟开的红梅比拟成贪睡晚起的美人，然后就从红梅的颜色入手，发挥浪漫而多情的想象，写梅容梅格。红梅为什么是红颜色呢？大概是担心冰清玉洁的白色不合时宜，所以才偶尔的学学桃杏样，给自己抹上一点红色。但是，梅毕竟是梅，虽颜色近桃杏，终不能掩其清雅之态，瘦劲高洁之姿。当然了，梅花也不应以悠闲散淡之心去追逐时风，为什么如酒后美人，让自己洁白如玉的肌肤生出淡淡红晕呢？石曼卿只看枝叶就把梅花与桃杏对比，说什么“认桃无绿叶，辨杏有青枝“(《红梅》)，实在是不懂梅与桃杏的差异并不在外表，而是内在的品格骨气。

全词的口吻就像与梅花老友谈天，又像在充当梅花的辩护人，把梅花的美容高格描绘得形象生动，把人与梅的感情也写得亲切、体贴。而且，此词的艺术性极高。正如刘石所说：“通篇用拟人手法，从一个前人从未道及的角度着笔咏红梅，空诸所有，而又无中生有，想象特别新颖别致。”同时，又“体现了作者对于咏物词的美学要求，即不即不离，求得其神”。全词写得“若即若离，形神兼备，风流标格，气韵生动”（《苏诗词选》注评）。

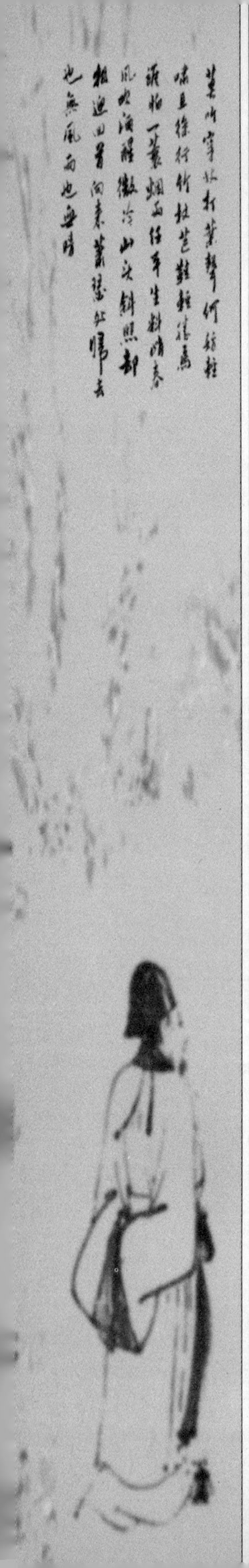

在东坡的心里，梅花的美是超凡脱俗的，就如同下凡的仙子。“松风亭下荆棘里，两株玉蕊明朝暾。海南仙云娇堕砌，月下缟衣来扣门。”（《十一月二十六日松风亭下,梅花盛开》）清晨时分，诗人来到松风亭下，发现荆棘丛中盛开着两株玉蕊梅花，在朝阳的照耀下明洁如玉，令人惊喜、陶醉。诗人仿佛觉得自己置身于一个月夜中，见一位缟衣素裳的海南仙子，乘着白云冉冉降落在台阶之上，又轻移莲步，来扣敲自己的门扉……这种梦幻般的优美境界，既显示了东坡想象的奇幻，又再次证明东坡与梅花“己悲梅悲，己喜梅喜”的亲密感情。

东坡最负盛名的梅花词，是绍圣三年（1096）冬作于惠州的《西江月》：

玉骨哪愁瘴雾，冰肌自有仙风。海仙时遣探芳丛，倒挂绿毛幺凤。　素面翻嫌粉涴，洗妆不褪唇红。高情已逐晓云空，不与梨花同梦。

“玉骨”两句写岭南环境，突出梅花不同凡俗的品性。它冰清玉洁，不畏瘴雾侵凌，有如《庄子·逍遥游》中“肌肤若冰雪，绰约若处子”的仙子之风。“海仙”两句写海仙钦佩其品格，派遣使者前来问候。“绿毛幺凤”为岭南的一种珍禽，东坡《再用前韵》一诗自注：“岭南珍禽有倒挂子，绿毛红喙，如鹦鹉而小，自东海来，非尘埃中物也。”作者想象，这种倒挂于梅枝的珍禽，就是受海上仙人派遣前来探望、守护于梅花的。既烘托出了岭南风光之奇异，又赋予梅花一种神奇的色彩。

“素面”两句写梅花的素雅之美。它素面朝天，不施脂粉。其“梅花叶四周皆红”（庄季裕《鸡肋编》卷下），而中央色浅，好像洗去铅华卸了妆，美丽奇特又风韵天成。“高情”两句，写梅花的格调，就如晓云之高邈，是梨花难以比并、众卉难以匹敌的。把对梅花的赞美推到了极致。

全词句句咏梅，又注入了人的生命与品格，寄寓了很深的情感内涵。梅花不畏瘴雾的玉骨冰姿，不同凡花的高情远韵，既是东坡屡遭磨难而大节不移、人格高洁的化身，又可见美若天仙，“忠敬若一”，被瘴雾夺去生命的朝云的身影，故此词又常被看作是对朝云的哀悼与赞颂。是梅花？是东坡？还是朝云？此词真正达到了花与人浑然相融的妙境。因此，明代杨慎《词品》对此词有极高的评价：“古今梅词，以坡仙绿毛幺凤为第一。”

透过上述吟咏花卉的诗词作品，我们得以进一步窥见苏东坡高雅的情趣，热诚的情感，以及博大的胸怀。从而也更信服林语堂先生的一段评语：“苏东坡会因事发怒，但是他却不会恨人。他恨邪恶之事，对身为邪恶之人，他并不记挂心中，只是不喜欢此等人而已。因为恨别人，是自己无能的表现，苏东坡并非才不如人，因而也从不恨人。”（《苏东坡传》原序）他总是以一颗赤子般的爱心，去拥抱生活，去接纳他人，去善待万物。因此，他便获得了生活的温暖与多彩，心灵的活泼与快慰，以及生命的丰富与厚重。同时，也昭示了人生智慧的最高境界！

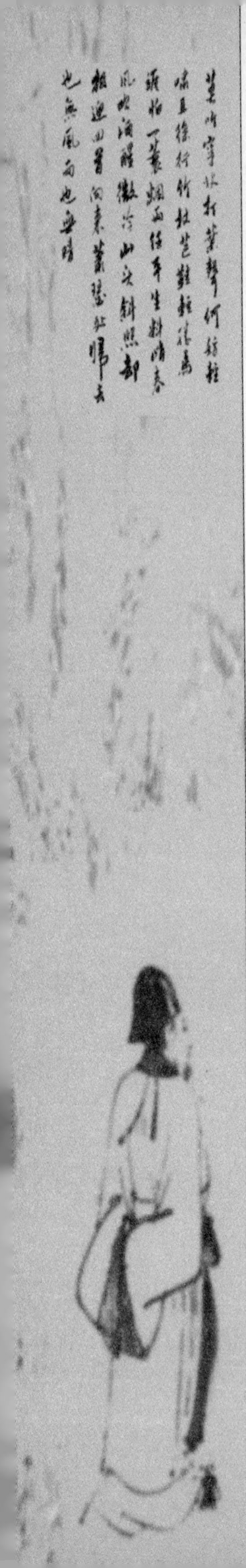
莫听穿林打叶声何妨吟啸
且徐行竹杖芒鞋轻胜马
谁怕一蓑烟雨任平生料峭春
风吹酒醒微冷山头斜照却
相迎回首向来萧瑟处归去
也无风雨也无晴

中篇　心理调养

智慧的主要表现——通达无碍

面对诸多人生缺憾与困境，该以怎样的方法与心态去化解，获得精神的解脱与超越？

了悟自我者明，坦然淡定者勇；以儒家思想修养浩然之气，借佛老机智化解精神困苦；以通古今而观之的广阔视野与胸怀，去淡化人生苦难；以虚静自由的审美心态，摆脱功利牵累，发现生活的美丽与诗意……苏东坡豁达融通的气度与表现，会给我们许多启示。

使君元是此中人
——认知自我

在希腊神话中，狮身人面的女妖斯芬克斯常令过路行人猜谜语，猜不出即杀之。她所出的谜语是："有一种动物，早晨的时候四条腿，中午的时候两条腿，晚上的时候三条腿，这个动物是什么?"过往行人皆因猜不出而被吃掉。终于有一天，年轻的俄狄浦斯路过这里，猜出了谜底："这个动物就是人。"女妖大叫一声，随即自杀。这就是著名的"斯芬克斯之谜"。这个故事包含的内容很多，其中有一条就是：人最难认知的是我们自己，人最难回答的是我是谁。

在现实生活中，许多人忙忙碌碌，终其一生都没有认真反省过自己，对什么是生命的本质，什么是本真的自我，更是混沌不清。我本人对自我的思考，对生命的审视，也是基于几年前的一场大病。在病榻上，在与疾病的搏斗中，得以直面生死，体验生命的律动，思索生活的真谛。在此期间，东坡词成了我的知音与导师，对其中的《浣溪沙·徐门石潭谢雨道上作五首》，也就读出

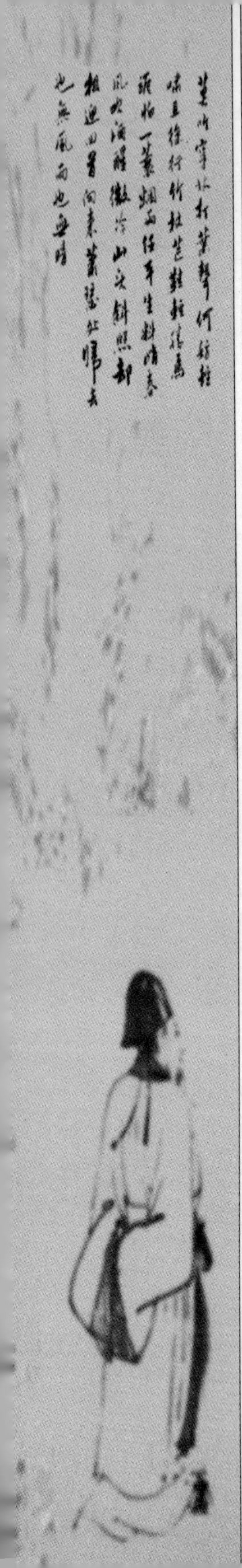

了一种和别人不一样的味道。词作如下：

其一

照日深红暖见鱼，连溪绿暗晚藏乌。黄童白叟聚睢盱。　　麋鹿逢人虽未惯，猿猱闻鼓不须呼。归家说与采桑姑。

其二

旋抹红妆看使君，三三五五棘篱门。相排踏破茜罗裙。　　老幼扶携收麦社，乌鸢翔舞赛神村。道逢醉叟卧黄昏。

其三

麻叶层层苘叶光，谁家煮茧一村香。隔篱娇语络丝娘。　　垂白杖藜抬醉眼，捋青捣麨软饥肠。问言豆叶几时黄。

其四

簌簌衣巾落枣花，村南村北响缫车，牛衣古柳卖黄瓜。　　酒困路长惟欲睡，日高人渴漫思茶，敲门试问野人家。

其五

软草平莎过雨新，轻沙走马路无尘。何时收拾耦耕身。　　日暖桑麻光似泼，风来蒿艾气如薰。使君元是此中人。

词作于宋神宗元丰元年（1078）初夏，时东坡任徐州知州，是年春旱，作者曾到东郊石潭向龙神求雨，得雨后又亲赴石潭谢雨，这组词便作于谢雨道上。五首词为一构思严密的“联章体”，均写归途中的所见所闻所感，时间为谢雨后的下午日色将暮到次日正午左右（吴小如《古典诗词札丛》）。作者用朴实而清新的文笔，从视觉、听觉、嗅觉等各种角度，描绘出久旱得雨后，农村特有的风物人情，那么新鲜、淳朴、生机盎然，具有浓郁的生活气息和乡野意趣，表达了对乡村生活的由衷喜爱。这样的题材，是苏轼以前的文人词中绝少表现的。这样的情感内容以及表现形式，别开生面，在词史上具有不容忽视的意义。这是学术界的共识，不再赘述。

细阅作品，这组词表现出来的思想感情，与一般的田园诗甚至苏轼以后的田园词相比，我总觉有些不同。那么，这个不同在哪里呢？

一般的田园诗人，多借乡村风光的描写，表达对仕宦生活的厌倦及他们恬静淡泊的志向。“在古代诗歌史上，田园诗事实上大多是士大夫自抒隐逸情趣的抒情诗，如王维、孟浩然诗中的田园风光都是作为诗人静谧心境的外化而出现的。”（袁行霈《中国文学史》第二卷）在苏轼以后的词坛上，尤其是辛弃疾的田园词中，描绘过丰富多彩的乡村图景和平凡纯朴的乡村人物，艺术造诣很高，也表现出了词人对乡村生活的熟悉和关爱。但我们仍能感到，作者是处在这个生活圈子之外的观赏者，和乡民与乡村生活之间还有不小的距离。

而苏轼的这五首《浣溪沙》，所表现出来的抒情主人公与村民的关系，是那么亲切、自然，让你几乎看不到尊卑、等级的隔阂。他举行酬谢雨神的仪式，全村的人不论老少，都前去聚观，欢快而热闹（其一）；他走进村庄，连少女们都兴奋地跑出门，争先恐后看使君，以致在拥挤中踏破“茜罗裙”（其二）；他夜宿农家，“问言

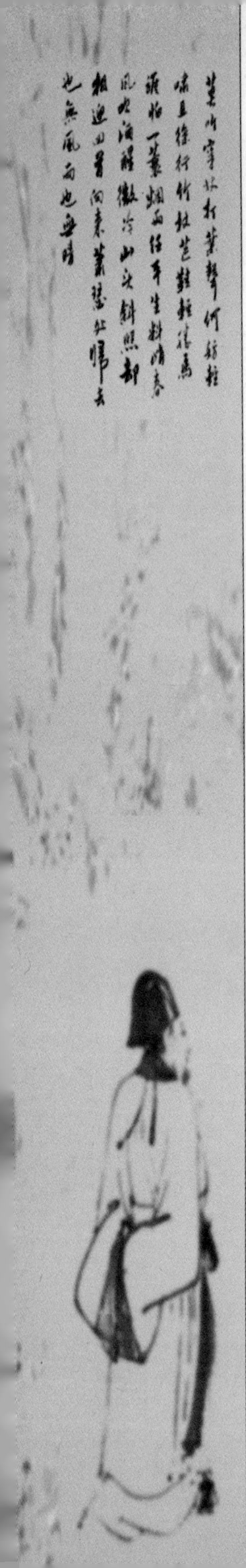

豆叶几时黄？”亲切地与老农细话家常（其三）；归途之中，他“欲睡”、“思茶”，就像走乡过路一样，很随意地“敲门试问野人家”（其四）；望着“光似泼”的桑麻，嗅着“气如薰”的蒿艾，他就感慨“何时收拾耦耕身”，希望早一天回归田园之中（其五）。

词中贯穿着雨后之喜的意趣，充满着对久旱得雨的欣喜之情，犹如杜甫的《春夜喜雨》。其真诚无伪，喜民所喜，乐民所乐的情怀，让人想起《醉翁亭记》中与民同乐的“醉翁”欧阳修。而与乡民之间的亲密无间，不分彼此，对农事劳动的熟悉与体察，则“更接近陶渊明”（见吴小如《古典诗词札丛》）。陶渊明已真正回归了田园，过起了躬耕自给的生活，与乡民邻里亲密共处的感情较好理解。苏东坡当时还是州郡长官，处在等级森严的封建社会，却没有一点官老爷的架子，不以高人一等的官僚自视，还要特意声明“使君元是此中人”。这种不同于他人的情感与姿态，该如何理解呢？

“使君元是此中人”一句的核心是“此中”，指的是什么呢？我以为既指乡野，又指乡民。意思是说：我本就是从乡野中走来，原就是自然之子；我原本就是平民百姓中的一个农夫，就是“民之一”。这是对“我是谁”的明确回答，是对自我本性的清醒认识。因此，词中表现出的对乡野风光及乡村人情的由衷喜爱，表现出的“自立于平民行列的意识”，就既“体现了中华文化民胞物与的优良传统”（刘乃昌《情缘理趣展妙姿——两宋文学探胜》），又是自我本性的鲜明体现。

关于“民之一”的自我定位，东坡曾经反复表白过。“陶靖节云：‘平畴返远风，良苗亦怀新。’非古之偶耕植杖者，不能道此语；非余之世农，亦不能识此语之妙也。”（《题渊明诗二首》）意谓陶渊明若非躬耕，就写不出那么清新自然的诗句。自己本就出身于农家，是耕读传家，对土地与乡野风光有天然的亲切感，所以，才能对陶渊明描写农作物的诗句心领神会。身居官位，他不以官自居："吏民莫作长官看，我是识字耕田夫"（《赠王庆源诗》）；遭贬谪而身处草野，他自信："我虽穷苦不如人，要亦自是民之一"（《次韵孔毅父久旱已而甚雨三首》之一）。

苏东坡是北宋第一才子，仁宗皇帝期许的未来宰相的人选，又是坐镇一方的长官，他却对世人说，自己原本是一个农夫，只是普通人中的一员。不论穷达，我就是我，既非高人一等，也不比任何人低贱。没有骄傲的优越感，也没有矫情造作的自悲自怜。理性而自尊，清醒而平和，质朴而智慧。

正因为这种"民之一"的自我认知，让诗人始终保持凛然的气骨，独立的人格，谦和的态度与豁达的襟怀。

位列朝堂，他以利国便民为准绳，直言敢谏，敢于和当朝执政大臣甚至皇帝唱反调，没有一丝的奴颜媚骨。"我坐华堂上，不改麋鹿姿。"（《和陶饮酒二十首》之八）"我本麋鹿性，谅非伏辕姿。"（《次韵孔文仲推官见赠》）把国计民生与品格节操置于仕宦前途之上。

坐镇地方，他放得下身架，走到哪里，都能和那里的民众建立亲密的感情。前去石潭谢雨，不惊民不扰民，甚至讨口水喝还要"敲门试问"。组织抗洪救灾，有德于百姓，但当百姓真诚地反复致谢时，他却说："穷人命分恶，所向招灾凶。水来非吾过，去亦非吾功。"（《罢徐州往南京，马上走笔寄子由》其二）自己命不好，走到哪里都招惹灾祸。但这次洪水出自天机，战胜天灾有赖大家，不要归因于我个人的功过。不居功自傲，对待百姓又如此平易谦和，实在难能可贵！

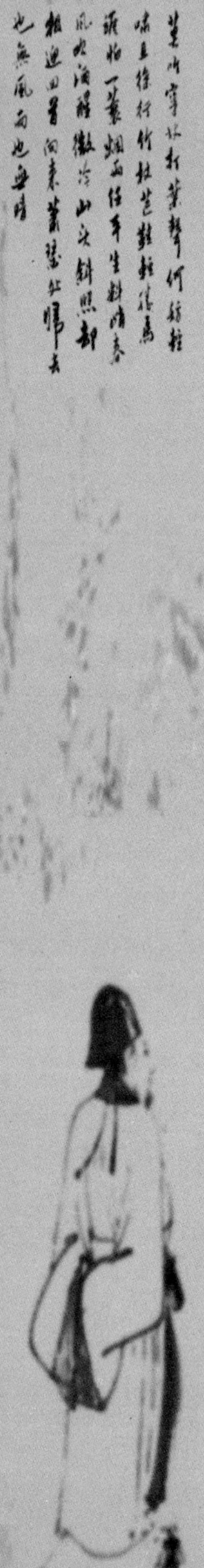

贬谪放逐，在最落魄的时候，拉得下面子，仍然以“民之一”的自信与自尊，活出了气骨与风范。虽“形容可似丧家狗”，类似于孔子周游列国时，“累累若丧家之犬”（《史记·孔子世家》），却“未肯弭耳争投骨”（《次韵孔毅父久旱已而甚雨三首》之一），表现出了“君子固穷”的操行。他不以躬耕为耻，不仅“身耕妻蚕”，甚至高唱：“力耕不受众目怜”。当看到兰溪水由东向西流的奇观时，竟高兴地作歌：

山下兰芽短浸溪，松间沙路净无泥。萧萧暮雨子规啼。　谁道人生无再少？门前流水尚能西！休将白发唱黄鸡。（《浣溪沙》）

即景抒慨，针对白居易时光易逝、人生易老的感慨，乐观地呼唤青春。白居易的《醉歌》写到：“谁道使君不解歌？听唱黄鸡与白日。黄鸡催晓丑时鸣，白日催年酉前没。　腰间红绶系未稳，镜里朱颜看已失。玲珑玲珑奈老何，使君歌了汝更歌。”东坡反其意而用之，说不要因年老而自伤，只要乐观自信，心态年轻，就可以焕发青年人的朝气。在逆境中依然表现出自强不息的乐观进取精神，令人振奋！这也是前代作家，如韩愈、柳宗元等人少有的精神状态。

关于“自然之子”的生命体认，来自于《庄子·大宗师》：“夫大块载我以形，劳我以生，佚我以老，息我以死。”意思是说：是造化自然赋予我以形体，用生使我勤劳，用老使我清闲，又用死使我安息。人是自然的产物，人生只不过是自然运行之中的一小段插曲。苏东坡上承庄子之说，也认为“有生寓大块”（《李宪仲哀词》），反复在诗词中歌咏“吾生如寄耳”，认为人生只不过是一段

“寄寓”生活而已。在《临江仙·送钱穆父》一词中，他这样写道：

一别都门三改火，天涯踏尽红尘。依然一笑作春温。无波真古井，有节是秋筠。惆怅孤帆连夜发，送行淡月微云。樽前不用翠眉颦。人生如逆旅，我亦是行人。

这是一首送别词，其末尾两句为全词主题句。所谓“夫天地者，万物之逆也旅；光阴者，百代之过客也。”(李白《春夜宴从弟桃花园序》)“人生如逆旅，我亦是行人。”就是说对人来讲，人生不过像一个客店，人人都是它的过客，这不过是寄寓思想的另一种表述。基于此，就摆脱了临歧执手、悲伤洒泪的贯常写法，而面貌一新。上片写聚首及对朋友的赞赏。别后三年聚首，虽历经奔波之苦，老友却依然乐观开朗，心如古井，与世无争，且气节高洁如秋竹。下片写送行及自慰、慰人。虽然离别令人惆怅，但既然每个人都是人生的匆匆过客，聚散离合之事，又有什么值得悲伤的呢？在淡淡的伤感中更见旷达。

那么，生命到底是什么？根据对苏东坡诗词的理解可以表述为：每一个生命都是自然的产物，都是自然之子，最终还会回归自然。生命不论长短，都只不过是大自然或人世间的一个过客。人来世上一遭，就如同一段短暂的旅游，既要来得有意义，又总有结束的时候。而生命的结束如同它的开始，也是一种必然。

这种对生命本质的深刻体认与了悟，会让人变得谦恭而理智，深沉而超脱。会让人学会以敬畏之心尊重自然，善待自然；以平等之心尊重他人，善待所有生命；以感恩之心对待生活，使自己不再怨天尤人；以勇于担

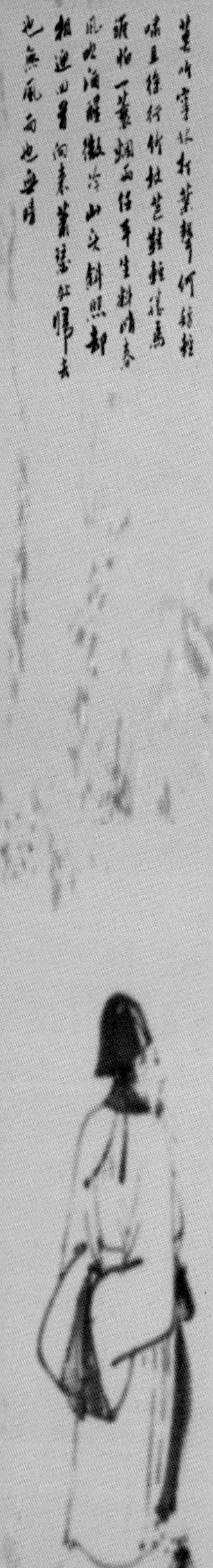

当的精神为社会尽义务，让人生更有价值；以超然之心对待利害得失，“蜗角虚名，蝇头微利，算来著甚干忙。”（《满庭芳》）由此，也可以帮助我们多一层对这位大师的理解。

对自我的认知，不仅指自我定位和对生命的体认，还应包括对自我需求的清醒认识。换句话说就是，除了基本的生活保障外，什么才是自己最想要的，最看重的。明白了这一点，才能确定自己的做人准则，走好自己的人生之路，不至于迷失自我。西方人本主义学家马斯洛有“需求六层次”的理论，最下者为生存需求、安全需求，最上者为自我实现需求。苏东坡最注重的、最大的需求是什么呢？据我读苏东坡的感受，我以为是自我实现的精神层面，是无愧于心的精神独立与自由。

下面，我们以他人生反思色彩较浓的黄州词为主，选几首作品来作简单的分析。

带酒冲山雨，和衣睡晚晴。不知钟鼓报天明。梦里栩然蝴蝶、一身轻。　老去才都尽，归来计未成。求田问舍笑豪英。自爱湖边沙路、免泥行。（《南歌子》）

这首小词乍看很容易懂，细看内涵十分复杂而丰厚。前三句开宗明义，写出了疏放洒脱，无拘无束的精神追求。你看他：酒后冒着山雨赶路，浑身淋得湿透也毫不介意。晴天的晚上困了就睡，和衣而卧也无所谓，一觉就睡到了“钟鼓报天明”。“梦里”两句用了“庄周梦蝶”的典故。《庄子·齐物论》云：“昔者庄周梦为蝴蝶，栩栩然蝴蝶也。自喻适志与，不知周也。俄而觉，则蘧蘧然周也。不知周之梦为蝴蝶与，蝴蝶之梦为周与？”表现出了超越现实的精神自由。东坡少时读《庄子》，就心向往之，叹曰："吾昔有见，口未能言，今见是书，得吾心矣。"（《宋史·苏轼传》）这里，更写自己如庄周一样，梦中变成了自由飞动的蝴蝶，不知蝴蝶是东坡，还是东坡变蝴蝶，超脱了现实的一切束缚，精神状态是那么无拘无束、轻快自由。

"老去"三句表面写得比较消沉，似乎是才衰力竭，回归故乡又不能，只能"求田问舍"，为豪杰所耻笑。这"求田问舍"，是刘备责怪许汜只顾个人私利，不思天下大事的熟典（见《三国志·陈登传》），历来被当作胸无大志的代名词，如辛弃疾《水龙吟·登建康赏心亭》中就有这样的词句："求田问舍，怕应羞见，刘郎才气。"可苏东坡却反复声称自己就是"求田问舍"，如"一任刘玄德，相对卧高楼"（《水调歌头》）。而且每到一地住久了，就想买田造屋。在黄州，想买田蕲水；在常州终得买田阳羡；在惠州白鹤峰，买了几亩地，又筑屋栽树；到了儋州，仍请求太守张中给他一点官地耕种。这到底为什么？很值得探究。

一个方面，"贬官黄州的处境使苏轼认识到置田造宅的重要性。""田产是一个家族的立业之本，尤其对于一个食俸禄为生的士大夫官僚家族来说，置买田宅以备仕途不测，以为罢官归老之计成为当务之急。"（马斗成《宋代眉山苏氏家族研究》）就是说屡遭贬谪的现实处境，逼使他不得不为一家老小的温饱计，买田造宅是维持生活的保证，也是履行对家人的责任。事实也确实如此，当他遭贬惠州时，家小就在阳羡田庄得以遮风蔽雨。何况功成身退，归老田园又是他一生的梦想。

另一方面，正如他在写给儋守张中的一首诗中所说："再拜请邦君，愿受一廛地。知非笑昨梦，食力免内愧。"（《籴米》）他是为了自尊与人格独立，为了自食其力不受

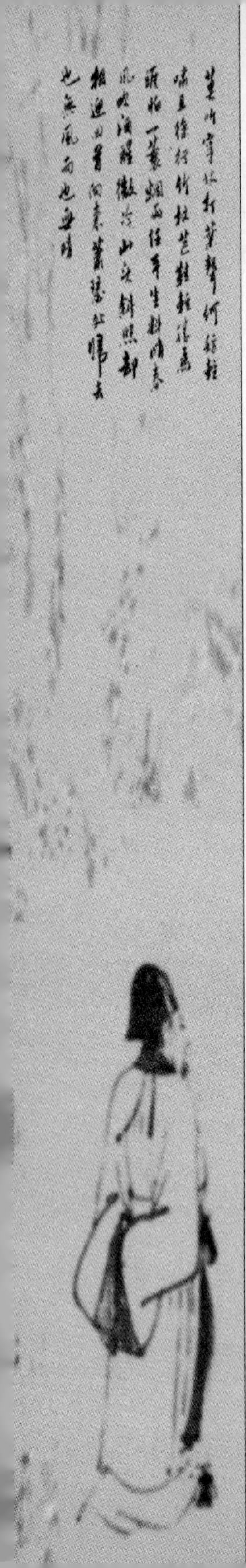

众怜，为了内心坦荡无愧！苏东坡实在是一个率真无隐又自尊自重的了不起的人。

“自爱湖边沙路、免泥行。”这种写法让人想起“轻沙走马路无尘”（《浣溪沙·徐州石潭谢雨道上作五首》之五），“松间沙路净无泥”（《浣溪沙》“山下兰芽短浸溪”）等词句，都写出了对洁净无尘泥沙路的喜爱，从中似乎透露出了远离尘俗、高洁坦荡的精神追求。

综观全词，一个活脱脱的酷爱自尊、自由的坡仙形象，跃然其上。在作此词的同一年，即元丰五年（1082）秋天的一个夜晚，他从东坡雪堂饮酒至醉，回归临皋亭寓所，因敲门不应，便踱至江边，拄杖而立，看茫茫夜空，听波涛碎语，思人生种种，在感慨万端中，一首寓意深沉、耐人寻味的小词便冲口而出：

> 夜饮东坡醒复醉，归来仿佛三更。家童鼻息已雷鸣。敲门都不应，倚杖听江声。　长恨此身非吾有，何时忘却营营？夜阑风静縠纹平。小舟从此逝，江海寄余生。（《临江仙·夜归临皋》）

这是一首很有名的小词。其上片叙事写景，着意渲染主人公纵饮的豪兴与醉态。描绘出了更阑夜静、江声不息的境况之中，块然独处、遗世独立的醉人形象，人与自然仿佛融为一体，为下片的人生感慨造势奠基。

“长恨此身非吾有，何时忘却营营”两句，语出《庄子》，“汝身非汝有也”，“是天地之委形也”（《庄子·知北游》），意为人的形体生命非人所自有，是天地自然赋予的。东坡在这里化用此语典，意在强调身不由己的苦恼。“营营”，原意为往来不息的样子，形容世人忙于追名逐利而纷扰劳神。《庄子·庚桑楚》曰：“全汝形，抱汝生，勿使汝思虑营营”。意为为人当守本分，保其生机，不要因世事而思虑百端，周旋忙碌，表达了追求自由，不为外物所役所累的哲学主张。东坡借庄子之语，一方面写出了当时动静不得自专的真实处境和沉痛感受；一方面则是饱经世事后的理性复归，欲寻求解脱又难以真正解脱的感伤与喟叹！

遗憾无奈之中，他把目光再次投向了茫茫夜空，浩浩江面。“夜阑风静縠纹平”，夜深风静，水波不兴，如绉纱一样平展，大自然是如此的安祥、静谧、包容。令人警醒，又令人陶醉。个人的忧愁烦恼、荣辱得失，在浩瀚的宇宙之中是多么渺小而微不足道。心与景会，神与物游，他激荡的心绪渐趋平静，便有了令人神往的结拍：

“小舟从此逝，江海寄余生。”我要像范蠡一样，驾一叶扁舟，荡漾于江河湖海，任意东西，将自己有限的劫后余生融化在无限的大自然之中，深情表达了对苦闷的超越和对自由的渴望。

关于这首词，有一则传诵久远的趣闻，见于北南宋之交的叶梦得的《避暑录话》卷上：

翌日喧传子瞻夜作此词，挂冠服江边，拏舟长啸而去。郡守徐君猷闻之，惊且惧，以为舟失罪人。急命驾往谒，则子瞻鼻鼾如雷，犹未兴也。然此语卒传至都下，虽裕陵（神宗皇帝）亦闻而疑之。

一首小词，竟连皇帝都被惊动了，可见其强烈的艺术感染力。然郡守也好，皇帝也好，都没有真正懂得苏东坡。所谓“小舟从此逝”，只是作为摆脱外物牵累，渴求精神解脱，身心自由的一种象喻而已，一如李白诗的

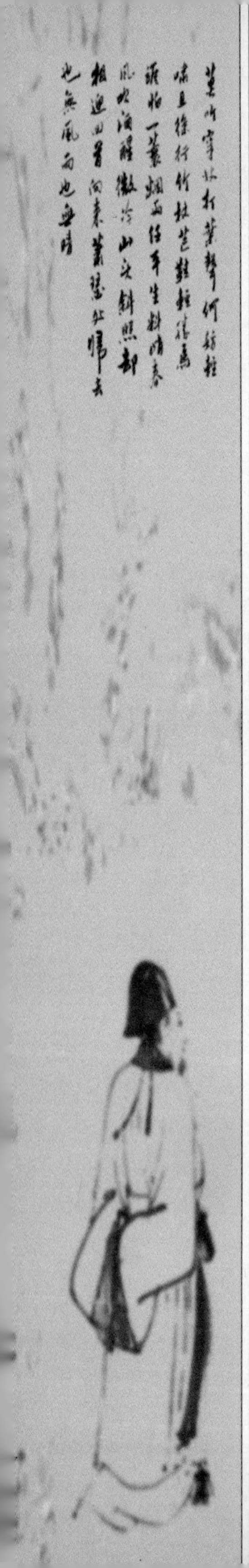

"明朝散发弄扁舟"、"直挂云帆济沧海"。真要放下一切责任和关爱，隐居起来自任逍遥，就不是我们熟悉而热爱的苏东坡了！

但率性独立，不受任何束缚的精神境界，实在对苏东坡有太大的召唤力。所以，他一个方面热情地关注现实，关注民生疾苦；一方面又高唱对自由的畅想。有一组《渔父》词，十分别致，引录如下：

其一

渔父饮，谁家去？鱼蟹一时分付。酒无多少醉为期，彼此不论钱数。

其二

渔父醉，蓑衣舞。醉里却寻归路。轻舟短棹任斜横，醒后不知何处。

其三

渔父醒，春江午。梦断落花飞絮。酒醒还醉醉还醒，一笑人间今古。

其四

渔父笑，轻鸥举。漠漠一江风雨。江边骑马是官人，借我孤舟南渡。

自《楚辞·渔父》和《庄子·渔父》篇起，"渔父"便成了独善其身的隐逸高士形象的象征，在历代文学作品中，以"渔父"为题的诗词便不绝如缕，最有名的是张志和的《渔父》（又作《渔歌子》）其一：

西塞山前白鹭飞，桃花流水鳜鱼肥。青箬笠，绿蓑衣，斜风细雨不须归。

用色彩鲜艳又烟雨迷濛的画面，把放浪江湖，从容自得的生活情趣渲染得淋漓尽致，有着强烈的艺术吸引力。苏东坡一直渴望回归家园，享受与亲人团聚共话的欢乐而不得，故效法张志和，连作四首《渔父》词，以表达对无拘无束、清幽安乐生活的无限向往。

其中最有意思的是第四首，把渔父和官员放在一起，形成了鲜明对照。渔父悠闲地笑着，鸥鸟轻轻飞起，江面上刮着风下着雨，一片迷濛。这时，骑马的官人出现了，他在急匆匆地赶路，向渔父借船，要冒着风雨渡江去南方。在鲜明的对比当中，既嘲讽为仕途功名而盲目奔波之人，包括自己，“一笑人间今古”；又明确肯定了身心的自由与自适。

人生之矛盾就在于，你不想要的常常如影随形，你看重的想要的未必能够得到。苏东坡讨厌拘束，讨厌从政生活中的泯灭自我，唯君是从。可在封建社会，读书人欲想实现报国济民的理想，真正有所作为，又只有从政做官一条路可行。这个难以解决的矛盾，常常令苏东坡陷入苦恼之中。因此，我们发现，“鹤”这个精灵，便常常飞入东坡的脑海及诗词作品中。一如李白诗中的“大鹏”意象，与杜甫诗中的“凤凰”意象。

“西望峨眉，长羡归飞鹤。”（《醉落魄·席上呈杨无素》）鹤能够飞回自己的故乡，而自己却不能，只好望鹤空羡。“问囚长损气，见鹤忽惊心。”（《临江仙·送李公恕》）由鹤的自由翱翔，搏击长空，为自我精神的被拘束而惊心浩叹。

《易·中孚·九二》曰：“鸣鹤在阴，其子和之。”

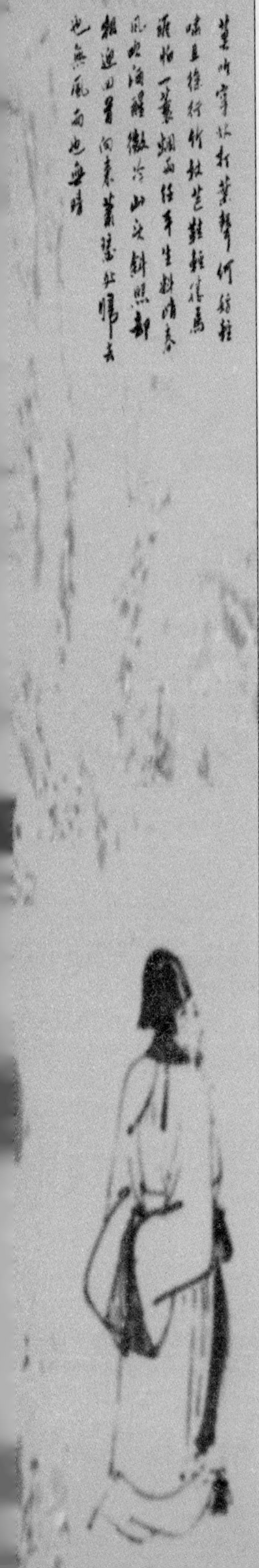

《诗经·小雅·鹤鸣》曰："鹤鸣于九皋，声闻于天。"白居易《感鹤》称其"饥不啄腐鼠，渴不饮盗泉。贞姿自耿介，杂鸟何翩翩。"皆把鹤比作贤人君子，隐德之士，东坡也继此写法，借鹤喻人喻己。徐州云龙山人张天骥，养二鹤并筑放鹤亭，东坡便为之作《放鹤亭记》。借二鹤的任意翱翔，清远闲放，"超然于尘垢之外"，喻云龙山人的逍遥自在，悠闲自适，并寄托自己的超然之思。到《后赤壁赋》中，"适有孤鹤，横江东来。翅如车轮，玄裳缟衣，戛然长鸣，掠余舟而西也。"又于梦幻之中，说鹤乃道士所化并到斋中相见，借此以"孤鹤"自喻，表现自己寄情大自然，"羽化而登仙"的精神升华。

元祐八年（1093），在第二次贬谪恶运到来之前，时任定州知州的苏东坡，又把自己对从政生涯的反思凝结为一首《鹤叹》，诗曰：

园中有鹤驯可呼，我欲呼之立坐隅。
鹤有难色侧睨予，岂欲臆对如鹏乎？
我生如寄良畸孤，三尺长胫阁瘦躯。
俯啄少许便有余，何至以身为子娱！
驱之上堂立斯须，投以饼饵视若无。
戛然长鸣乃下趋，难进易退我不如。

鹤的本色应是自由自在，翱翔于天空大地之间，不应该被人"驱之上堂"，任人玩娱！此诗把鹤的品格气骨描绘得栩栩如生，又借鹤以自喻自况。言外之意似说，人不过在世间过一段短暂的寄寓生活，所求不多便可饱肚活命，为什么要被"饼饵"利禄所拘，受人驱使，被人玩弄呢？自己在朝堂之上列身为臣，别人看着很风光，但为追求功名利禄而被权势者玩娱，失去了人身自由与尊严，又有什么意思呢？在这里，作者借鹤的形象，表达了他对自我本来面目的人生觉悟，也让我们清晰地看到，苏东坡对精神独立与自由的不懈追求，是与坚守自我操守，坚守无愧于心的道义紧密相连的。

苏东坡所仰慕的陶渊明之所以回归田园，是因为“质性自然”、“违已交病”。正如清·陶澍集注《靖节先生集》所言：“先生之归，史言不肯折腰督邮，序言因妹丧自免。其实闵晋祚之将终，深知时不可为，思以岩栖谷隐，置身理乱之外，庶得全其后凋之节也。”苏东坡与陶渊明相似，同样是“质性自然”之人，虽因时代环境不同，二人选择的人生之路有别，但对自我都有很清晰而准确的认知，也有很坚定的操守。正因为此，他们才都活出了自己的个性风采，都在真正意义上实现了自我！

在现实社会中，种种诱惑眩人耳目，各种“流行”搅得人六神无主。很多人被诱惑所左右，被潮流所裹挟，追名逐利，随波逐流，迷失了自我，找不到前进的方向，失去了成功的机会与生活的欢乐。实际上，每个人都有自己的特点与优长，爱好与追求，别人的路不一定适合你。一味羡慕他人，盲目效仿成功者，忽略自己的个性特点，追风逐名，茫然碰运气，其结果是可想而知的。谁能早一点认清自己，并找到自我需求与社会需求的契合点，谁就能获得成功，找到幸福。

“心能知人者如明镜，善自知者如蚌镜。”（晋·符朗）大意是：心能知道别人的，像一面可以照人的明镜；善于自知的，如一面可以用明珠内照的蚌镜，这都是一种明智的表现。正如老子所说：“知人者智，自知者明”（《老子》第三十三章）。人需要有自知之明，需要给自己一个恰当的定位，不能错位或越位，否则，就会给自己

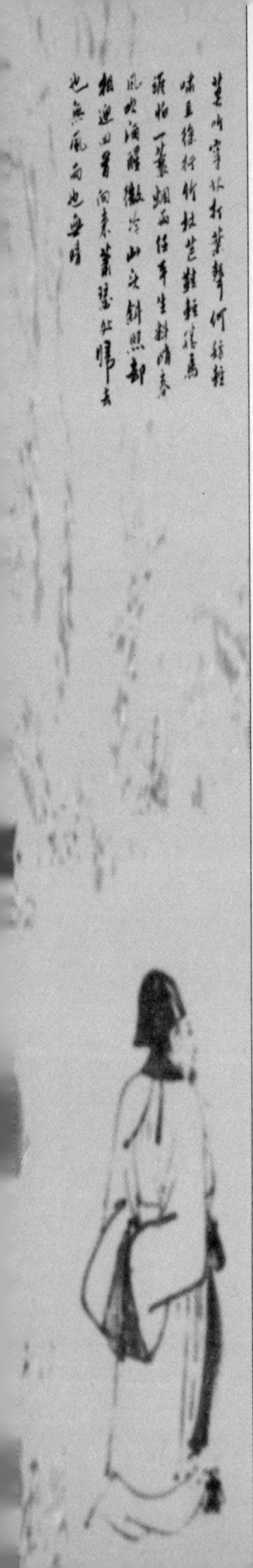

或他人带来痛苦及损失。

经常有学生问我，“自己该干什么？是从政还是教书”，“是考研继续深造，还是找工作安家”等等。我的回答常常大同小异：问问你的心，你最想要的是什么？想想你自己，什么是你能干得顺手，干得好的？怎么做你才觉得舒服而心地坦然？“只有清楚地了解自己的内心，才能够在这个世界上找到最基本的出发点，才能够去善待他人。”（于丹《庄子心得》）也才能够永远不迷失自己，活出自己的风范与精彩来！

此心安处是吾乡
——内心修持

知道自己是谁，追求的是什么，是一种自知的明智。但知道想要什么并不意味着就一定能做什么，因为人生活于社会现实之中，而社会现实是有种种规范和限制的，人是不可以为所欲为的。孔子“七十而从心所欲，不逾矩”（《论语·为政》），也就是说，至圣孔子在七十岁以前，尚且不敢保证“从心所欲”不会偶尔越矩出错，何况我们常人呢？

孔子说：“以约失之者，鲜矣！”（《论语·里仁》）孟子说：“人有不为也，而后可以有为。”（《孟子·离娄下》）孔孟皆强调了对内心的约束，认为只有内心有所约束的人，才能在行为上减少过失，真正有所作为。从某种意义上说，人生就是因为无法随心所欲，所以才美丽而珍贵。

人对自己该有怎样的约束呢？我以为最基本的约束应该是“心安”，即你是否遵从了自己内心真诚的感受，是否能够坦然面对自己的所作所为而无愧于心。换句话说，你如何安放自己的心灵？怎样才能坚持做自己该做

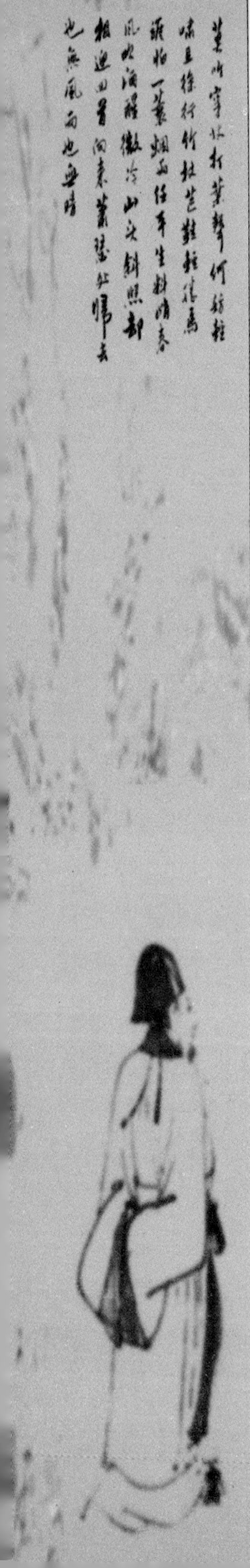

的事，让自己心安理得？仰不愧于天，俯不怍于地，保持住自己的良知与尊严！

东坡词中有一句“此心安处是吾乡”，说得真是太好了！这句词出自一首《定风波》。词前有序，道明了作词的缘起，与词作内容关系密切，下面一并引录之：

王定国歌儿曰柔奴，姓宇文氏，眉目娟丽，善应对，家世住京师。定国南迁归，余问柔：“广南风土，应是不好？”柔对曰：“此心安处，便是吾乡。”因为缀词云：

常羡人间琢玉郎，天应乞与点酥娘。尽道笙歌传皓齿，风起，雪飞炎海变清凉。　　万里归来颜愈少，微笑，笑时犹带岭梅香。试问“岭南应不好，”却道，“此心安处是吾乡”。

王定国，名巩，字定国，为故相王旦之孙，东坡恩师兼父执张方平的女婿，为东坡知交密友。因与东坡诗词唱和，在“乌台诗案”中是受牵累最重的人之一，被贬至蛮风瘴雨的宾州（今广西宾阳）监酒税，五年之后才得放还内地。在此期间，其“一子死贬所，一子死于家，定国亦病几死。”但他“不以厄穷衰老改其度”（《王定国诗集叙》），“豪气不少挫”（《宋史·本传》），甚至肤愈泽，貌加丰，令东坡敬佩不已。

在与老友王定国久别重逢的宴席上，随王定国南迁的歌女柔奴不仅不以南迁为苦，反说“此心安处，便是吾乡”，更让苏东坡感到震撼。这首词乃有感而发，表达了东坡对王定国及歌女柔奴安适、豁达态度的欣然赞赏，也流露了作者自己善处穷达的精神境界。

词的大意是说，王定国在广西宾州瘴烟窟里呆了五年，回来的时候竟面色如玉，老天爷还有意成全他，赐予他柔奴这样的既美貌又通达的女子，太令人羡慕了。人们都说柔奴的歌喉美妙动听，其歌声像一阵清风，使岭南的炎热转为清凉，让人们的心境变得宁静而和畅。她跟随王定国从遥远的宾州归来，容颜显得更年轻，微笑犹带着大庾岭之清幽梅香。我试探着问她："岭南的生活可能不太好过吧？"她却回答说："我的心安适的地方，就是我的故乡。"

与柔奴的话类似的意思，在《左传·闵公元年》中就有："心苟无暇，何恤乎无家。"意思是如果心灵上没有过失、亏欠，就不用担忧无处安身了。唐代诗人白居易更曾经反复歌咏："我生本无乡，心安是归处"（《初出城留别》）；"身心安处为吾土，岂限长安与洛阳"（《吾土》）；"心泰身宁是归处，故乡独可在长安"（《重题》）；"无论海角与天涯，大抵心安即是家"（《种桃杏》）等等。

上述话语常被人们理解为"随遇而安"的豁达，有一定的道理，但我以为关键在"心安"二字，它强调了一个人内心的安适淡定，平和坦然，无亏无愧。

一个人的"心安"与否为什么特别值得重视呢？我们先看看孔子的解释。在《论语·阳货》"宰我问三年之丧"一段里，宰我对为父母守"三年之丧"表示置疑，提出能不能以一年为期。孔子的回答直指人的内心深处："食夫稻，衣夫锦，于女（汝）安呼？"只为父母守一年丧就恢复平日的生活享受，你心里安不安呢？宰我不客气地回答"安"。孔子便说："女安，则为之。"你只要心安就行，外在的规范只是形式。但孔子认为只有守丧三年，才会心安。因为"子生三年，然后免于父母之怀。"孩子从出生到三岁，才能离开父母的怀抱，难道孩

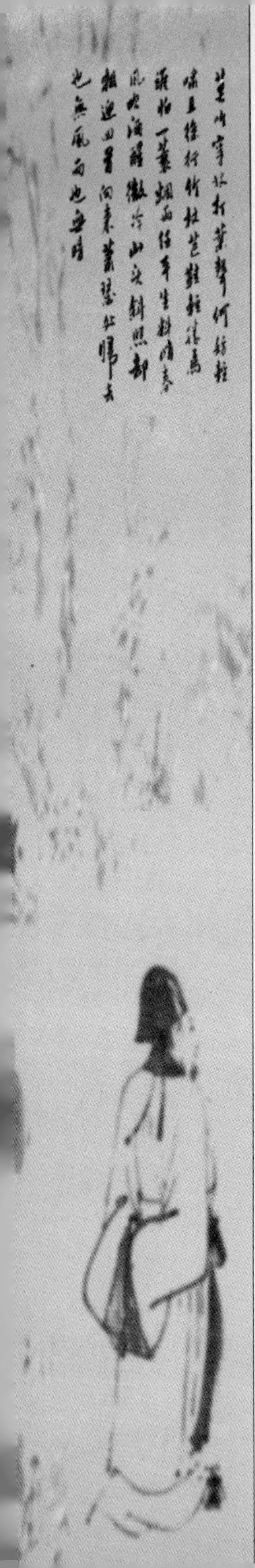

子对父母连守丧三年的深情都没有吗?也就是说，人心对父母的深情是由具体的成长经验孕育而成的，儒家的伦理规范正是基于人的生理、心理的感受与经验而建立的。“人性是向善的，儒家的教育目标即在助人恢复本心的向善自觉，同时以政治及社会各种合理的规范来助人完成心之要求。”（傅佩荣《论语心得》）

孟子则从人性本善的角度，认为人的本性中皆有仁义礼智“四端”（《孟子·公孙丑上》），只要能充分发展这样的本性，就“人皆可以为尧舜”（《孟子·告子下》）。王阳明更发扬而为“心学”，强调“诚意”、“正心”，“致良知”。可以说，重视一个人心灵的安放，内心的修养，是传统儒学的一个基点。

在东坡的一生中，心灵的安适，是与对道义的坚守紧密相连的。以主体心境的坦荡、心灵的高蹈来应对党争，面对困厄而至死不渝，是东坡立朝之大节。

自熙宁年间开始，北宋政坛的新旧党争此起彼伏、愈演愈烈。在这种情况下，投机迎合、望风而随者大有人在。“昔之君子，惟荆（荆公王安石）是师，今之君子，惟温（温公司马光）是随。所随不同，其为随一也。”（《与杨元素十七首》之十七）以东坡之才情与名望，“若少加附会，进用可必。”（《杭州召还乞郡状》）他清楚地明白这一点，却不愿折节以求名利。东坡以范仲淹、欧阳修为榜样，以道义为重，以天下为己任，“奋厉有当世志”，“负其豪气，志在行其所学（宋孝宗语），绝不媚骨苟合以图个人进取。他敢于坚持独立政见，与身任执政大臣的王安石、司马光及其门人、党派唱反调，不顾个人祸福，表现出了高尚的政治人格。正如司马光的门生刘安世所言：

东坡立朝大节极可观，才高意广，惟己之是信。在元丰则不容于元丰，人欲诛之，在元祐则虽与老先生（司马光）议论，亦有不合处，非随时上下人也。（马永卿《元城语录》）

正因为不“随”，才弄得“一肚皮不合时宜”，才招致了一次又一次的灭顶之灾。但他仍然说：

吾侪虽老且穷，而道义贯心肝，忠义填骨髓，只须谈笑于死生之际。（《与李公择十七首》之十一）

其凛然风骨令人击节赞叹！经“乌台诗案”出狱不久，东坡虽惊魂未定，心境寂寞清苦，但仍作词表达不愿与世俗同流合污的幽独情怀。

缺月挂疏桐，漏断人初静。谁见幽人独往来，缥缈孤鸿影。　　惊起却回头，有恨无人省。拣尽寒枝不肯栖，寂寞沙洲冷。（《卜算子·黄州定惠院寓居作》）

这首词作于元丰三年（1080）初到黄州贬所之时，借孤鸿抒慨言志，语语双关，意高格奇。

开篇先写环境。月亮弯缺而昏暗，梧桐树枝叶稀疏，滴水以计时的铜壶中的水已经滴尽，夜深沉人寂寂，环境幽寂而冷清，作者心情之暗淡、凄凉，也就可想而知。“谁见”两句写人见鸿。“幽人”，指幽囚之人或隐居之人，这里则是作者自指。贬谪至此，“郡中无一人识者”，且“亲友绝交，疾病连年，饥寒并日，人皆相传已死”（《谢量移汝州表》），感觉上真就如同幽居之人。夜已深、人已静，而他还在独自徘徊，得见者竟只有缥缈

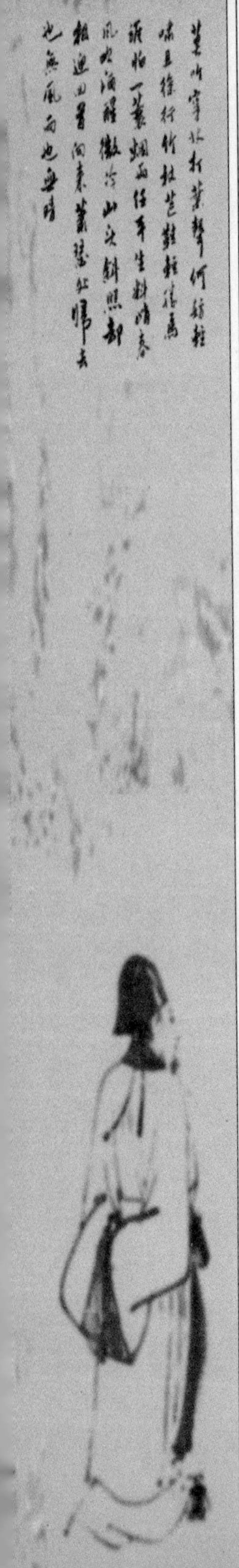

的孤鸿之影，其处境的寥落与内心的抑郁不言自明。

“惊起却回头，有恨无人省。”黑暗中的孤雁，不知受了什么样的惊吓，骤然飞起又频频回望，心中似有无限的幽怨与遗憾，却无人真正能够理解。这孤鸿的动态与神情，分明让我们感受到作者牢狱之灾的余悸未消，满腹哀怨无处倾诉的抑郁心境。“拣尽寒枝不肯栖，寂寞沙洲冷。”飘零失所的孤鸿在寒冷的树枝间逡巡飞翔，不肯随便栖息在树枝上，最后寂寞的降落露宿在湿冷的沙滩上。这样，既符合鸿雁足上有蹼常宿在沙滩草丛之习性，又用“拣尽”、“不肯”之语，使其具有了“良禽择木而栖，贤臣择主而事”的象征意义，寄托了作者宁愿怀抱寂寞而不随波苟合的高洁品性。

全词情景交融，心物契合。作者虽刚经历大挫折，心怀惊惧与苦闷，仍坚持有所为又有所不为。其独立不阿，高傲不屈的人格精神，在孤寂清冷中益见光彩。读此词的感受，颇类似于东汉王逸读《离骚》：“莫不慕其清高，嘉其文采，哀其不遇，而愍其志焉。”（《离骚章句序》）

东坡在落魄中坚守的幽独精神，是以他内心的安然坦荡为基础的。而且，在他看来，人生的悲乐之故，往往不取决于其境遇与地位的好坏高低，而在于一个人内在的心境与修养，请看东坡的《水调歌头·黄州快哉亭赠张偓佺》：

落日绣帘卷，亭下水连空。知君为我新作，窗户湿青红。长记平山堂上，攲枕江南烟雨，杳杳没孤鸿。认得醉翁语，“山色有无中”。　　一千顷，都镜静，倒碧峰。忽然浪起，掀舞一叶白头翁。堪笑兰台公子，未解庄生天籁，刚道有雌雄。一点浩然气，千里快哉风。

张偓佺，即张怀民，字梦得，是东坡志同道合的友人，元丰五、六年间也贬居黄州，东坡有《记承天寺夜游》等文记载着与他的交往。他谪居黄州后，就建房屋于长江边上，并于新居西南筑亭。此亭选位极佳，登临此亭，可饱览江山胜景，东坡欣然以“快哉”二字命名此亭，并作词以赠。苏辙则为之作记，写下了散文名篇《黄州快哉亭记》。兄弟二人一个命名赠词，一个作记，可见对此亭之喜爱，亦可见二人与张怀民关系非同一般。同时，一文一词两篇名作，交相呼应，堪称文苑双璧。

词作通篇都在表达对“快哉亭”的理解，结构突破了“上景下情”格套的限制与束缚，上下片贯通一气，浑然一体。筑亭本为观景，此词便以主要篇幅，从虚实两个方面，描写身居快哉亭所见的令人快慰不已的江山胜景。

“落日绣帘卷，亭下水连空”两句是实写。傍晚时分，临窗远眺，亭下“波流浸灌，与海相若”（苏辙《黄州快哉亭记》）。在落日余辉的映照下，江水染丹霞，青天接碧水，令人想起王勃《滕王阁序》中的名句：“落霞与孤鹜齐飞，秋水共长天一色”。如诗如画的美景，让他十分感激张怀民，“知君为我新作，窗户湿青红。”叙写不分彼此的真挚友情，又兼及碧水霞光映染亭窗的赏心悦目的美景。

这样的胜景、胜情，让他不由得忆起了扬州的平山堂，忆起了建堂的恩师欧阳修。“长记平山堂上，欹枕江南烟雨，杳杳没孤鸿。认得醉翁语，‘山色有无中’。”东坡深情地忆起与恩师同登平山堂的一幕幕画面：眺望江南秀丽山川，观赏堂下浩淼烟波，遥望远天孤鸿远翔，奇峰秀水就如同在枕席之下，让人豪兴顿生。欧阳修曾

挥毫书写《朝中措》，开篇两句就是“平山栏槛倚晴空，山色有无中。”虽借用了王维《汉江临眺》中的名句“江流天地外，山色有无中”，但气魄也颇为壮阔。而如今在快哉亭所见景色，宛似当年在平山堂之所见，只是恩师已驾鹤远游，仅能看见远处山峰似有还无，还在“阐释”着“山色有无中”的韵味。此处用虚笔借景写景，借对平山堂之景和欧阳修词境的追忆，衬托映带出在快哉亭所见江山胜景的空濛、高远，又睹物怀人，抒发对恩师永远的追念之情。同时，也有用欧阳修比况张怀民筑亭的风流雅韵之意，一笔数得。

“一千顷，都镜静，倒碧峰。”宽阔的江面上水波不兴，清澈平静如镜，碧绿的山峰倒映在江水之中，辉映荡漾，令人心旷神怡。“忽然浪起，掀舞一叶白头翁。”风云陡作，波涛汹涌，江面出现了一位白发苍苍的操舟老人，极为引人注目。你看他驾着一叶小舟，迎着风浪，勇敢地搏击，出没于惊涛骇浪之中，令人心惊汗出，又顿添不少豪情与奇趣！同时，也似在暗喻着自我与友人的形象。

全词对景物的描写雄奇壮观、多姿多彩，充满了感发力量。既畅快淋漓地描绘出了足以让人称快的山光水色，又流露出了观景之人心胸的阔大与畅意，是移情入景，景中见人，景中见情。结尾几句更由风起浪涌之景联想到宋玉的《风赋》，以议论入词，表达出更高一层的人生哲理，与苏辙《黄州快哉亭记》的借题发挥有着异曲同工之妙。

“堪笑兰台公子，未解庄生天籁，刚道有雌雄。”“兰台公子”指作过兰台令的宋玉。“庄生天籁”典出《庄子·齐物论》：“汝闻人籁而未闻地籁，汝闻地籁而未闻天籁夫？”“天籁”，指万物自然形成的不同窍穴，经风吹发出的不同声响。“刚道有雌雄”，典出宋玉的《风赋》：宋玉等人陪楚襄王游兰台宫，忽然风起，楚襄王披襟向风高兴地说：“快哉此风！寡人所与庶人共者耶！”宋玉答道：“此独大王之雄风耳，庶人安得共之。”楚王不解，宋玉便解释道：“大王之风”，吹过的地方是花园池苑、亭台楼阁，能“发明耳目，宁体便人”，所以称为“雄风”。“庶人之风”经过之地，则破屋陋舍，蚊虫污水，会使人“生病造热”，只能称作“雌风”。宋玉说不同处境地位的人享受的是不同的风，有讽谕意。苏东坡认为宋玉硬把风分为雌雄，是不解庄子“天籁”之说，这是否意味着是要批评宋玉、翻宋玉之案呢？当然不是！这里只不过是借题发挥，抒发感慨而已！

“一点浩然气，千里快哉风！”“浩然气”，就是孟子所说的“浩然之气”，它“至刚至大，以直养而无害，则塞于天地之间”（《孟子·公孙丑上》），是无愧于天地的一腔正气，不屈不挠的品格节操。这两句词的意思是：只要我们胸中有一点浩然之气，哪怕身为庶民，沦为迁客，也能享受到大自然带来的这种“快哉”之风！只要秉持节操，胸怀坦荡，就无往而不适，无时而不快。这既是自勉自励，也是对张怀民不以谪居为患的由衷称许。而且，“一点”和“千里”，极小与极大，运用反差强烈的对比呼应，更体现了词人胸怀的广博与气概的豪迈！

全词紧扣“快哉”两字，写景抒情均具奔放洒脱之气势，情景相映相衬，境界雄奇高远，令人振奋而豁然开朗。其词意在苏辙《黄州快哉亭》中有更明确的表述，下面引录一段参读共享：

士生于世，使其中不自得，将何往而非病？使其中坦然，不以物伤性，将何适而非快？今张君不以谪为患，

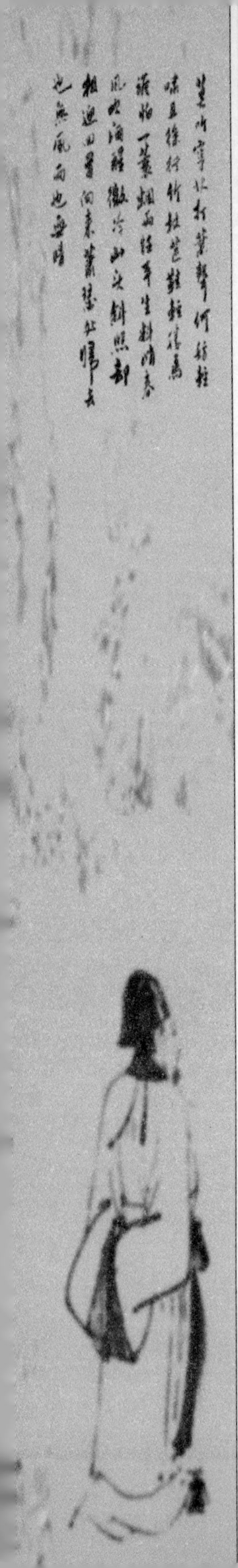

窃会计之余功，而自放山水之间，此其中宜有以过人者。将蓬户瓮牖无所不快，而况乎濯长江之清流，揖西山之白云，穷耳目之胜以自适也哉！不然，连山绝壑，长林古木，振之以清风，照之以明月，此骚人思士之所以悲伤憔悴而不能胜者，乌睹其为快也哉！

人活在世上，假如他心中不畅快，没有自得之乐，那么无论到什么地方，他都不会愉快；假如一个人心中坦然舒畅，不因外界事物的影响而伤害自己的本性，那么无论到什么地方，他都不会不快乐。如今张怀民不把遭受贬谪看作灾难，他反而利用闲暇时间，放任于山水之间，说明他内心中有过人之处。即使让他住在蓬草作门、破瓮为窗的屋子里，也不会不快活，何况可用长江的清流来洗澡，能与西山的白云相对揖，耳闻目睹尽是美妙的事物，自己怎么不会安适快乐呢？如果不是这样的话，连绵不断的山峦、深不见底的山谷，大片的森林、参天的古树，清风吹动着它们，明月映照着它们，这些最容易引起忧伤的景物足以使文人士子感到悲哀困苦、不堪忍受，怎么会因此而快乐呢？

二苏兄弟文别意同的话，都强调了心境、心态的重要。稍有阅历的人都知道，生命是一种体验。一个人的心境、心态，是直接作用于对事物的看法与感受的，也是直接作用于其精神状态和实际行为的。正如杜甫《春望》所说："感时花溅泪，恨别鸟惊心"。你心中有什么，看到的就常常是什么。孔子曰："仁者不忧，智者不惑，勇者不惧"（《论语·宪问》），内心的敞亮、坦荡，往往能够抗御和化解生命中的困苦和灾难。

正因为苏东坡有"实无负吏民"（《过汤阴市得豌豆大麦粥示三儿子》）的坦然与自信，又善养浩然正气，他才能够“卒然临之而不惊，无故加之而不怒”（《留侯论》），“至于临大节而不可夺，则与天地相始终”（黄庭坚《东坡先生真赞》）；才能够面对政治风雨的摧残而高唱：“莫听穿林打叶声，何妨吟啸且徐行。竹杖芒鞋轻胜马，谁怕，一蓑烟雨任平生”（《定风波》）；才能够勇敢地迎接屡改谪命、日益升级的迫害，垂老投荒之时，自信而充满豪气地宣称：“浩然天地间，唯我独也正”（《过大庾岭》）；才能够坦然面对死亡，在临终之际还平静地说：“吾生不恶，死必不坠”。也正因为如此，他的品格节操才受到了普遍高度的评价，永远辉照人间。

一个人做到一时一事的心安容易，要想一辈子守住人格良心，挺直脊梁骨，就不是很容易的了。这既需要修身养气，也需要修能学艺。许多人之所以委曲求全，违心逢迎，往往是能力有限，技艺单一，生怕失去维持生存的饭碗。艺高人胆大，有能力有本事，做人的底气才会充盈，才能够保持住做人的尊严，真正成为自己期许的自己。

苏东坡之所以那么坚毅豁达，屡遭打击排斥而不屈不倒，虽原因很多，但与他的多才多艺也是分不开的。他是历史上罕见的全才型的艺术家，无论是文学创作、学术著述、书画艺术，甚至养生参禅、医药美食等，他都样样精通，并能从中品味到无尽的乐趣。因此，无论在任何情况下，他都有事可做，都能体现自己的价值，保持住自己的自足与自豪，获得精神上的寄托，也就不怕什么丢官罢职，回家赋闲，从而真正达到了人生的艺术化。

东坡胸怀大志，忧国忧民，但坎坷多艰，失意多得意少，被贬谪放逐的时间就达十几年。在人生困境之中，文学创作、书画艺术成了他安顿自己心灵，证明自己价

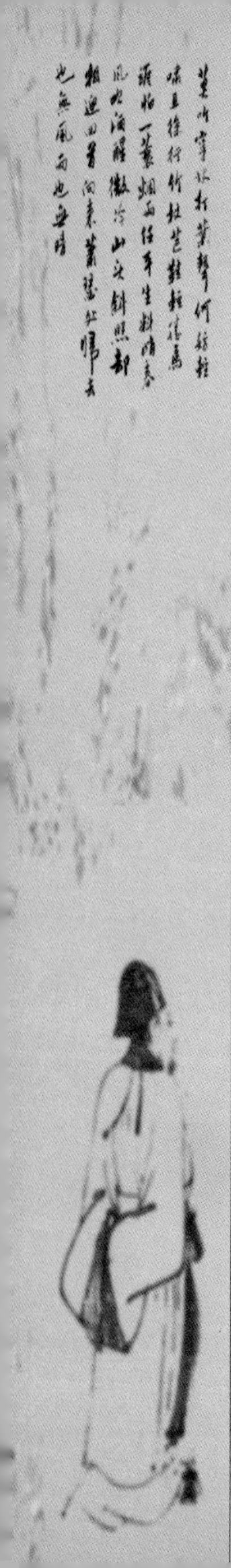

值的重要补偿和精神支柱。他曾经对弟弟苏辙说："某平生无快意事，唯做文章，意之所到，则笔力曲折无不达意，自谓世间乐事无逾此者。"（见于苏籀《栾城遗言》）在《归朝欢·和苏坚伯固》一词中，也流露出了他对文学创作才能的重视与自信：

我梦扁舟浮震泽，雪浪摇空千顷白。觉来满眼是庐山，倚天无数开青壁。此生常接淅，与君同是江南客。梦游中，觉来清赏，同作飞梭掷。　明日西风还挂席，唱我新词泪沾臆。灵均去后楚山空，澧阳兰芷无颜色。君才如梦得，武陵更在西南极。《竹枝词》，莫傜新唱，谁谓古今隔？

此词作于绍圣元年（1094）七月。在东坡赴惠州贬所途中，与老朋友苏坚（字伯固）相会于九江，相互唱和而作此词。这是一首"逐客对逐客"的词，又是"客中送客"的送别词，却写的气势磅礴，乐观豪迈，不见一点衰疲之气。

开篇四句写梦中之境与眼前之景，雄奇而大气。"震泽"，即今天的太湖，在江浙交界处。"庐山"，在江西九江市南，北临长江，东南傍鄱阳湖。这几句的大意为：梦中在太湖泛舟，惊涛骇浪；醒来所见却是峰峦叠嶂、直冲云霄的庐山。景虽壮观，但两地截然不同的景象，恰似自己的一贬再贬，萍飘蓬转，让人不由生出无限感慨！

"此生常接淅，与君同是江南客"两句，合写二人相似的境遇。"接淅"，意为漉干已淘洗的米，典出《孟子·万章》："孔子之去齐，接淅而行。"孔子听说要离开齐国，顾不上点火做饭，将正在淘洗的米捞出来漉干就走，比喻四处奔波，席不暇暖。这里借指二人的宦海漂泊、居无定所。“江南客”，东坡为四川眉山人，苏坚为吴县人，此时二人皆因贬谪路经九江，故曰：“与君同是江南客”。“梦中游，觉来清赏，同作飞梭掷。”时光易逝，人生如梦，今天的晤面和清赏也转瞬即逝，不能挽留，明天你就要扬帆远航了，我也要去向他方，不由得“唱我新词泪沾臆”。患难中的依依不舍与伤感直敲人心深处，让人一唱三叹、唏嘘不已。但苏东坡就是苏东坡，他永远不会沉浸在悲哀之中，永远都会有解脱困境的办法。紧接着作者就掉转笔锋，用苏坚将去的湖南澧阳的名人事迹勉励友人，也激励自己。

“灵均去后楚山空，澧阳兰芷无颜色。”“灵均”是大诗人屈原的字，“兰”和“芷”均为屈原作品中经常写到的香草。“澧阳”又称澧州，是今天的湖南澧县，这里是屈原当年被放逐的地方。屈原忠君爱国，独立不迁，好修为常，曾在沅、湘一带作《九歌》。但屈原去后，当地无人再赋楚辞，香草似乎都为之失色，令人惋惜。

“君才如梦得，武陵更在西南极。”“梦得”，为唐代“诗豪”刘禹锡的字。“武陵”，唐宋时称为“朗州”，即今天的湖南常德，位于湖南的西南。刘禹锡刚毅自信，坚强乐观，曾贬官朗州司马达十年之久而不改其志。“《竹枝词》，莫徭新唱，谁谓古今隔”。刘禹锡贬谪巴山楚水之时，曾学习当地民谣，作《竹枝词》十几首，自然清新，极受时人与后人赞誉。东坡说：你苏坚有刘禹锡之才华，假如你也以骚人之旨创作新词，让当地的人们传唱，谁能说你不能成为刘禹锡的异代同调呢？

在这里，东坡把才能当作患难中保持自信自豪的支撑，与朋友互勉共励。虽不为时用，报国无门，但我们

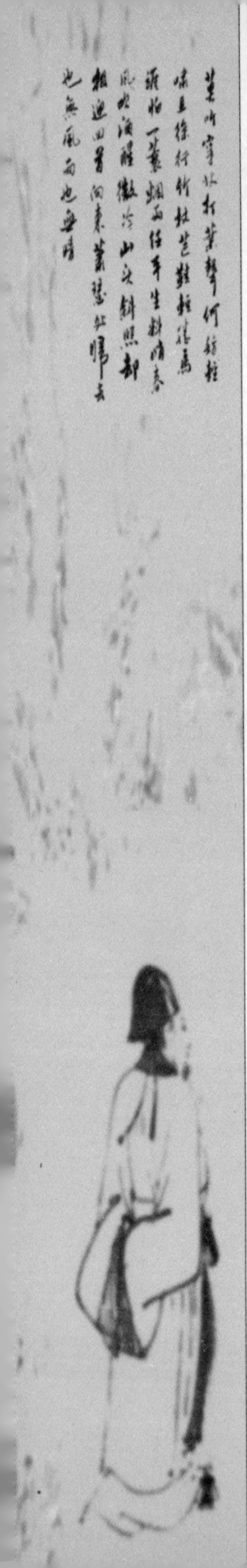

决不气馁，决不畏惧。我们怀抱一身的才学，在任何条件下，都可以为百姓做些力所能及的事情，自己也会获得精神上的寄托。屈原、刘禹锡不是已经给我们做出表率了吗？

一位年近花甲、正走向蛮荒之地的落拓老人，竟有这样乐观豪迈、积极进取的精神，怎不让人油然生敬呢？苏东坡为人表里澄澈，胸怀坦荡，始终忠于自己的内心，始终坚守人格气节。正如苏辙在《亡兄子瞻端明墓志铭》中所说：

其于人，见善称之，如恐不及，见不善斥之，如恐不尽，见义勇于敢为，而不顾其害。因此，数困于世，然终不以为恨。孔子谓伯夷、叔齐古之贤人，曰："求仁而得仁，又何怨。"公实有焉。

王国维在《人间词话》中说：

三代以下诗人，无过于屈子、渊明、子美、子瞻者。此四者，若无文学之天才，其人格亦自足千古。

对这样的评价，东坡当值无愧！孔子说："君子坦荡荡，小人常戚戚。"（《论语·述而》）孟子说："君子有三乐"，其中一乐便是"仰不愧于天，俯不怍于人。"（《孟子·尽心章句上》）为人做事能够心无愧怍，便可以坦然自适地面对一切，活得理直气壮，昂首挺胸。如果为了一己私利，不择手段，恣意妄为，也许会捞到一些名利和实惠，但你永远不会有坦然的心境，不会有真正的快乐！

歌德说："谁不能主宰自己，便永远是个奴隶。"欲想做自己的主人，首先必须主宰自己的内心，修养好自己的心灵，凡事做到心安理得，才能赢得别人的敬重，才能无怨无悔自己的人生选择。

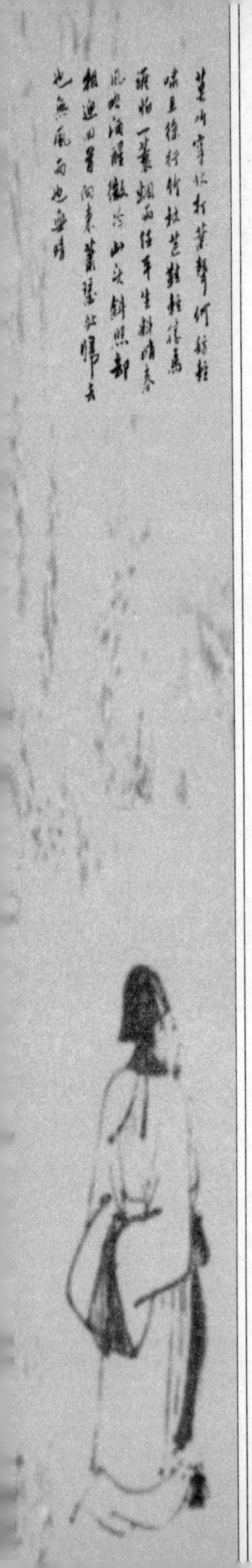

也无风雨也无晴
——禅道机智

每读苏东坡的诗词文，总感慨他人生的多难，处世的豁达及心灵的睿智。他的一生，历经宦海风波，境遇大起大落，遭逢多位亲人的生离死别，饱受人生的艰辛与苦难，但他却能以宽广的心胸和坚韧的毅力，直面人生的缺憾，超越痛苦，化解苦难；他悟性极高，有深重的忧患心理，对人生的无常与无奈有着较常人深刻得多的体认和思考，却能以民胞物与的情怀和开朗的性情，始终关注现实，热爱人生，笑对人生。他是一个智慧而乐天的人，既对人生有透彻的感悟，又善作自我宽慰与自我解脱，在困境中也活得通透而洒脱。这与他对释道思想的接受与借助，有着直接的关系。

提倡佛教与道教，是赵宋王朝的基本国策，儒家思想则是其主导思想。因此，儒释道三家思想的融合，到宋代已成为不可抗拒的时代潮流。苏东坡得时代风气之先，对儒释道三家思想兼融并蓄，思想宏富，又灵活通脱。他初好贾谊、陆贽书，论古今治乱，不为空言。既而读《庄子》，喟然叹息曰："吾昔有见于中，口未能言，今见《庄子》，得吾心矣。"乃出《中庸论》，其言微妙，皆古人所未喻。……后读释氏书，深悟实相，参之孔、老，博辨无碍，茫然不见其涯也。（苏辙《亡兄子瞻端明墓志铭》）

可见，他博学多才，精通佛老。但他并不是要钻研高深的义理，沉溺于玄奥的教义，而是取其所需，为我所用，把佛老思想作为调节心理、摆脱精神困境的思想武器，以保持达观通脱的心境与人生态度。

苏东坡生于道教活动甚盛的四川眉州，其曾祖苏杲"不仕，有隐德"。祖父苏序，"盖不学《老子》而与之合"，乡人"以为有古之隐君子莫及也"（见于孔凡礼《苏轼年谱》）。东坡八岁入乡校，就在天庆观从道士张易简读书。既长，更崇尚《庄子》，受道家思想影响甚深。尤其历经迁谪漂泊和人生挫辱后，他更深谙政治斗争中不可避免的阴暗、卑琐与险恶，感受到人生的无奈，也就对老庄哲学更心领神会，更向往庄子不为外物之得失荣辱所累的人生境界。

如《临江仙·夜归临皋》："长恨此生非吾有，何时忘却营营"，典出《庄子》。再如《十拍子》："身外傥来都是梦，醉里无何即是乡"两句，也源于庄子哲学。《庄子·缮性》曰："轩冕在身，非性命也。物之傥来，寄者也。"意谓获得高官厚禄，并非真性本命，不过是偶然得来的身外之物，或说是无意得来的暂寄之物。《庄子·逍遥游》中庄子对惠子说："今子有大树，患其无用，何不树之于无何有之乡，广莫之野？"《庄子·列御

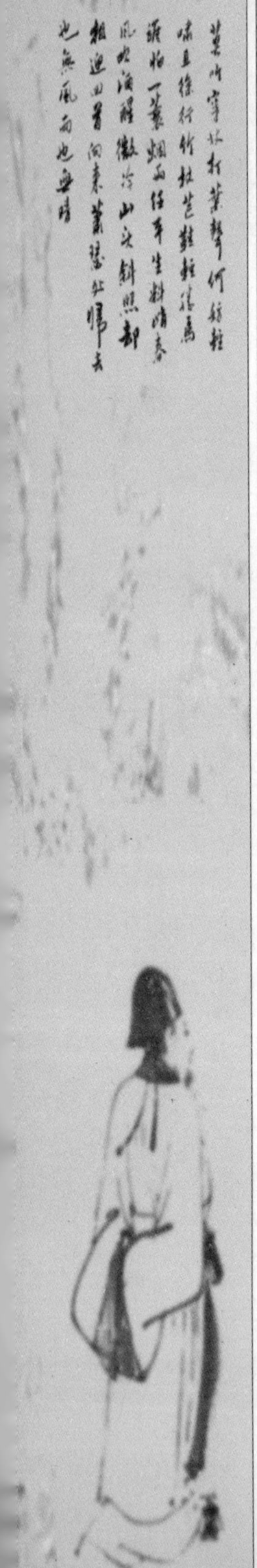

寇》中也有：“彼至人者，归精神乎无始，而甘瞑乎无何有之乡？”这“无何有之乡”，指的是自然素朴无为的，超越世俗纷争的，只有得道者才能到达的精神境界。东坡借用《庄子》之语典，表达了对不受一切外物的束缚与影响，任真自得、精神自由的张扬与追求。

可以说，老庄齐万物一死生的齐物论思想，轻视有限时空、超然物外的“无待”境界，顺应自然、抱真守朴、虚静淡泊的人格追求等，都对苏东坡有深刻的影响。在其词作中，最突出体现老庄思想影响的，我以为当推《临江仙·辛未离杭至润别张弼秉道》一词。全词如下：

我劝髯张归去好，从来自己忘情。尘心消尽道心平。江南与塞北，何处不堪行。　俎豆庚桑真过矣，凭君说与南荣。愿闻吴越报丰登。君王如有问，结袜赖王生。

这是一首赠别词，作于元祐六年四月东坡离杭州抵润州之时。张弼，字秉道，杭州人，东坡屡屡以“髯张”称之。从词境来看，似乎是张弼护送东坡直到润州（今江苏镇江），分手之时东坡作词相赠，表达对杭州人民的深情厚谊以及超越情感、功名的人生境界。

上片词直抒情怀，表达对悲欢离合的超越。“忘情”，即忘怀世俗之喜怒哀乐。“尘心”，指世俗之心。“道心”，悟道之心，道家清净无为之心。“平”，不为外物所扰，内心平静。这上片词的意思是，劝慰张弼不要为离别而伤感，也不要为自己的未来而担忧，安心回杭就是了。因为，自己已经消除了尘俗之念，忘怀了世俗的情累，内心虚静淡泊而澄明。所以，无论走到“江南”还是“塞北”，无论在杭州做地方官还是回京任职，不管境遇如何，都会安之若素，处之泰然。比较接近庄子破除物累、物蔽的“无待”境界，是东坡在《超然台记》中表述的超然思想的延续与发展。

东坡为性情中人，极重感情，但绝不沉溺于情。他对人生悲苦的体悟比同时代任何人都深刻，但不为悲苦所累。比如桑梓之情，安土重迁之怀，东坡自三十三岁父丧服除后离开家乡，从此再没机会回归故里，思乡之情时时萦绕心头，思乡的吟哦也传播四方，伴他一生。“此生飘荡何时歇？家在西南，常作东南别”（《醉落魄》）；“归去来兮，吾归何处，万里家在岷峨”（《满庭芳》）；“吟断望乡台，万里归心独上来”（《南乡子》）；“岷峨家万里，投老得归无”（《南康望湖亭》）……对故乡的一腔深情令人动容。

东坡的聪明之处在于，思乡而不为实现不了的乡思所役，处处无家又随处为家，且无处不宜。初贬黄州，别人为他担忧不止，他却能够“安土忘怀，一如本是黄州人，元（原）不出仕而已”（《与赵晦之》）；再贬惠州，“譬如元是惠州秀才，累举不第，有何不可”（《与程正辅》第十三），因此“中心甚安之”；后贬海南，他竟说：“我本海南民，寄生西蜀州。忽然跨海去，譬如事远游”（《别海南黎民表》）。确实做到了“江南与塞北，何处不堪行。”

下片词借《庄子》语典，表达对名声的超越。“俎豆庚桑真过矣，凭君说与南荣”两句，用了《庄子·庚桑楚》中的事典。“俎”，切肉的几案；“豆”，盛肉脯的器皿，皆指祭祀用的礼器。“庚桑”，指庚桑楚，复姓庚桑，名楚，为老子的弟子。“南荣”，指南荣趎，复姓南荣，名趎，为庚桑楚的弟子，老子的徒孙。庚桑楚居畏垒三年，弃“知”任“愚”，无为而治，得到居民的拥戴，被尊之为“贤人”，并当作神灵一样供奉。他反倒

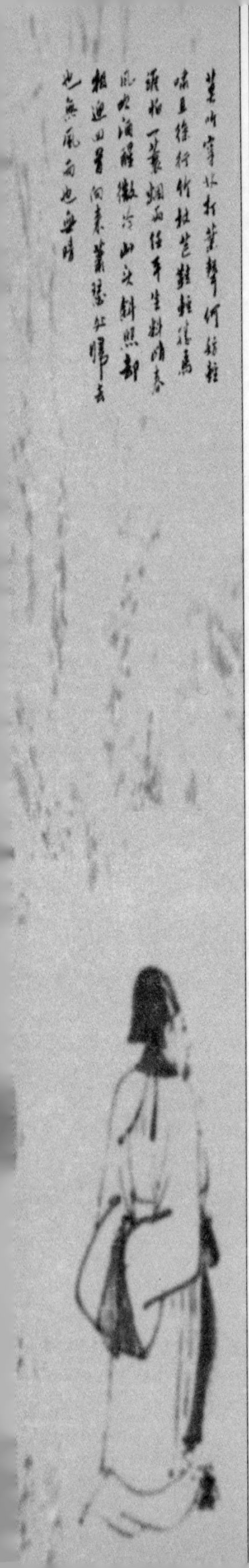

“南面而不释然”，忧心而不称意。南荣趎不解，问之。庚桑楚解释说：至人治天下，如“尸居”一般，顺应自然之道，顺应民性，就如“春气发而百草生，正得秋而万宝成”，无为而治，不应该自以为有功于民，而民也不该把天下治当作某个人的功劳。表现出了庄子“无功”、“无名”、“无己”的思想。

东坡知杭时，水旱、饥疫并作，东坡为民请命，赈济灾民，设置病坊，并兴修水利，疏浚西湖，造福于杭州人民。杭州人感激万分，“家有画像，饮食必祝，又作生祠以报。”（《宋史·苏轼传》）东坡用庚桑楚之典，认为杭州人立祠纪念自己，就像“俎豆庚桑”一样，“真过矣”，太过誉了，是不应该的。自己只是顺应了民心，顺应了自然之道，不可贪其功为己有。所以托张弼转告杭州人，不要做“俎豆庚桑”之类的事。表现了东坡淡泊名利的高风亮节。

“吴越”，指春秋时期吴越旧地，杭州、润州皆在吴地，这里代指杭州。“愿闻吴越报丰登”，意谓惟愿听到杭州今年又是一个丰收年的好消息，表达了对杭州民生的热情关注。“君王”两句典出《汉书·张释之传》：汉景帝登位之初，廷尉张释之恐换代之际官位不保，问计于王生。“王生者，善为黄老言，处士也。”便故意让张释之当廷为自己“结袜”，以张扬其贤德，景帝因之重用了张释之。这里用张廷尉为王处士结袜的典故，意谓朝廷若要询问我在杭州的政绩，就请说全赖百姓的厚爱。

整首词既体现了老庄哲学抱真守朴，虚静“无待”，“无功”、“无名”、“无己”的思想，又表达出东坡重情而超情、关心民生而超然物外的人生境界，展现出诗人在世俗情感及功业名誉面前的冷静与超脱。正如冯友兰先生所说：

道家认为，圣人对万物的自然本性有完全的理解，所以无情。可是这并不是说他没有感情。这个可说是，他不为情所忧，而享有所谓“灵魂的和平”。（《中国哲学简史》）

情感、名声是中国人特别重视的东西，多情重情，珍视荣誉，也是一种可贵的品质。但如果过于执着，不顾主客观条件过分耽溺，往往会为情所累所伤，为名声束缚扭曲自己。甚至会因爱生恨，因令名而致伪，造成不可挽回的灾难。在现实生活中，这样的教训太多太多了。对此，苏东坡及老庄哲学的超然态度值得借鉴，佛教禅宗的“无住”思想，也有参考价值。

禅宗是讲究一念之差的心灵哲学，是中国化佛教的一个支派。认为人皆有佛性，只要破除我执，抛掉一切杂念，内心空明静寂，就可成佛，而不必拜佛守律。所谓“教外别传，不立文字。直指人心，见性成佛”；“一念悟时，众生是佛”。六祖慧能《坛经》有言：“若前念今念后念。念念相续不断。名为系缚。于诸法上。念念不住。即无缚也。此是以无住为本。”所谓“无住”，就是不要太执著。在禅宗看来，“世间万法，缘起缘灭”，人的一切束缚与灾难都是因为人的执着造成的。如果身处事物其中，又能够断绝一切欲望的执着，看破世相，以一颗平常心来对待万事万物，就能获得真正的自由。

东坡自幼生活的眉山，与佛教圣地——“普贤菩萨的道场”峨眉山相去不远，距著名的乐山大佛也较近，处在峨眉佛教文化圈内。其父亲、母亲、弟弟、继妻均笃信佛教，浓郁的家庭宗教氛围，对东坡有着潜移默化的影响。自通判杭州始，东坡就遍游佛教寺庙，广交僧侣

禅师，研读佛教经典，颇受熏染沾溉。尤其是大半生处于北宋新旧党争的政治旋涡之中，屡受排挤，困顿多艰，又多遭亲人的生离死别，如何安顿饱受创伤的心灵，化解无尽的痛苦，多受益于佛学禅宗的理性精神和思维方式。即便是文学艺术的创作，也深受禅宗“无住”思想的影响。

东坡的诗文创作无拘无束，自然天成。用他自己的话说，“吾文如万斛泉源，不择地而出，在平地滔滔汩汩，虽一日千里无难。及其与山石曲折，随物赋形而不可知也。所可知者，常行于所当行，常止于不可不止，如是而已矣。”（《文说》）故“文理自然，姿态横生”（《答谢民师书》）。正因为他突破了思想束缚，作文而不为文所累，方进入通达无碍，奔放自然，如行云流水般的创作境地，获得“意之所到，则笔力曲折，无不尽意”的创作快慰。

在诗词创作中，佛学禅宗的影响也比比皆是。有的暗含佛理，又语出佛典，富于禅趣。如《如梦令》一词：

水垢何曾相受。细看两俱无有。寄语揩背人，尽日劳君挥肘。轻手。轻手。居士本来无垢。

这首词作于元丰七年十二月十八日。东坡自黄州量移汝州（今河南临汝），途经泗州（今江苏盱眙），浴于雍西塔下，“戏作”此词。“无垢”为佛家常用术语，比喻一切清净，正如维摩诘所说的偈语：“八解之浴池，定水湛然满。布以七净华，浴此无垢人”（《维摩诘所说经》）。本来沐浴是一件小事，但东坡借用佛典禅语，就表达了自己秉性高洁，心地清明，坦然自若的心境，颇符合禅境，又诙谐幽默。

有的则直写佛门诗僧，借人喻禅理，如《减字木兰花》：

双龙对起，白甲苍髯烟雨里。疏影微香，下有幽人昼梦长。　　湖风清软，双鹊飞来争噪晚。翠飐红轻，时下凌霄百尺英。

此词乃为僧人清顺而赋。清顺，字怡然，为东坡诗友。“其居湖山胜处而清约介静，不妄与人交，无大故不至城，士大夫多往就见。时有馈之米者，所取不过数斗，以瓶贮几上，日取三二合食之。虽蔬茹亦不常有，故人尤重之”（《咸淳临安志》）。这位恬淡自适的高僧，住在西湖边上的藏春坞。“门前有二古松，各有凌霄花络其上，顺常昼卧其下。子瞻为郡，一日，屏骑从过之，松风骚然。顺指落花觅句，子瞻为赋此词”（杨绘《本事集》）。

“双龙对起”，是以昂首腾跃的双龙喻两株古松的态势。“白甲”，则形容松树皮如同白色的龙鳞。“苍髯”，指的是凌霄花攀络松树的景象。凌霄花，“初作藤，蔓生依大木，岁久，延引至颠而有华。其华黄赤，夏中乃盛。”（苏颂《本草图经》）凌霄花的藤条攀络松枝，犹如飘拂的灰白色龙须。“疏影微香”，则以梅花清幽淡雅之韵致，形容凌霄花之形之味。

这上片词的意思是，在诗僧清顺门前的两株古松，状似两条蛟龙相向腾跃，蟠曲而挺拔，直冲云天。凌霄花攀络其上，藤缠松，松披藤，浓荫郁郁，仿佛双龙腾飞于烟雨之中，依松而开的凌霄花，不时发出阵阵淡雅的香气，迷离而幽渺。诗僧清顺，则恬然自得地昼卧树下，酣然入梦。

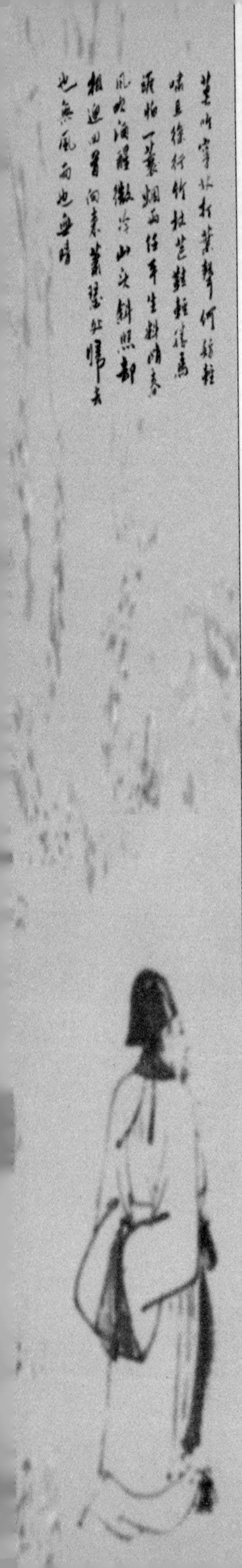

下片词写风、写双鹊、写落英。傍晚时分，从西湖水面吹来了清新而柔和的风，一对喜鹊飞来树上，在晚照中争相鸣叫着，青翠的松枝迎风摇曳，红色的凌霄花轻轻地颤动着，不时地从拔地百尺的古松苍髯上飘然而下。大有王维“涧户寂无人，纷纷开自落”（《辛夷坞》）之禅境。

全词七句写景，一句写人，又景中见人，人景相融。词中景苍劲与柔美相依相生，动景与静景相伴相应；词中人随缘任运，无牵无挂，恬淡自适。一切都那么自然和谐，清静虚空，无挂无碍。其“无住”“无执”的禅意让人心神飞扬。

有的作品则字面不着佛语，却能在平淡中透出深奥的佛理。虽如水中盐，镜中花，不着痕迹，却能引发人们见仁见智的思考。如大家熟知的理趣诗《题西林壁》：

横看成岭侧成峰，远近高低各不同。
不识庐山真面目，只缘身在此山中。

前两句写庐山景象，大气包揽。横看山岭逶迤，连绵不断；侧看峻峭陡立，奇峰突起。观看角度不同，所处位置不同，看到的景象也就全然各异。概括地写出了庐山景象的步移景换，千姿百态。后两句写游山体会，即景说理。人们之所以对庐山看法不同，看山不得要领，看不清庐山真面目，只因为身处其中，看到的只是局部景致。奇思妙发，道前人之所未道。

诗歌深入浅出，内涵丰富，极富理趣，充满思辨色彩，可给人多方面的启迪。或曰当局者迷，旁观者清；或曰每个人所处的位置不同，出发点不同，对事物的认识也就带有个人的鲜明特色；或曰摆脱一己成见，站在高处，才能统观全局。

禅宗历来有“见山是山”、“见山非山”的机锋公案。用禅宗的观点来看，人们之所以看不清庐山真面(事物的本来面目)，是因为身处其中，各有执着。言外之意就是，只要破除我执，不拘泥于某一点，“内不动心，外不著相”，用“无念、无相、无住”(《六祖坛经》)的心态看待世间万物，就可以了解事物的真相。

由此引申，在现实生活中，对各种问题的认识与处理，只要变换一下角度，也常常会别有洞天。善于转换不同的角度看问题，既有利于观察和把握世间万事万物，也有助于体察人情事理，有助于超越一己之悲哀。这真是禅宗的妙处，真是苏东坡的大智慧！

在《前赤壁赋》中，同样闪现着这种智慧的光芒。面对人生须臾，江山无穷，登仙乏术的无可奈何，作者顺手以眼前的江水与明月作比，又转换变与不变两个角度看问题：

> 盖将自其变者而观之，则天地曾不能以一瞬；自其不变者而观之，则物与我皆无尽也，而又何羡乎？

巧妙地阐发了“物我无尽”、自然可以“共适”的大道理，从而转悲为乐，“客喜而笑”。这里既有老庄相对论的影子，又能见出禅宗“无住”思想的影响，达到了“庄禅”之境。

实际上，世界各种文化各种文明皆可找到相通点，庄子、禅学有很多方面是可以打通的，庄禅与儒学也是可以相通的。对儒释道三家思想的融汇并用，是东坡思想的一大特点，也是他直面困境、通达处世的精神支柱。

苏东坡的一生饱经风雨，充满了坎坷，对道家的虚

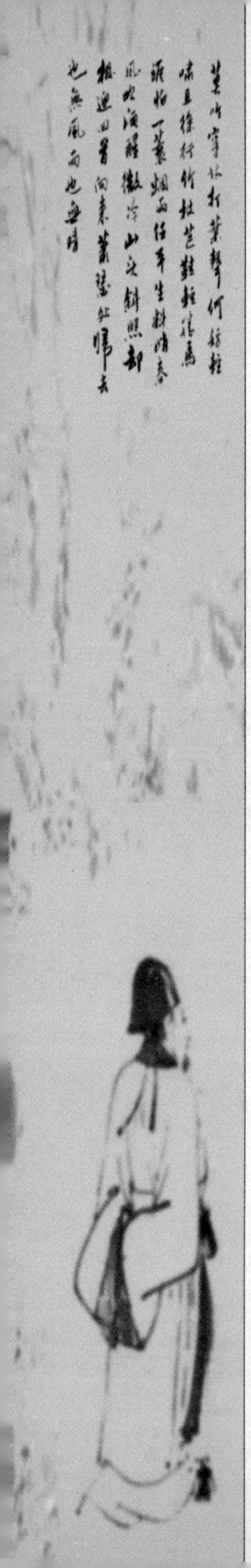

无、佛家的空幻思想体会颇深。“君看今古悠悠，浮幻人世间”（《哨遍》“睡起画堂”）；“腰跨金鱼旌旆拥。将何用，只堪装点浮生梦”（《渔家傲》“临水纵横回晚旆”）；“忧喜相寻，风雨过，一江春绿。巫峡梦，至今空有，乱山屏簇”（《满江红》）。既有一种虚无感和苍凉感，又表现出一种理性与辩证的思想。其“人生如梦”的反复慨叹，更是既包孕着人生虚幻无奈的悲剧性体认，又是东坡化解人生痛苦的思想武器。

在东坡词中，经常写到“风雨”，也常用“风雨”比喻仕途的危难和环境的恶劣。如“官里事，何时毕。风雨外，无多日”（《满江红·东武会流杯亭》）。居官之事没完没了，烦琐无聊，除了勾心斗角、争来吵去，没有多少舒心的日子。“思量，能几许，忧愁风雨，一半相妨”（《满庭芳》“蜗角虚名”）。仔细思量，人生能有多少欢乐的日子，一半的时光都被忧虑焦灼所妨碍，被人世纷扰所纠缠，充满了悲凉与无奈。但有时，他又借风雨加身写人生态度，表达不为风雨所摧折、不为坎坷所动摇的坦荡与从容。比如著名的《定风波》：

三月七日，沙湖道中遇雨。雨具先去，同行皆狼狈，余独不觉，已而遂晴，故作此。

莫听穿林打叶声，何妨吟啸且徐行。竹杖芒鞋轻胜马，谁怕？一蓑烟雨任平生。　料峭春风吹酒醒，微冷，山头斜照却相迎。回首向来萧瑟处，归去，也无风雨也无晴。

这是一首小题大作、即事抒怀的作品，作于元丰五年（1082）三月，即东坡被贬黄州后的第三个春天。序中提到的“沙湖”，在黄州东南。据《东坡志林》记载：“黄州东南三十里为沙湖，亦曰螺师店，予买田其间，因往相田得疾。”有一次，在去沙湖的路上遇到了阵雨。原就看天气不好带了雨具，可看看又不至于下起来，就叫人把雨具先拿走了。可骤雨忽至，衣服湿了，路又难行，同行的人都狼狈不堪，只有自己不在乎，从容自若，不一会儿天就放晴了。事后思索颇有感触，便作词以记。

途中遇雨，是实有之事，也是每个人都会遇到的极平常的事。面对猝不及防的风雨加身，有人会缩起脖子，冒雨前行；多数人会手足无措，四散奔跑，就如同八十年代港台流行歌曲《雨天即景》“哗啦啦啦下雨了，满街的人儿到处跑……”所描述的那样；也有人因心有所系，一时顾不上雨水临身的感受，如《红楼梦》中的贾宝玉，就因关心在地上画“蔷”字的龄官，忘了自己也身在雨中。而苏东坡，不仅在风雨来临时不慌不乱，反而能从容体会其个中滋味，吟啸徐行！可以说，人们在遭遇风雨时的不同反应及表现，能充分显示人们的不同心境与修养。正因为此，这首词虽从下雨写到雨停，但其意不在写遇雨的事件、经历，而是用比兴双关的手法，曲笔写胸臆，表达自己独特的人生体验和处世态度。

“莫听穿林打叶声，何妨吟啸且徐行。”用仄声字突兀而起，写对风雨的态度。风雨骤至，急促的雨点敲打在树叶上，声声入耳，但“莫听”，不要管它！“何妨”，很潇洒！“天有不测风云，人有旦夕祸福。”风雨加身既然无可避免，你何必去怕它！既然无遮无挡躲避不了，何不放慢脚步，且吟且啸不改常态地走下去。内心平静犹如闲庭信步，笑看风卷云舒。“竹杖芒鞋轻胜马，谁怕？一蓑烟雨任平生。”拄着竹杖，穿着草鞋，没有任何负累，比骑着马还轻快。我只是一介农夫，我已经是一

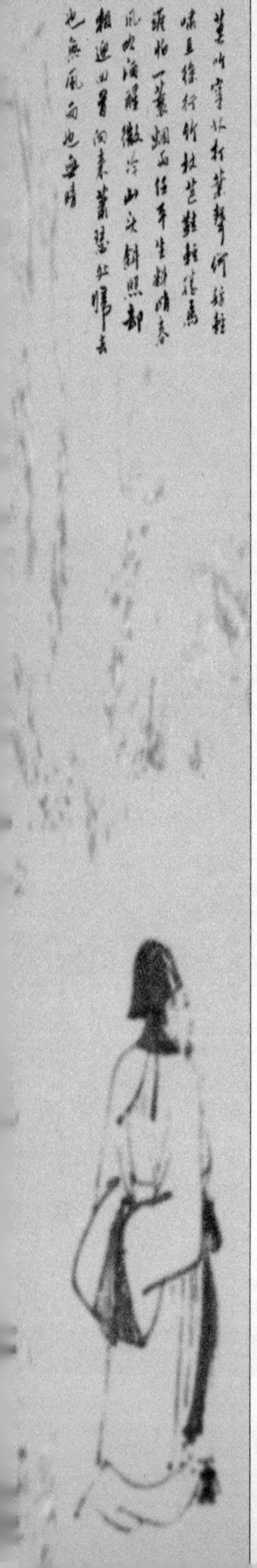

个草野闲人，贬官何妨，降职何碍！身披蓑衣，独钓江上烟雨，不也可以畅度此生吗？

这真是苏东坡特有的操守和定力，特有的潇洒和境界！其中蕴含着儒家哲学“富贵不能淫，贫贱不能移，威武不能屈”的坚毅与节操；有着道家一任自然的洒脱；也有佛教禅宗“不住于心”，“任运自在”的机智。这种操守与境界，说说容易，身体力行是要付出代价的。因为这种操守，东坡虽“名满天下，谤亦随之”，难怪朝云说他“一肚皮不合时宜”，他听后大笑，这笑声中有骄傲亦有苦涩！因为这种操守，他得罪当权小人，锒铛入狱，九死一生，个中辛酸非有一定阅历难以体会其万一。当然了，也正因为这种操守，让他活得心安理得，豪气冲天，而且赢得了百姓的爱戴和历史的公正评价！

“料峭春风吹酒醒，微冷。山头斜照却相迎。”风雨中虽处之泰然，但雨后经寒冷的春风一吹，才觉得酒醒了，一阵寒意袭上心头。人遭遇患难与挫折之后，痛定思痛，常会有寒冷悲凉的感觉，这是人之常情。但抬头一看，云已散开，夕阳斜照。虽是西斜的落日，但毕竟雨过天晴，暖意融融。这既是雨后风光的实写，又充满了辩证法，是苏东坡特有的通达思想的反映，当然也有着道家思想的影响。正如陶渊明《饮酒》其一所言：“衰荣无定在，彼此更共之。”亦如《老子》所说：“祸兮福之所倚，福兮祸之所伏。”阴晴冷暖，祸福衰荣，常常是一体两面，故没有必要为风雨灾祸所苦，也没有必要为斜阳荣华所喜。正是这种颇为辩证通达的思索，引出好似参禅的结拍：

“回首向来萧瑟处，归去，也无风雨也无晴。”雨过天晴，回头看看走过的路，那雨打风吹处，已烟消云散，斜阳也收敛了光辉，一切都成为过去，一切皆归于平静。

人生不也是如此吗？经历过祸福荣辱之后再回首，似乎一切的荣辱得失都不再重要，人会变得更平和而从容。“心无挂碍，无挂碍故，无有恐怖。”（《心经》）只要有一颗通达无碍的平常心，就可以把阴晴得失等量齐观，不会因春风快意而转移，也不会因风雨吹打而改变，我还是我。

十五年后，东坡遭贬儋州，在《独觉》一诗中，他又重新弹唱“回首向来萧瑟处，也无风雨也无晴。”正是依靠了这份平常心，他又寻找到了生机与乐趣，最终走出了天涯海角。

这首小词，借助途中遇雨的生活小事，把“立身之志意，与超然之襟怀做了泯灭无痕的最好的融汇和结合”（叶嘉莹《论苏轼词》），同时也融合了儒释道三家的哲学思想，体现出了苏东坡的大胸怀、大境界，大智慧，“足征是翁坦荡之怀，任天而动”（郑文焯《手批东坡乐府》）。

伟大的俄罗斯诗人普希金说：

如果生活将你欺骗，不必忧伤，不必悲忿！
懊丧的日子你要容忍：请相信，欢乐的时刻会来临。

心灵总是憧憬着未来，现实总让人感到枯燥。
一切转眼即逝，成为过去；而过去的一切，都会显得美妙。

人生的所谓得与失，在很多时候并无实际意义，重要的是心态。正如中国国家足球队前教练米卢所说：“态度决定一切。”由心情引起的得与失，比起物质上的得失来，更为重要。人无权选择命运，但可以选择

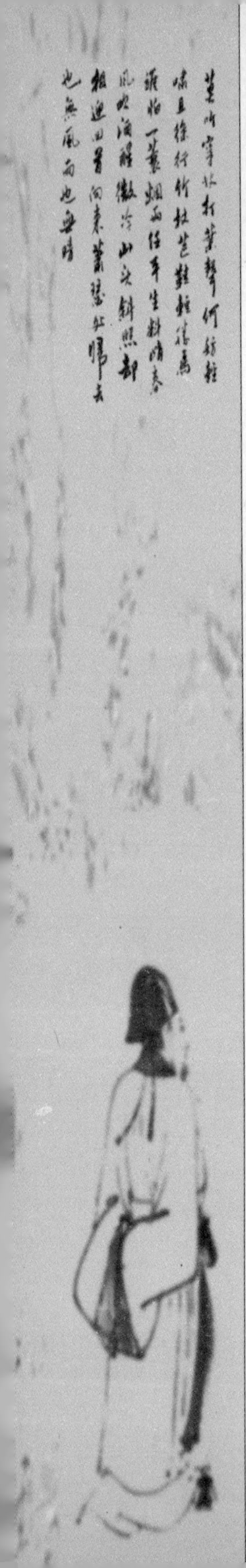

态度。无论境遇如何，只要有一颗坦然豁达的平常心，就没有迈不过去的沟坎，你的人生就会充满阳光。

滚滚长江东逝水

——时空视野

历史是人类过往人生情境的记录与回忆，又是现实及未来社会人生的一面镜子。它与现实既有联系，又拉开了一定的距离，故容易唤起人们的文化认同，也容易供人们冷静、自由地比较与反省。咏史怀古之作，所吟咏的对象或为历史人物、历史事件，或为历史遗迹、朝代更替；其抒情方式常常是居今评古，以古鉴今，思接千载，借古抒慨，具有特殊的意蕴和张力。其名篇佳作数不胜数，如陈子昂的《登幽州台歌》、杜甫的《蜀相》、刘禹锡的《西塞山怀古》、王安石的《桂枝香·金陵怀古》等，真可谓是洋洋大观。

优秀的咏史怀古诗词，既包含着丰富的历史知识，又渗透着作者独特的见识与人生体验，是诗意与理性的融合，审美与明智的相通。既含蓄隽永、耐人寻味，又启人心智，洞彻物理。尤其是“观古今于须臾，抚四海于一瞬”的思维方式与时空视野，开人眼界，阔人心胸，使人受益无穷。

史学为三苏家学，亦是三苏学问之根底。苏洵长于

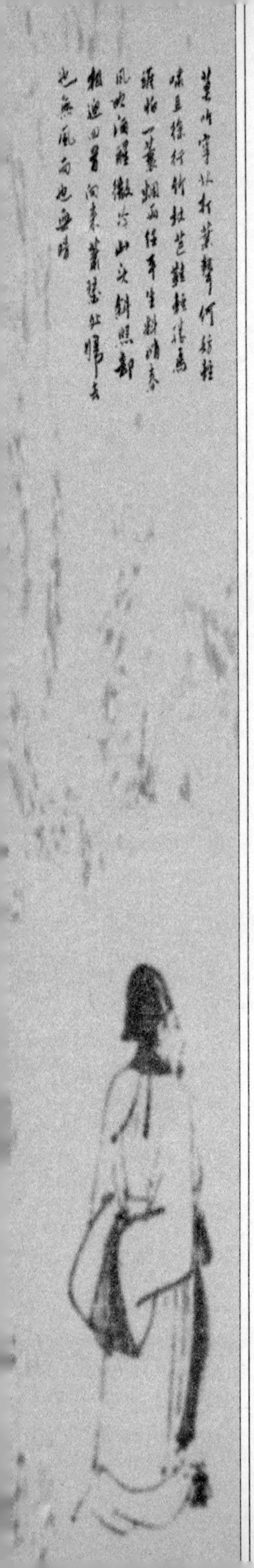

史论与政论，“大究六经百家之说，以考质古今治乱成败、圣贤穷达出处之际，得其精粹”（欧阳修《故霸州文安县主簿苏君墓志铭》），如散文名篇《六国论》等。程夫人则重视以史学教子，“每称引古人名节以励之”（司马光《苏主簿夫人墓志铭》）。苏辙最擅长的亦是政论与史论，晚年仍著《历代论》五卷，并在《引》文中说：“父兄之学，皆以古今成败得失为议论之要。”尤其是苏东坡，“自七八岁知读书，及壮大，不能晓习时事，独好观前世盛衰之迹，与其一时风俗之变，自三代以来，颇能论著”（《上韩太尉书》）。东坡一生中写了大量的史论、史评，常能翻空出奇，提出独到见解。平生最后未完成的论著《志林》，也是史评著作。为了研读史书，他还提出过著名的“八面受敌”法：

每次作一意求之。如欲求古人兴亡治乱、圣贤作用，但作此意求之，勿生余念。又别作一次求事迹故实、典章文物之类，亦如之。他皆仿此。此虽迂钝，而他日学成，八面受敌。（《与王庠五首》之五）

如此精心的读书方法，使他学识渊博、根基扎实、见识深远。而且，深厚的史学修养，更有助于他开阔的视野和旷达心胸的养成，也使得他的许多作品有着浓浓的历史感，使他的生命与人生显现出一种丰富、厚实感。东坡的怀古词不多，但质量很高，影响深远。我们先看看他作于徐州的《永遇乐》：

明月如霜，好风如水，清景无限。曲港跳鱼，圆荷泻露，寂寞无人见。紞如三鼓，铿然一叶，黯黯梦云惊断。夜茫茫，重寻无处，觉来小园行遍。　天涯倦客，山中归路，望断故园心眼。燕子楼空，佳人何在，空锁楼中燕。古今如梦，何曾梦觉，但有旧欢新怨。异时对，黄楼夜景，为余浩叹。

这首词有一简短序言：“彭城夜宿燕子楼。梦盼盼，因作此词。”“彭城”，即江苏徐州的古称。“燕子楼”，相传是唐朝检校工部尚书张建封之子张愔任徐州刺史时，为爱妾盼盼所建。“盼盼”，姓关，本为徐州有名的歌伎，张愔纳之为妾，恩爱有加。张死后，“盼盼念旧爱而不嫁，居是楼十余年”（白居易《燕子楼三首序》），后来往往不食，终死于此楼。元丰元年（1078）秋天的一个夜晚，东坡宿于燕子楼，梦到关盼盼，醒后发出无限感慨，于是写下了这首怀古感今的佳篇名作。

“明月如霜，好风如水，清景无限。”作者用极平淡的语言，描绘了清新迷人的夜色，表达了由衷的赞美之情。虽然以霜喻月光较为常见，但配以别致的以水喻风的句子，就既写出了月之皎洁与风之清凉柔和，又传达出了在清风吹拂下，通体如沐浴般清爽舒适的感觉。用字造句之妙，如同陶渊明的“微雨从东来，好风与之俱”（《读山海经十三首》其一），“有风自南，翼彼新苗”（《时运》），自然平淡之中给人以清凉而真切的感受。“曲港跳鱼，圆荷泻露，寂寞无人见。”弯曲的池塘里，不时听到鱼儿跃出水面；圆圆的荷叶上，有露珠儿滚动，清风一吹，露珠便跌落下来。只可惜这么美的景致却无人看见，令人感到落寞、惋惜。

这几句写景真是体察入微，清新优美，在寂静之中写出了活泼的生命律动，表现了诗人极细腻、敏感的一面；且以动衬静，更显夜景之清幽。

“紞如三鼓，铿然一叶，黯黯梦云惊断。”更鼓声响

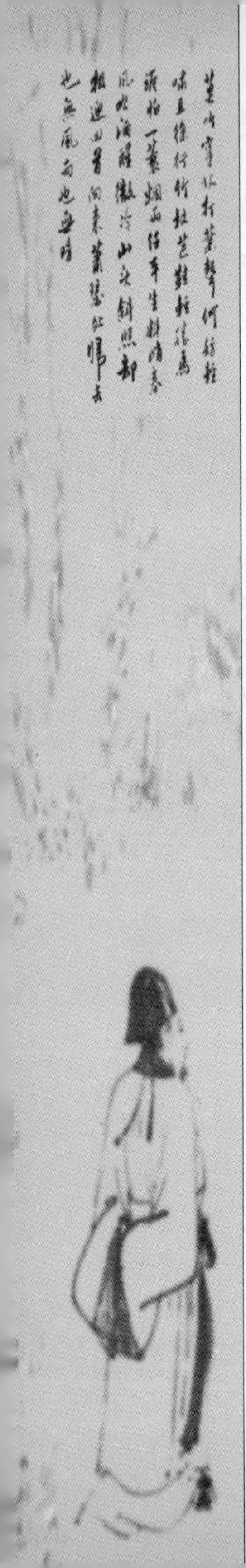

过三遍，夜已三更（午夜十一点到凌晨一点）。诗人从沉沉睡梦中被更鼓声惊醒，他茫然地睁开双眼，四周太安静了！就连落叶的声音听起来都如同金石碰撞般的清脆。梦景如何呢？只用了“梦云”二字一笔带过，既暗用了宋玉《高唐赋》中楚王梦巫山神女自称“旦为朝云，暮为行雨”的典故，使梦中盼盼的形象有如巫山神女般风姿绰约，又营造出如云雾般迷离渺茫的氛围而扣住题序。文约意丰，含蓄而富于韵味。“夜茫茫，重寻无处，觉来小园行遍。”梦醒之后，夜正深沉，诗人再也无法入睡，为追寻被惊断的梦境，起身走到小园之中，却再无踪迹。不由得心绪茫然，怅然若失。

到这里我们发现，这上片词的结构用的是倒叙笔法。开篇六句写景皆遍行花园寻梦时所见之景，却不言明，而是倒回去插入“三鼓”“梦云惊断”，于是有了小园寻梦之举，有了“寂寞无人见”的美景发现。章法多变，极有韵味。诗人的内心感觉如何呢？下片便抒发梦醒后的种种感慨。

“天涯倦客，山中归路，望断故园心眼。”似乎在反省追问自己，有深沉的身世之感。自己虽名满天下，但不屈己苟合，只好远离朝廷辗转外任，几番调动，好似疲倦的旅客。几次遥望故乡盼望回归，可“归去来兮，吾归何处，万里家在岷峨”（《满庭芳》）。做官做的不如意，思乡心切又不能如愿，凄楚而无奈。但他总是能从悲哀之中解脱出来，怎么解脱呢？下面便切入关盼盼之事。

“燕子楼空，佳人何在，空锁楼中燕。”直接咏关盼盼情事，用事而不为事所役。想当年英雄美人，生死节义，真是千古佳话！可如今，这段情在哪里呢？当年的佳人又在哪里呢？一切都烟消云散，只有燕子仍筑巢于楼中，似乎在呢喃着什么。用十三个字深情慨叹人去楼空，物是人非，人生无常。此语颇受好评，影响深远，《红楼梦》“葬花吟”一诗中“三月香巢已垒成，梁间燕子太无情”之语，即脱胎于此。

“古今如梦，何曾梦觉，但有旧欢新怨。”古往今来，人生皆如梦境一般。佛家说“色即是空”，“凡所有相，尽皆虚妄”，一切色相的东西都是虚空。但是，“旧欢新怨”未断，人们什么时候真正的从梦中清醒过？这里的“梦”，既呼应上片诗人被惊醒的“梦云”，又上升到了人生哲学的高度，放在了古今历史的长河之中。人们纠缠于、沉浸于欢爱怨恨、得失荣辱之中，何曾有过真正的超脱？人常常如此，过去了的、找不回来的、得不到的，就觉得它很好、很珍贵；眼前的、到手的就有很多的不满意，不知道珍惜。如此年复一年，不知觉悟。诗人由盼盼之事，推及人生，有世事如梦，人生无常的感伤，又有对历史与人生的思索与彻悟。

“异时对，黄楼夜景，为余浩叹。”“黄楼”，为东坡建于徐州城东门的建筑物。作此词前一年，即熙宁七年（1077）的八月，黄河决堤，殃及徐州，东坡亲率军民击退洪水。第二年又筑堤以防洪水再至，并根据传统五行生克的学说，水受制于土，而土为黄色，建黄楼以镇水势。作此词前不久，有三十几位名士欢聚黄楼，庆祝黄楼落成。但在东坡逝去的将来，黄楼也将成为他的遗留物。因此，作者说，我现在凭吊燕子楼，将来也一定会有人面对黄楼夜景，为不见我的踪迹而大声叹息！这就是人生，就是历史，思虑相续，感叹不尽！

人生的空幻、无常感，一般是从现在回忆过去时感受到的，而苏东坡的视点却转向了自己不在的将来，想象将来有人因自己不在，“黄楼”空锁而悲叹，视野极

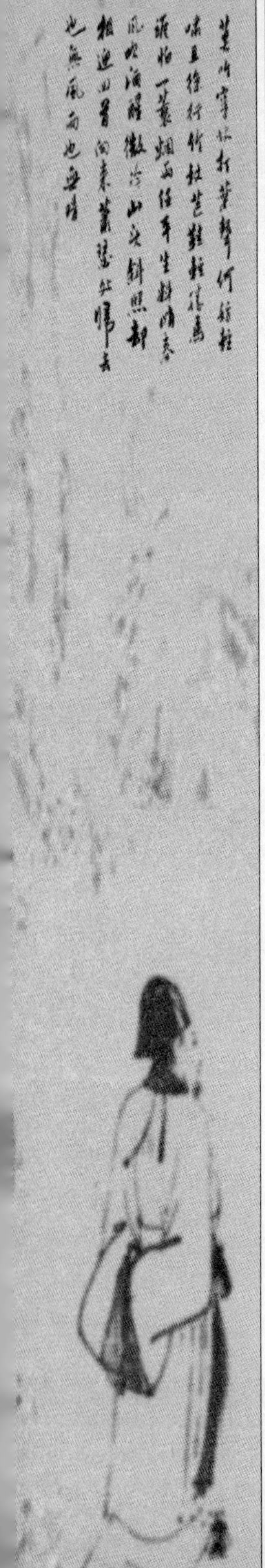

为广远，思考极为通达。这种写法，让人想起王羲之的《兰亭集序》，想起其中“俯仰之间，以为陈迹”，“后之视今，亦犹今之视昔”的醒世恒言！也让人想起东坡在密州时就发出的“浩叹”：“君不见兰亭修禊事，当时座上皆豪逸。到如今修竹满山阴，空陈迹。”（《满庭芳》）。真是“视通万里，思接千载”，意境浩茫而深邃。

明人沈际飞指责此词：“园、楼、梦、觉，犯重。”（《草堂诗余别集》）岂不知这正是东坡作词一大特色。他常常用重字强调某种思索或情意，以达到特殊的表达效果。如《水调歌头》（明月几时有）、《蝶恋花》（花褪残红青杏小）、《减字木兰花》（春牛春杖）等词，皆善用重字表情达意。这首词正是由“小园”思“故园”，由“燕子楼”写“黄楼”，借“梦盼盼”引出“古今如梦”的大思考，借从梦中“觉来”抒发“何曾梦觉”的人生慨叹。作者不仅以史鉴今，而且以史鉴己。以巨大的时空视野洞穿悠悠历史，反思现实人生，放眼茫茫未来，也包括自己的现在与将来，从而达到对“旧欢新怨”，甚至是功名政绩的超越。

为什么这样说呢？词作中虽有“望断故国心眼”的悲怨，但既言“古今如梦，何曾梦觉，但有旧欢新怨”，就是说哪一个人没有欢爱悲怨，自己又何苦因此沉入“梦”中不能觉悟呢？“黄楼”是苏东坡徐州政绩的象征，东坡却只把它看作自己死后的遗留物，认为功名政绩也很快会成为过去，也是一场梦幻，没有必要沾沾自喜。在《送郑户曹》一诗中，东坡也表达了类似的思想：“他年君倦游，白首赋归来。登楼一长啸，使君安在哉？”

这种把自己摆进时间流程、历史进程，由古鉴己的格局与胸怀，大气而明智。它启示我们：视野开阔，胸怀便会宽广，便不会为一些鸡毛蒜皮的事斤斤计较。当你为了恩怨情仇想不开时，为了争名夺利愤愤不平时，想到“俯仰昔人非”，便会仰慕“东坡老，白首忘机”（《八声甘州》）；当你总爱抱怨、嘲笑别人时，想到自己将来也会成为被褒贬的对象，便会检点自己，修养自己。

表现东坡这种大视野、大格局、大气象的词作，最著名的当推《念奴娇·赤壁怀古》：

大江东去，浪淘尽，千古风流人物。故垒西边，人道是、三国周郎赤壁。乱石穿空，惊涛拍岸，卷起千堆雪。江山如画，一时多少豪杰。　遥想公瑾当年，小乔初嫁了，雄姿英发。羽扇纶巾，谈笑间、樯橹灰飞烟灭。故国神游，多情应笑我，早生华发。人生如梦，一樽还酹江月。

这首词作于元丰五年（1082），东坡遭贬黄州的第二年，大概和《赤壁赋》的创作同时。这是一首“须关西大汉，执铁绰板”（宋·俞文豹《吹剑续录》）而唱的词，是一首“感慨千古，果令铜将军于大江奏之，必能使江波鼎沸”（明·王世贞《艺苑卮言》）的“古今绝唱”（宋·胡仔《苕溪渔隐丛话》）。其撼人心魄处，既在于写景雄奇，感慨深沉，气势豪迈，意境恢弘；更在于体现出了一种“通古今而观之”（叶嘉莹《唐宋词十七讲》）的眼光与气度。

“大江东去”四个字，展现出了江水波涛滚滚，奔流向东而去的浩大广远景象，眼界开阔而高远。“浪淘尽、千古风流人物”一句，则由眼前江水想到了历史人物。古往今来，无数的英雄豪杰叱咤风云，建功立业，其豪迈的气概，自强不息的精神千古传颂。但其人物身影，却如同这大浪淘沙一样，被岁月的洪流所淘洗、淹

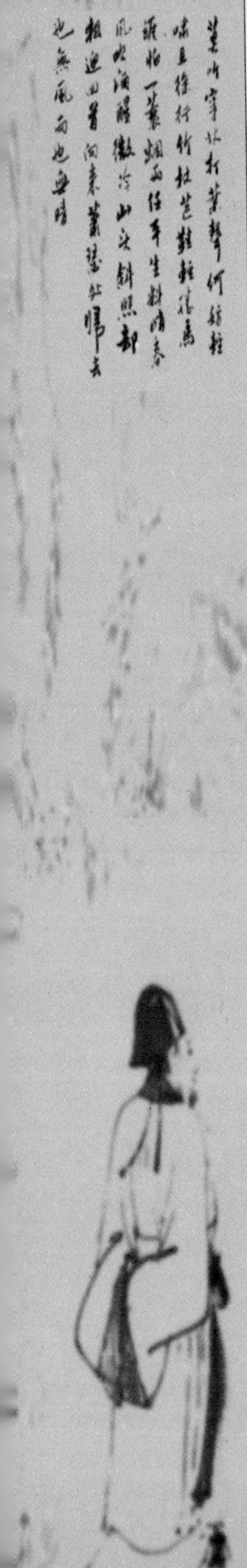

没了。作者登高眺远，把眼前景与心中情，地理空间与历史时间、滔滔江水与英雄人物融汇统一，展现了一个广阔博大的时空背景，在深沉的感慨之中体现出了历史的通观和气魄的宏大。

“故垒西边，人道是、三国周郎赤壁。”便由普泛的对江山、人物的感想，归结到赤壁之战的历史遗迹上来。江汉一带，名为“赤壁”的地方有好几处，东坡游的湖北黄冈“赤壁”，并不是当年周瑜破曹的所在地。但文学家有发挥想象的自由，常常借他人之酒杯，浇自己胸中之块垒。而且，东坡用了“人道是”三字，下笔极有分寸：在那旧时营垒的西边，据人们说，是三国时周瑜大破曹军的赤壁。“赤壁”而冠以“三国周郎”，有特殊的意义。周瑜二十四岁时，就做了建威中郎将，“吴中皆呼为周郎”。赤壁之战中，他方三十四岁，就指挥三万孙刘联军，以少胜多，以弱克强，打败了号称八十万的曹魏大军，使三国鼎立局面正式形成，赤壁也因此成为名胜。因此，从“三国周郎赤壁”的冠称中，流露出了东坡对周瑜英雄伟业的无限向往之情。

“乱石穿空，惊涛拍岸，卷起千堆雪。”那两岸陡峭的山峰，参差险峻，突兀地刺向空中，令人生畏；那汹涌激荡的波涛，拍打着江岸，让人心惊；水石相击，卷起无数的浪花，远望如千万堆的白雪，令人叹为观止。仅用十三个字，就把赤壁江山的雄奇壮丽，描绘得如泼墨国画，酣畅淋漓。

“江山如画，一时多少豪杰。”既用“如画”二字概写赤壁景象的奇伟壮美，难以尽述；又由江山胜景联想起九百年前那一场惊心动魄的赤壁大战，想起群雄的风云际会。曹魏、东吴、刘备集团，“一时多少豪杰”！得胜者固然是英雄，失败者也不失豪杰本色。在深情感叹之中，又把江山景物和古今历史结合了起来，由对江山景物的空间描绘，转移到了对英雄人物的历史追怀。

“遥想公瑾当年，小乔初嫁了，雄姿英发。”在《赤壁赋》中，作者重点追怀“固一世之雄也”的曹操，在这里则集中追慕周瑜。“公瑾”，是周瑜的字。据《三国志》记载，周瑜“长壮有姿貌”，一表人才，又为人诚挚，人称“与周公瑾交，如饮醇醪。”他精通音律，如演奏稍有差误，他马上就能察觉，所谓“曲有误，周郎顾。”他婚姻美满，娶到了著名美女“二乔”中的小乔，可谓才华、事业、家庭皆令人称羡。虽然他指挥赤壁之战时，已结婚十年，这里却说“小乔初嫁”，是用美人衬英雄的手法，突出周瑜的年轻得意、英姿勃发。“羽扇纶巾，谈笑间、樯橹灰飞烟灭。”概写周瑜指挥破曹的神情气派。在两军对垒的战场上，他居然不着戎装，而是头戴青丝巾，手摇羽毛扇，从容镇定，风流儒雅，谈笑之间就让敌军“灰飞烟灭”。又是仅用十三个字，就把历史上有名的赤壁之战，渲染得惊心动魄；把儒将周瑜的气度风采，描绘得形象生动，神完气足。

“故国神游，多情应笑我，早生华发。”思绪从对历史的怀想转回到现实，由周瑜的英雄功业想到自己年华老大，却沦落无成，悲从中来。但苏东坡之了不起之处就在于，他把自己也摆进了古今通观之中，自己既是历史长河中的一粒沙石，又是历史烟云的冷静旁观者。所以他想象，周瑜如果地下有知，其英灵重游这赤壁古战场的话，他会笑我苏东坡太多情善感，不能忘情于世事，以至于早早的白了头发。“人生如梦，一樽还酹江月。”这两句什么意思呢？有人一见到“人生如梦”的慨叹，就说是消极、颓唐，我却不这样理解。

东坡似乎在说：从九百年前的赤壁群雄会聚，到今

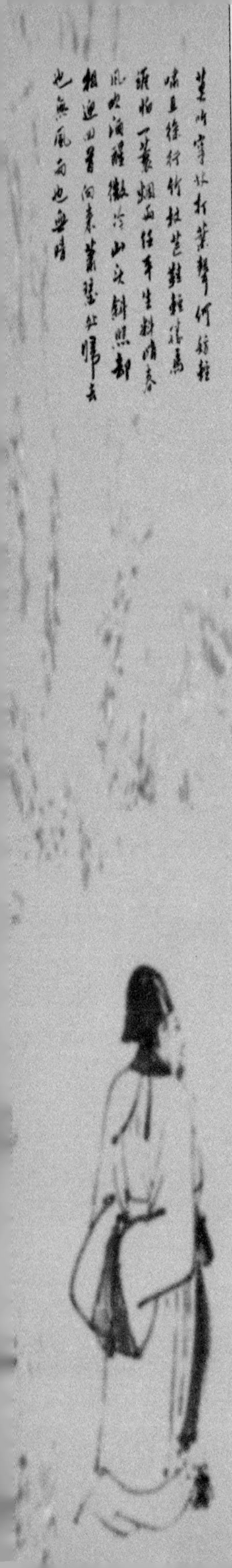

天自己凭吊江山历史，就如同弹指一挥间，给人一种梦幻般的极不真实的感觉。什么帝王将相，英雄豪杰，平民百姓，政客谋士，皆是历史长河的匆匆过客；功名利禄，得失荣辱也如过眼云烟。自己身为迁客逐人也好，草野农夫也好，都终将成为过去，有什么必要计较呢？他的视野及思绪最终回到了眼前的江水与明月。

周瑜、曹操等风流人物的身影已经远逝，但其精神气魄没有飘落，而如皓月经天、江水长流。而我们自己呢，只要心中有了对这种精神的向往与追寻，也就可以与天地自然同在了。何况这江水自然，“耳得之而为声，目遇之而成色；取之不尽，用之不竭，是造物主之无尽藏也，而吾与子之所共适。”（《前赤壁赋》）这是我们的精神所寄，是我们唯一可以拥有并享用的。我就姑且把这千古成败之慨，连同个人的得失悲欢一并丢开，举起一杯酒洒地，敬奉这江水明月吧。悲慨之中有一份大超脱，心境的空明亦如江水明月一样的澄澈。

综观全词，历史通观的视野与胸怀贯穿全篇，才使得这首词境界开阔，气魄博大，感情激荡，内涵丰厚。词中既有古今对比壮志未酬的痛苦，又有宏大视野的一种达观；既有时不我待、人生虚幻的空漠，又有对现实与理想的执着。在对江山胜景，英雄豪杰充满力度与豪情的描绘赞叹中，体现出诗人不凡的心胸与气度；在气定神闲的酒祭江月中，又让人感受到有如江水明月般的平和与自在。

这首词极有魅力，影响深远。因为此词，后人将东坡所游之黄州赤壁，名之曰“东坡赤壁”。《念奴娇》这个词牌，也获得了《大江东去》、《酹江月》等别名。元代伟大的戏曲家关汉卿，在《单刀会》一剧中化用此词，作成《双调新水令》、《驻马听》二曲，慷慨苍凉，历来为人击节赞赏。这里引录二曲如下：

[双调新水令] 大江东去浪千叠，引着这数十人，驾着这小舟一叶。又不比九重龙凤阙，可正是千丈虎狼穴。大丈夫心别，我觑这单刀会似赛村社。

[驻马听] 水涌山叠，年少周郎何处也？不觉的灰飞烟灭，可怜黄盖转伤嗟。破曹的樯橹一时绝，鏖兵的江水犹然热，好叫我情惨切！（云）这也不是江水，（唱）二十年流不尽的英雄血！

到明代，杨慎作《临江仙》一词，借东坡此词开篇两句导入，大气磅礴，感慨深沉，动人心魄。

滚滚长江东逝水，浪花淘尽英雄。是非成败转头空。青山依旧在，几度夕阳红。　白发渔樵江渚上，惯看秋月春风。一壶浊酒喜相逢。古今多少事，都付笑谈中。

进入清初，毛纶、毛宗岗父子又把杨慎的这首词，移置于历史演义小说《三国演义》之首，作为开篇词，权令雅俗共赏。时入现代，作为八十四集电视连续剧《三国演义》的序曲，男中音杨洪基宏厚的唱腔，更是唱得人心潮跌荡，浮想联翩。而苏东坡的原唱《念奴娇·赤壁怀古》，也仍然在震撼着我们的神经，拓展着我们的胸怀。

东坡词怀古的另一种方式，是用追和、隐括、集句等形式与古人对话，穿越时空阻隔寻求自己精神上的安慰与激励。东坡最仰慕的前代诗人，当然是陶渊明。既说“梦中了了醉中醒，只渊明、是前生”（《江城子》），

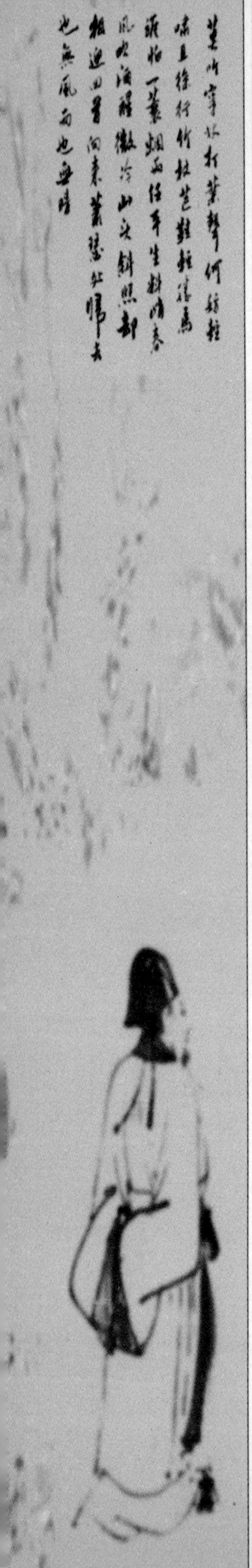

隐括其《归去来兮辞》，作《哨遍》（为米折腰）；又对陶诗逐首追和，亲手编订《和陶集》，表现出对陶渊明其人其诗的自觉学习，也是东坡胸襟旷达，困不改志的一种象征。故黄庭坚《跋子瞻和陶诗》这样写道：

子瞻谪岭南，时宰欲杀之。
饱吃惠州饭，细和渊明诗。
彭泽千载人，东坡百世士。
出处虽不同，风味乃相似。

东坡倾心的唐代诗人有好几位，如李白、杜甫、刘禹锡、李商隐、杜牧等。或集其字句为诗，或在诗词中每每称引之，其中最突出的是杜牧。

杜牧与李商隐并称为“小李杜”。其为人关心国事，有政治抱负，且“刚直有奇节”（《新唐书》），不愿趋炎附势，又生当牛李党争时期，故一生怀才不遇。其诗歌以七言律绝见长，尤以七言绝句最为出色。俊爽圆润、风华流美，气势豪迈、见识过人。东坡对杜牧诗十分熟悉，在集句词中大量征引杜牧诗句，又能在各类词中信手隐括其名句。如在《临江仙》（尊酒何人怀李白）一词中，“珠帘十里卷春风”一句，便隐括了杜牧《赠别二首》中的“春风十里扬州路，卷上珠帘总不如”，自然贴切，又增加了无穷情趣。

有时，东坡又自比杜牧，表现出对杜牧精神个性的认同，如《临江仙·送李公恕》：

自古相从休务日，何妨低唱微吟。天垂云重作春阴。坐中人半醉，帘外雪将深。　闻道分司狂御史，紫云无路追寻。凄风寒雨是骎骎。问囚长损气，见鹤忽惊心。

此词上片写送别宴会，下片写惜别之情。“闻道分司狂御史,紫云无路追寻”两句，用了杜牧的事典。据孟棨《本事诗·高逸第三》记载：杜牧任监察御史驻守洛阳时，李司徒常大摆宴席宴请宾客，因杜牧负有监察之责，不敢邀请，可杜牧却自愿出席。在酒席上，他独自饮酒三杯，向李司徒问道：“闻有紫云者，孰是?”并对歌女紫云注视良久后说：“名不虚得，宜以见惠。”引得满堂大笑，歌女们亦“回首破颜”。杜牧则“又自饮三爵，朗吟而起曰：‘华堂今日绮筵开，谁唤分司御史来。忽发狂言惊满座，两行红粉一时回!’意气闲逸，旁若无人。”东坡以杜牧自比，仰慕其不介意世俗拘束、世俗评议的闲逸之态与自由精神。

最值得注意的是，元丰三年（1080）重阳节，东坡与新任黄州太守徐君猷同登栖霞楼，隐括杜牧《九日齐安登高》一诗，作《定风波·重阳括杜牧之诗》，“为佳节助兴，与新守共赏。”（邹同庆、王宗堂《苏轼词编年校注》）。杜牧其诗曰：

江涵秋影雁初飞，与客携壶上翠微。
尘世难逢开口笑，菊花须插满头归。
但将酩酊酬佳节，不用登临怅落晖。
古往今来只如此，牛山何必独沾衣。

九月九日，自汉末起因时令成为节日，因为“岁往月来，忽复九月九日。九为阳数而日月并应，俗嘉其名，以为宜于长之，故以享宴高会。”（曹丕《九日与钟繇书》）有登高、饮菊花酒、插带茱萸等习俗，表达了人们驱邪避害，乞求健康长寿的愿望，也容易引发人们的忧

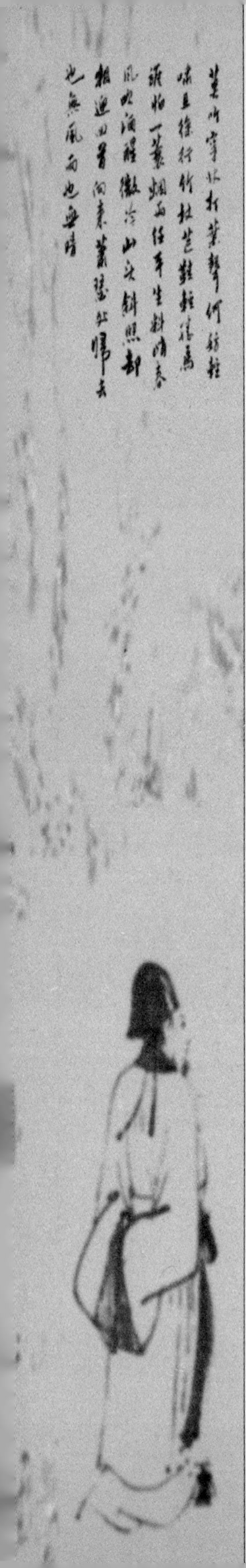

生之嗟和怀人之悲。杜牧此诗则写得不同常情，别具一格。

“牛山何必独沾衣”一句，典出《列子·力命》，指春秋时齐景公游牛山引发恋国畏死的悲戚之情，杜牧对此不以为然，有讥讽之意。从全诗看，虽也有“尘世难逢开口笑”的伤感，但用爽朗清新的语言，既写了应其习俗，登山饮酒赏花等欢度佳节的活动，又表现出了诗人乐观、洒脱、旷达的个性精神。东坡独喜此诗，隐括为词写道：

> 与客携壶上翠微，江涵秋影雁初飞。尘世难逢开口笑，年少，菊花须插满头归。　酩酊但酬佳节了，云峤，登临不用怨斜晖。古往今来谁不老，多少，牛山何必更沾衣。（《定风波·重阳括杜牧之诗》）

借助跌荡起伏，爽朗奔放的声韵词调，既保留继承了小杜诗洒脱旷达的个性精神，又凸显了东坡处逆境仍乐观通达的品格风采，且形神相谐，声情并茂，有一种感动人心的魅力，堪为小杜之异代知音。

历史是非常重要的一门学问，鉴往知来，所以司马光写的史书才叫《资治通鉴》。“一个国家，一个民族，一定要清清楚楚认识自己国家民族的文化和历史，尽管它有不好的地方你要扬弃，但首先你要对它有了解。”“作为一个人，也应该有一种历史的观点，才不致把小我的利害计较得很多，也才不会把小我的忧患看得那么沉重，因为有古今许多历史人物和你在一起担负了这些盛衰兴亡的悲慨。这正是苏东坡能够有他旷达一面的原因之一。”（叶嘉莹《唐宋词十七讲》）

面对悠悠历史，追怀古代前贤，苏东坡既尚友古人，借异代知己激励自己，心怀家国天下，达观地直面人生困境；又把自己纳入历史洪流之中，通古今而观之，获得了极开阔的时空视野，极广博的胸怀气度，淡化了人生苦难，也摆脱了功名的牵累。表现出俯仰今古，脱俗忘机的超拔之气，带给了我们一种豁达、高远、大气与空灵。

东坡之后，有两个人对待历史的态度让人备受触动，铭感于心。一个是元代的“曲状元”马致远，一曲【双调·夜行船】《秋思》，如同《红楼梦》中的“好了歌”，否定功名富贵，慨叹人生的朝不保夕，其悲观虚无之感，令人寒慄；其冷静深刻处，足以让贪欲无穷者、得意忘形者出一身冷汗。另一个是现代伟人毛泽东，其活用历史的政治智慧与军事才能，超凡绝伦。“问苍茫大地，谁主沉浮”（《沁园春·长沙》）的一腔豪情，“数风流人物，还看今朝”（《沁园春·雪》）的胸怀气魄，让人高山仰止。

我国有五千年的文明史，历史资源非常丰富，人们对历史资源的兴趣也强烈而持久。古代小说戏曲自诞生起就和历史有不解之缘，今天历史题材的电影电视更是铺天盖地，即便在由专家、学者主讲的《百家讲坛》电视节目中，《史记》、《三国志》、清史等历史题材，也成为雅俗共赏的主要节目内容。这对普及历史知识，增强人们的历史意识，借古以鉴今，振兴中华民族的文化精神，都有莫大的好处。但需要提醒人们冷静地思考：我们该如何对待历史，该向历史汲取什么样的营养和教训？

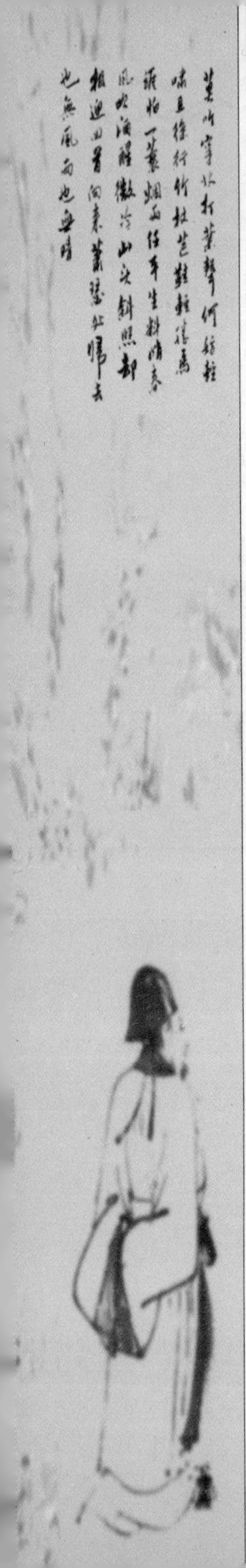

归来分得闲中趣

——审美心态

快乐与幸福，是每个人都想拥有的，但能否获得，既与外在的环境、条件有关，更取决于人们内在的感觉与体验，心理状态与精神境界。科技的昌明、经济的发达、物质的充足，解决不了人们精神的饥渴与迷茫；事业的成功、功名的获得、财富的聚敛，也许能带给人一时的兴奋与满足，却不一定代表心境的快乐与精神的安适。

随着市场经济对利益最大化、效益最大化的追求，人们越来越急功近利，越来越世俗实际。人们在享受工业化、城镇化、信息化、国际化极大便利的同时，也存在着沦为信息奴仆、工作机器的异化危险。人们的精神世界被挤压得很小，情绪、心态常常被现实功利所左右，难以自主。很多人感慨活得太累，太茫然，不知道生活的本来意义到底是什么。

如何才能化解精神的紧张与焦灼，安顿一颗躁动不安的心灵，做到既积极有为、勇于担当，又获得心态的平和与精神的快慰，仍然是困扰许多人的大问题。

鉴于此，与乐观旷达的苏东坡作一番精神对话，重新品位其审美心态与诗化境界，应该是一件十分有意义的事情。

苏东坡的人生之路坎坷不平，患难不已。既有过名动京华、皇帝称赏的无限风光，又尝过牢狱之苦、生死考验的灭顶之灾，饱经了大喜大悲、大起大落的情感颠簸。因此，他对自然、社会、人生的体验才深刻，对功名利禄、荣辱得失的认识才清醒，对精神家园的向往才强烈。

元丰八年（1085），宋神宗驾崩，年仅十岁的哲宗即位，太皇太后高氏垂帘听政，起用与苏东坡同属旧党、又私交甚好的司马光为相，政治局势发生了翻天覆地的变化。六月份，东坡以逐臣贬员的身份，被起复朝奉郎知登州，预示着仕途春天的到来。但他却表现得分外冷静而理性。如《蝶恋花·述怀》：

云水萦回溪上路。叠叠青山，环绕溪东注。月白沙汀翘宿鹭。更无一点尘来处。　溪叟相看私自语。底事区区，苦要为官去？尊酒不空田百亩。归来分得闲中趣。

此词作于常州宜兴，东坡在这里买有田庄，是他“买田阳羡吾将老”（《菩萨蛮》），准备归隐终老的地方。上片写阳羡夜景：溪水萦回，青山叠叠，在明月朗照之下，“空里流霜不觉飞，汀上白沙看不见”，露宿沙滩的白鹭被月光惊扰得纷纷抬首张望，真是“江天一色无纤尘”（张若虚《春江花月夜》）。下片写在这样恬静清丽的月夜，自己却不得不离开这“溪山好”的地方，启程去登州赴任，再入尘俗纷扰的官场，心中的不舍与矛盾。

他先借溪边老者的不解与自语，写自己内心的挣扎与自叹：我到底为了什么，还要辛辛苦苦地去做官呢？结拍两句，则明确表达了归隐田园，享受闲趣的情感意向。

体现此词题旨的句子是“归来分得闲中趣”，当作何理解呢？“归来”，语出陶渊明的《归去来兮辞》，意为归隐田园，回归精神家园，是东坡黄州词中经常出现的词语。“闲中趣”，即闲适中的乐趣，一个“闲”字，用意颇深。

《东坡志林》中有《临皋闲题》云：“江山风月，本无常主，闲者便是主人。”意谓具有闲适自由心境的人，才能感受大自然的美，拥有对自然美景的享受；那些整天为了功名利禄奔波的“忙人”，是做不得江山主人的。这个“闲”字，当是摆脱功利之心的审美心态。

老子说：“涤除玄鉴，能无疵乎？”（《老子》第十章）消除内心的杂念，澄洁观道的心境，能做到一尘不染吗？“玄”是道，“鉴”就是观照。“涤除玄鉴”的含义就是：既“把观照‘道’作为认识的最高目的”，又“要求人们排除主观欲念和主观成见，保持内心的虚静”，即《老子》第十六章所说：“致虚极，守静笃。万物并作，吾以观复。”意思是说“人心只有保持虚静的状态，才能观照宇宙万物的变化及其本原”。（叶朗《中国美学史大纲》）

到庄子，发展为“心斋”（《人间世》）、“坐忘”（《大宗师》）的命题。魏晋南北朝美学家宗炳则讲“澄怀观道”，都强调审美观照要排除利害观念，心胸虚静空明，才能达到自由的境界。正是东坡《送参寥师》所言：“欲令诗语妙，无厌空且静。静故了群动，空故纳万境。”孟子则提出了“余裕”说。《孟子·公孙丑下》曰：“我无官守，我无言责也，则吾进退岂不绰绰然有余裕哉？”

由身份地位的自由无拘，形容做任何事、考虑任何问题，在心理上都有相当大的可供自由支配的余地，而没有做官人那种精神上的压迫感和窘迫感。

东坡词中的“闲”意，既继承了老子的“涤除玄鉴”说，庄子的“心斋”、“坐忘”说和宗炳的“澄怀观道”说，又兼有孟子的“余裕”之意。主要指超越功利得失、自由虚静的审美心态，有时也指摆脱官位束缚，归隐田园的牢骚或愿望。类似于今天所倡导的“休闲文化”之“闲”。

比如，他的抒情小品文《记承天寺夜游》，便写了“闲人”的心境与情趣，极富感染力。全文不足百字，引录如下：

> 元丰六年十月十二日夜，解衣欲睡，月色入户，欣然起行。念无与为乐者，遂至承天寺，寻张怀民。怀民亦未寝，相与步于中庭。庭下如积水空明，水中藻荇交横，盖竹柏影也。何夜无月？何处无竹柏？但少闲人如吾两人耳。黄州团练副使苏某书。

初读这篇短文，不过写月夜漫步的原因、景况及感受而已，只是笔调清新淡雅，景象明净澄澈，行文波澜起伏，极具诗情画意。可细品，便觉韵流字间，神余篇外，在美感享受的同时，更能见出作者的心境情怀，并感悟到某种人生哲理。

开篇几句，似是写日记。“元丰六年十月十二日夜”，是作者被谪贬黄州的第四年，一个秋末初冬的夜晚，因无事可干，便“解衣欲睡”，想在睡梦中打发时光，忘却烦恼。不想“月色入户”，一个“入”字，用拟人手法写月亮似有意要抚慰落难中的诗人，主动地悄悄

地闯了进来。月亮让诗人睡意顿消，如见到久违的朋友一样，诗人披衣而起，欣然相迎。

“念无与为乐者”，一个“念”字写出了心理活动。一个人赏月，只能“对影成三人”（李白《月下独酌》），没多大意思。孔子说“乐多贤友”（《论语·季氏》），有朋友共享才是人间乐事。然月光虽无势利之心，人间却多势利之徒，自己一介贬员，有谁可邀以慰寂寥呢？“遂至承天寺，寻张怀民。”似不假思索，知道贬官至此的好友张怀民，才是可和自己同赏同乐之人，便急切地到承天寺寻找张怀民。“怀民亦未寝”，一个“亦”字，写出了朋友的同心同怀。于是“相与步于中庭”，相互作伴，开始了在承天寺庭院漫步赏月。这几句看似毫不经意，却“文理自然，姿态横生”，文情跌宕，蕴含丰富。两个老朋友，那么默契，那么从容，那么富于诗意。

“庭下如积水空明，水中藻荇交横，盖竹柏影也。”以简洁传神之笔，描绘承天寺庭中月下的优美景色，极为真切又极富情趣。先以水喻月，造成庭院积水的错觉，突出月光之“空明”澄澈。进而触类生发，将月下竹柏之影，当作水中“藻荇”，描写竹柏清影的“交横”之态，得“悖理达情”之妙。最后，在人们水月莫辨之时，再轻轻点出“盖竹柏影也”，清澈透明的境界也便合盘托出。同时，诗人寄情山水，心灵纯净、胸无尘俗的襟怀也相映生辉。

“何夜无月？何处无竹柏？但少闲人如吾两人耳。”连发二问，感慨深长。月色常有，竹柏亦常有，但像我们这样两个赏月的“闲人”却不多！简短的三句，传达出的思想感情十分复杂。有被置闲之悲，又有得闲之喜；有傲视尘俗的自豪，又有启人深思之理趣。

试想，一个胸有大志，才智过人之士，却被迫成为投闲置散之人，只好放情山水，借江山风月化解内心的孤独与苦闷，实在令人可悲！但正因为贬谪，使他被抛出了名利是非场，才有了闲暇的时间与机会，尽情欣赏这绝色美景，因此又是因祸得福。

要达到对美的深入发现，“仰观宇宙之大，俯察品类之盛，所以游目骋怀，足以极视听之娱，信可乐也。”（王羲之《兰亭集序》）“我们的感情是要经过一番洗涤，克服了小己的私欲和利害计较”（宗白华《美学散步》）。东坡不以贬谪为苦为累，却有闲情逸致“游目骋怀”，享受自然美景之愉悦，成为江山风月的主人，足以自豪自傲！

那些斤斤计较个人名利得失，为眼前俗务而忧虑不止的人，即便走进东坡笔下的情境之中，也会一无所见，茫然无所得。换句话说，要想获得东坡式的“闲中趣”，首先就要从得失荣辱的物累之中解放出来，保持精神的自由与“余裕”。

蜗角虚名，蝇头微利，算来著甚干忙。事皆前定，谁弱又谁强。且趁闲身未老，须放我、些子疏狂。百年里，浑教是醉，三万六千场。 思量，能几许？忧愁风雨，一半相妨。又何须，抵死说短论长。幸对清风皓月，苔茵展、云幕高张。江南好，千钟美酒，一曲满庭芳。（《满庭芳》）

从“且乘闲身未老”和“江南好”两句看，此词应作于离开黄州后的贬官时期。此时的苏东坡，经历了“乌台诗案”和黄州之贬，对身外之物已经看得淡薄了，故起拍三句，就极为干脆地否定了对名利的追逐。

“蜗角虚名”，典出《庄子·则阳》：“有国于蜗之左

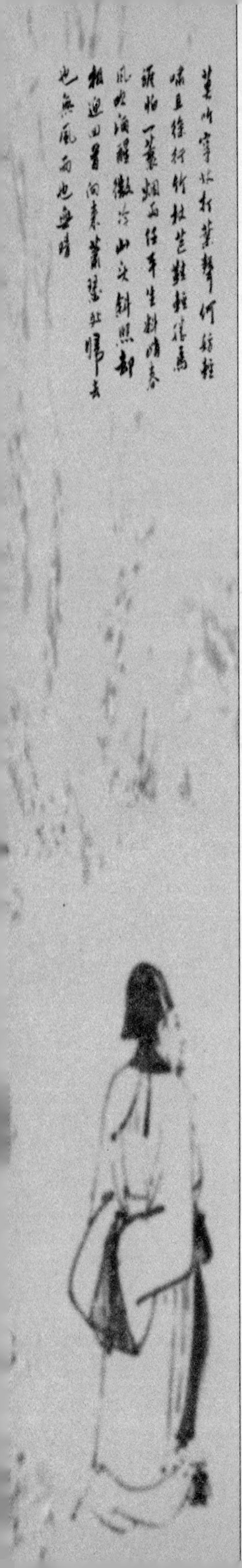

角者，曰触氏；有国于蜗之右角者，曰蛮氏。时相与争地而战，伏尸数万，逐北（往北边追赶），旬有五日而后反（返）。”后来便把因极小的事而发生的争夺叫作“蜗角之争”。这起拍三句，用“蜗角之争”与“苍蝇头”喻名利，有很强的讽谕意，让人想起元代“曲状元”马致远的著名博喻：“看密匝匝蚁排兵，乱纷纷蜂酿蜜，急攘攘蝇争血。”（[双调·夜行船]《秋思》）“事皆前定，谁弱又谁强。”人的一生，“死生有命，富贵在天。”（《论语·颜渊》）许多事情非人力所能扭转，因此也就没有必要去争谁强谁弱，只要安分处顺，做好自己力所能及的事就可以了。

“且趁”几句，化用李白“百年三万六千日，一日须倾三百杯”（《襄阳歌》）的诗意，说不如无拘无束，尽情饮酒，还可以在酒中忘忧，酒中超脱这营营苟苟的世俗人生。

下片继续发议论，阐发上片未足之意。前半阕的意思是，人的一生顺境少逆境多，坎坷多艰，良时难得，何必拼死拼活地计较名利，争短论长呢？既有对已往经历的沉痛反思，又包含了老子“柔弱胜刚强”，“夫唯不争，故无尤”的思想。后半阕则抒发性情，张扬怡然自得的自由个性。清风明月，苔草如茵，流云如幕，我可以幕天席地，尽赏自然风光，尽情饮酒唱曲，不亦快哉！

此词以议论为主，十分别致。虽有消极情绪，却可以净化人们的心灵，对满脑袋名利、金钱的人来说，是一付清心剂，也是一首劝世歌。其“碑刻遍传海内，使功名竞进之徒读之可以解体，达观恬淡之士歌之可以娱生。”（元·陈秀明《东坡诗话录》引黄昇语）

与此词题旨相似，可以对照阅读的是一首《行香子·述怀》：

清夜无尘，月色如银。酒斟时，须满十分。浮名浮利，虚苦劳神。叹隙中驹，石中火，梦中身。　　虽抱文章，开口谁亲？且陶陶、乐尽天真。几时归去，作个闲人。对一张琴，一壶酒，一溪云。

这首词作于元祐八年（1093）知定州任上，是一首月夜抒怀之作。此时的东坡以端明殿学士、翰林侍读学士双学士身份知定州，官高位显，但对人生“看得破，说得透”（陈廷焯《词则·别调集》）。人生短促，时光易逝，如同“白驹之过隙”（《庄子·知北游》），如同“石中火，梦中身”，有什么必要为虚名浮利而劳心费神？自己虽满腹锦绣文章，但一肚皮不合时宜，怎么会得到重用呢？不如摆脱世俗羁绊，“法天贵真”，乐陶陶以任天性。有机会回归田园，做个闲适自在之人，“对一张琴，一壶酒，一溪云”，岂不潇洒而畅快！

这真是苏东坡的过人之处！不论穷达，都能保持自己的纯真天性，对万事万物，以“游于物之外”（《超然台记》）的超然，保持一份虚静淡泊的审美心态，既入仕又超世，热爱生活又不为尘俗所累。他清楚地知道，人不能太贪，否则便会被贪欲所累，福去祸至，乐去悲生。不仅如此，贪欲还会使人天性扭曲，真性不保。正如白居易《感鹤》所言：

鹤有不群者，飞飞在野田。
饥不啄腐鼠，渴不饮盗泉。
贞姿自耿介，杂鸟何翩翩。
同游不同志，如此十余年。
一兴嗜欲念，遂为矰缴牵。

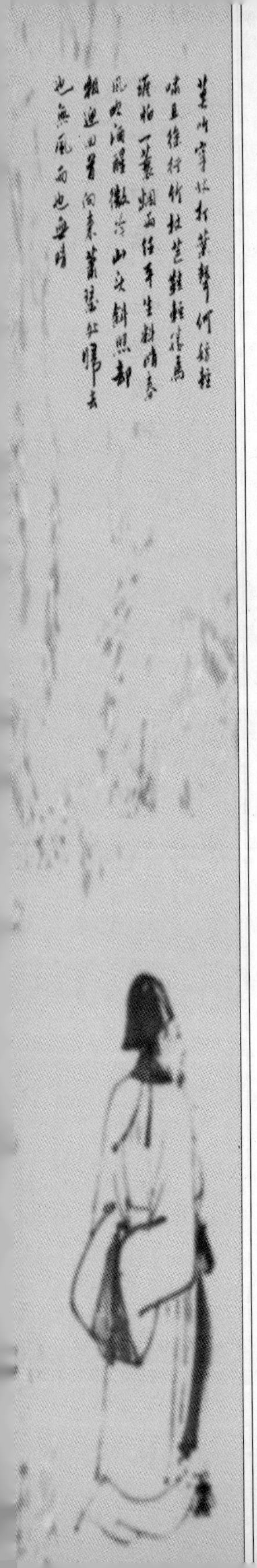

委质小池内，争食群鸡前。
不惟怀稻粱，兼亦竞腥膻。
不惟恋主人，兼亦狎乌鸢。
物心不可知，天性有时迁。
一饱尚如此，况乘大夫轩。

鹤的悲剧让人触目惊心！因为，这种悲剧在人间一遍遍地重演，而好多人却至死不悟！“天下熙熙，皆为利来；天下攘攘，皆为利往。”（司马迁《史记·货殖列传》）为了生存，求取一定的物质保障是正当的；为了生活的富裕舒适，努力工作、奋斗是人之常情，无可厚非；以天下为己任，创造财富，造福苍生，更是为人敬仰。但无止境地以攫取财富为目的，不择手段地追逐名利，却不知道人生的意义与归宿是什么，就活得太可怜了！身外之物，生不带来，死不带去，何苦为之所役、所累！

东坡有一篇文章题为《王君宝绘堂记》，所阐述的人对物的态度仍有疗救时弊的现实意义。其主要观点为：

君子可以寓意于物，而不可以留意于物。寓意于物，虽微物足以为乐，虽尤物不足以为病。留意于物，虽微物足以为病，虽尤物不足为乐。

意谓君子可以借外物来寄托意趣，而不可以将自己的心志沉溺在外物之中。借外物来寄托意趣，即使是微小的事物也可以获得乐趣，而最珍贵的事物也不会带来心病。否则，如果将心志沉溺在外物之中，即使是细微的事物也会带来心病，而最珍贵的事物也不会带来乐趣。所谓“留意于物”，类似于《超然台记》中的“游于物之内”，对物采取的是功利的、占有的心态，这样必然会导致沉溺于物中不能自拔，又如何谈得上幸福与快乐？“寓意于物”，类似于“游于物之外”，只将物作为愉悦性情的工具，与外物保持了一定的距离，是一种超越功利的审美心态，故能在“物之外”，看清事物的整体面貌，欣赏到事物多姿多彩的美，也使人的精神，获得自由与舒畅。

正是因为这种“寓意于物”的自由虚静的审美心态，使东坡不论在何种情况下，都善于从日常生活的每一件普通、细小的事物中，发现无穷的美丽与乐趣，使他善于苦中作乐，在咀嚼过人生的百味之后，仍然笑得出来，哪怕这笑声中夹杂着飞溅的泪花！

林断山明竹隐墙，乱蝉衰草小池塘。翻空白鸟时时见，照水红蕖细细香。　村舍外，古城旁，杖藜徐步转斜阳。殷勤昨夜三更雨，又得浮生一日凉。（《鹧鸪天》）

这是元丰年间作于黄州的一首词，以写景为主，又景中寓怀。上片写夏季乡间雨后之景。先写远景：在树林的尽头，一抹青山在夕照中明亮了起来；在生长着茂密丛竹之处，隐藏着一段城墙。再写近景：在小池塘边，蝉声四起，衰草遍地。第三句为仰观所见：在蓝天之下，不时看到白色的鸟儿上下翻飞，自由翱翔。结拍写俯视之景：碧绿的池水中，荷花映日，清香暗送，沁人心脾。

这上片写景，用移步换景的手法，把雨后乡间的夏景写得形象如画，既明暗映衬，动静相生；又色彩明丽，充满了活泼的生机，显示出观景之人心境的平和以及对大自然的无限赏爱之情。

下片，写闲步其间的行踪及感触。阵雨之后，傍晚

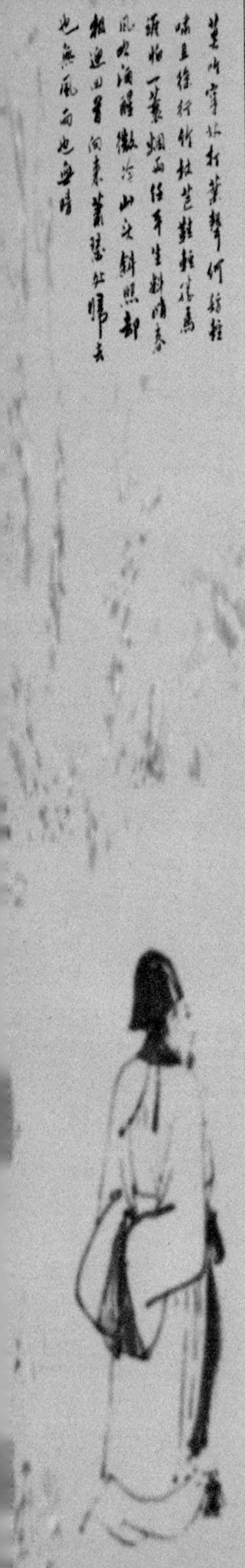

时分，作者手拄“杖藜”，缓步而行，“澄怀观道”。他时而走到“村舍外”，时而驻足“古城旁”，若有所思，又从容不迫。结拍两句写人生感受，含蓄而有余韵。“浮生”，语出《庄子·刻意》：“其生若浮，其死若休。”言人生虚无飘浮，无有定准。“又得浮生一日凉”一句，似化用了唐代诗人李涉“因过竹院逢僧话，又得浮生半日闲”（《登山》）的诗意，又和全词融合无间。从字面看，这两句似在说：承蒙天公作美下了一场雨，使我又得了一日的凉爽。既缩结了上片的景物描写乃雨后之景，又写出了自己的心境及对人生的思索。既蕴含着些许愁苦滋味，又努力超拔排解。对自己落寞的处境有自嘲，但更有洒脱豁达：以感恩的心态对待生活，生活也会给自己，也给别人，回报一丝清爽与甘甜！

元丰七年十二月二十四日，东坡在由黄州量移汝州的途中，“从泗州刘倩叔游南山”。此山位于泗州（今江苏盱眙）东南，景色清旷，被宋四大书法家之一的米芾称为“淮北第一山”，又有朋友相陪，东坡兴致很高，留下了一首很美的小词：

细雨斜风作小寒，淡烟疏柳媚晴滩。入淮清洛渐漫漫。　雪沫乳花浮午盏，蓼茸蒿笋试春盘。人间有味是清欢。（《浣溪沙》）

这是一首游记词。上片写游山所见的早春景象。“细雨”迷濛中与好友登山，“斜风”吹来，略感寒意。既写出了早春景象，又见出登山的兴致。“淡烟疏柳媚晴滩”，雨过天晴，风和日丽，“淡烟疏柳”把雨后的沙滩妆扮得妩媚生姿。放眼望去，流入淮河的洛水，清澈而浩荡地奔流远去。画面开阔，色彩清丽，令人心旷神怡。情随景生，正如刘勰所谓“登山则情满于山，观海则意溢于海”（《文心雕龙·神思》）。

下片写游山时品茶野餐的雅兴及感怀。“雪沫”，“乳花”，均指沸水冲茶泛起的泡沫。宋人以将茶泡制成白色为贵，司马光就曾对苏东坡说：“茶与墨正相反，茶欲白，墨欲黑。”（宋·赵令畤《侯鲭录》）“春盘”，指古人多在立春日用果品，蔬菜等装盘而食，或互相馈赠，取迎新之意，称“春盘”。因尚未立春，故曰“试春盘”。作者与友人品茗尝鲜，兴致盎然，由衷感慨：“人间有味是清欢”。人间最有意味的事情，莫过于清幽的欢愉，悠然自得的心境与乐趣，点破了题旨，又极富理趣。

从整首词看，时节虽为寒冬，所写景物却皆为春景，心情也洋溢着春天般的欢乐，充满着生命的活力，体现着诗化的人生境界，让人联想起魏晋士人的风流。如曹操的横槊赋诗，阮籍的登高长啸，嵇康的临刑鸣琴，王徽之的雪夜访戴，王羲之等人的兰亭流觞，陶渊明的东篱采菊……无不蕴含着对现实的超越，对诗意生活的寻求，折射出生命的张力与精神的高蹈。

东坡的一生，一直处于政治斗争的牵扯之中，但他却光风霁月，超然于勾心斗角的政治倾轧之上，每当风雨忧患来临，总能以笑对之；他饱尝人生的苦辣酸咸，又总能随处发现生活的美好，活得多姿多彩，潇潇洒洒；他对人生的苦难及生命的无奈有着极深刻的体认，却又总能以虚静通达的心境与智慧化解痛苦，活得理性而从容。

他善于直面困境、排解苦难，又善于享受大千世界的无尽馈赠，“江山互隐见，出没为我役”（《和陶归园田居六首》之六）。我可以役使万物，而不被万物所吞没。正是这种自主自足的精神，让他的心灵如浮云散尽

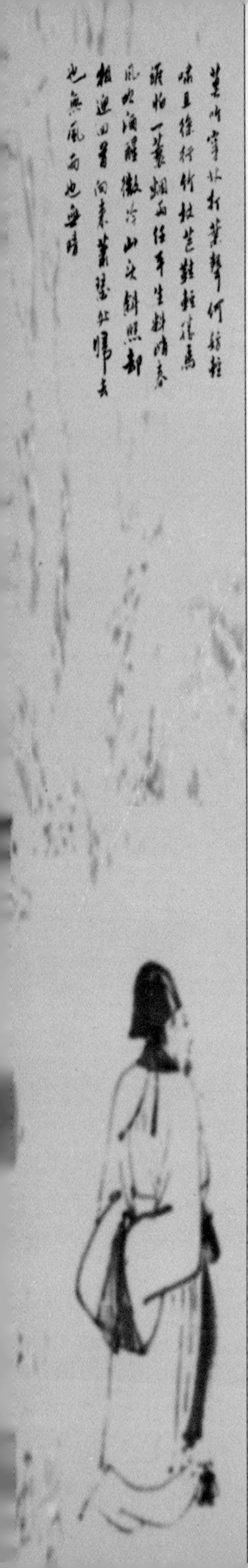

的明月般澄澈，对一切的困苦与磨难，皆可等闲视之，于九死一生后仍能昂首高歌：“吾生如寄耳，岭海亦闲游。”（《郁孤台》）

人该怎样生活？人生的目的是什么？值得每个人认真想一想。在繁忙的工作中，请找出一点闲暇的空间；在匆匆的赶路中，请暂时停一下你的脚步；在生计、事业、功名之外，请给精神留一点自由与余裕。培养保有一点远离功利的审美心态，领略一下你身边的人和事，领略一下大自然的万千造化，你会品味到生活的多情、丰富与美好，领悟到德国哲学家海德格尔所描绘的人生境界：

人，诗意地栖居于大地上。

下篇 胜地撷芳

智慧的催生与化育——阅历与磨难

磨难与挫折并非都是坏事，它让人尝尽人生的辛酸与无奈，也往往助人成为人间智者。外放杭州，水的灵性使诗人生命的元气得以淋漓尽致的发挥；再迁密州，超然台的高朗让诗人的心胸、境界得以拓展与提升；"乌台诗案"、黄州躬耕，是诗人现实人生的挫辱，又是他省思人生的契机；再贬惠州、远谪海南，诗人九死一生，却能蚌病成珠。

苏东坡的人生历程告诉我们：只有经历岁月风霜的锻造，人们才会真正懂得珍惜，懂得生命的本真意义。

西子湖畔观跳珠
——杭州的俊赏

谈起东坡词，便不能不首先把目光投注到杭州。为什么呢？原因主要有三。其一，苏轼曾两度在杭州做官，前后长达五年之久。这是他做地方官时间最长、写景抒情最畅、给予赞美最多的地方。其二，这是他大量作词的起始地，而且，他在这里写词的数量多达六十多首，在他一生所作的三百多首词中占有不小的比例。其三，这里留下了他最为人称道的文化遗迹，那“西子湖”，那“苏公堤”，如同美丽的明珠，永远镶嵌在杭州的山水画卷中，镶嵌在人们对美的浪漫想象中。可以说，杭州是苏轼生命旅途中极为重要的一个亮点。

自唐代起，杭州就是东南大郡。到北宋，更成为全国第一大都市，号称“东南第一州”。其繁华与美丽，在柳永的《望海潮》一词中，有尽情的描绘：

东南形胜，三吴都会，钱塘自古繁华。烟柳画桥，风帘翠幕，参差十万人家。云树绕堤沙，怒涛

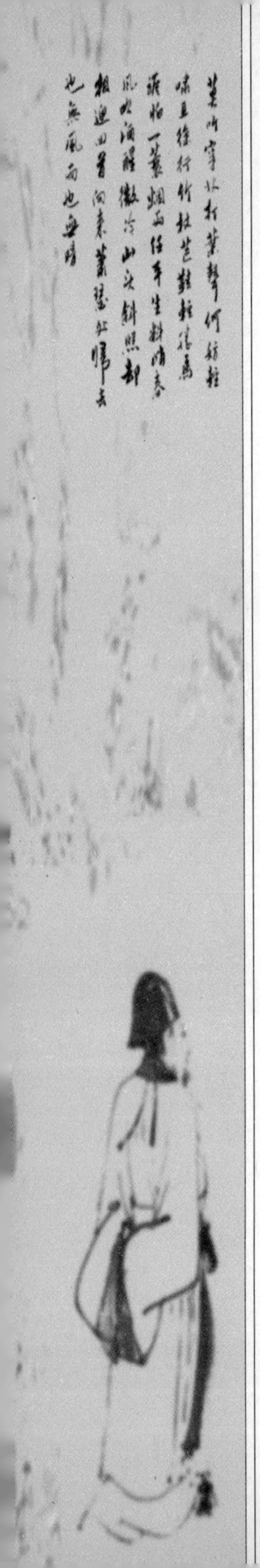

卷霜雪，天堑无涯。市列珠玑，户盈罗琦，竟豪奢。　　重湖叠巘清嘉，有三秋桂子，十里荷花。羌管弄晴，菱歌泛夜，嘻嘻钓叟莲娃。千骑拥高牙，乘醉听箫鼓，吟赏烟霞。异日图将好景，归去凤池夸。

据说，正是这首词，引得金主完颜亮对江南美景垂涎三尺，动了侵宋的念头，并赋诗曰：“提兵百万西湖上，立马吴山第一峰”。这个传说虽太夸大了一首小词的力量，不足为凭，但那历史名胜的富饶与秀丽，尤其是“有三秋桂子，十里荷花”的西湖美景，确实令人心向往之。直到今天，一说起杭州，人们挂在嘴边的一句话仍然是“上有天堂，下有苏杭”。

熙宁四年（1071），因与王安石的政见之争，苏轼难以在朝中立足，只好自请离朝外任。有幸的是，朝廷任命他为杭州通判，三十六岁正当壮年的诗人，得以携妻带子来到了这里。他沐浴在江南的湖光山色里，惊喜地赞叹：“余杭自是山水窟”（《将之湖州戏赠莘老》），甚至认为“故乡无此好湖山”（《望湖楼醉书》），这里比他的家乡四川眉州还要妖娆多姿，舒适宜人。他感觉到一种鱼归大海、鹰飞蓝天般的自由与畅快，足迹踏遍了这里的山山水水。“游遍钱塘湖上山，归来文字带芳鲜。”（《送郑户曹》）他与自然山水结下了不解之缘，并“得江山之助”，留下了一大批传世诗词。

诗人来到江南的第一个早春，即熙宁五年（1072）正月，便迫不及待地出游，去探寻春的消息了：

昨日出东城，试探春情。墙头红杏暗如倾。槛内群芳芽未吐，早已回春。　　绮陌敛香尘，雪霁前村。东君用意不辞辛。料想春光先到处，吹绽梅英。（《浪淘

沙·探春》)

虽然，杏树未绿，芳芽未吐，游人未出，但让人感觉到“早已回春”。诗人由近及远地描绘出春意的初现，并由雪止放晴，想象到春回大地、梅花绽放的绚丽情景。出城“探春”，所“探”出的不仅是诗人对江南春光的期待与好奇，也“探”出了诗人虽仕途不如意，但仍对生活前景充满信心的乐观与豪情。而且，苏轼初试词笔，就透露出与传统婉约词不同的倾向，格调开朗，新颖别致。

江南风光中最让他流连忘返的，是那韵味最浓、美丽多姿的西湖。对于西湖，苏轼应该是慕名已久了。早在唐代，大诗人白居易，就为西湖留下了许多美丽的诗篇。比如人们最熟悉的那首《钱塘湖春行》：

孤山寺北贾亭西，水面初平云脚低。
几处早莺争暖树，谁家新燕啄春泥。
乱花渐欲迷人眼，浅草才能没马蹄。
最爱湖东行不足，绿杨阴里白沙堤。

此诗扣住一个“行”字，用移步换景的手法，写早春漫步西湖的所见所闻所感，既描绘出了生机勃勃、春光明媚的西湖之态，又可见左顾右盼、乐而忘返的诗人之神，是一首情景交融的好诗。如果说此篇是动态的西湖旅行导游图，那么，《春题湖上》一首则是对西湖的静态写生：

湖上春来似画图，乱峰围绕水平铺。
松排山面千重翠，月点波心一颗珠。

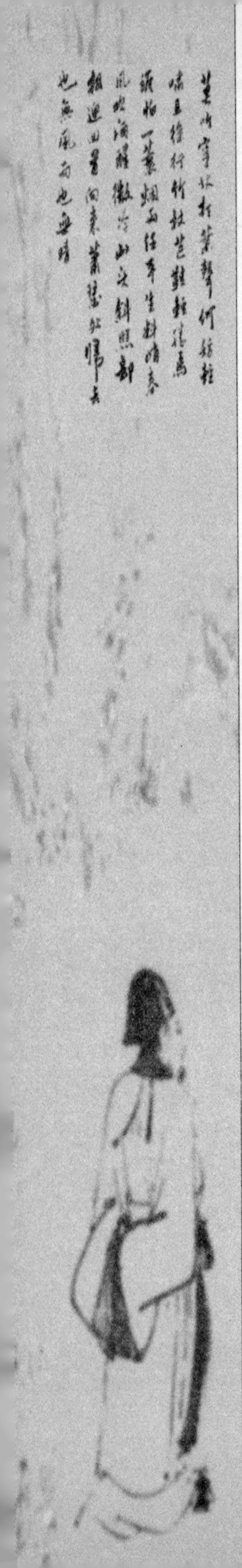

碧毯线头抽早稻，青罗裙带展新蒲。

未能抛得杭州去，一半勾留是此湖。

白居易这两首诗概括性很强，把西湖春景的美丽与生机写活了，把作者对西湖的热爱之情写足了。但是，正如林语堂先生在《苏东坡传》中所说："西湖的诗情画意，非苏东坡的诗思不足以极其妙；苏东坡的诗思，非遇西湖的诗情画意不足以尽其才"。举世公认为表现西湖最好的诗，是苏轼的《饮湖上初晴后雨》：

水光潋滟晴方好，山色空濛雨亦奇。

欲把西湖比西子，淡妆浓抹总相宜。

不论是波光闪烁的晴天，还是烟雨迷濛的雨天，西湖都是美丽的奇观。它具有一种自然的柔美，就像江南美女西施一样，或浓妆，或淡妆，无论怎样打扮，都是那样迷人。诗人用二十个字和一个精妙的比喻，就道尽了西湖的特点与精粹，赋予西湖个性与生命，以致"西子湖"成为西湖的别名，也使得后来的诗人为之搁笔："除却淡妆浓抹句，更将何语比西湖。"（宋·武衍《正月二日泛舟湖上》）直到今天，在各种版本的杭州交通旅游图上，也常常不忘写上这首诗，以作为吸引游客的招牌。

西湖的魅力实在让人难以想象，每当春天来临，杭州人便成群结队去游湖，往往是"城头月落尚啼乌，朱舰红船早满湖"（《瑞鹧鸪》）。苏轼对这片湖水更是情有独钟，"每遇休暇，必约客湖上，早食于山水佳处，饭毕，每客一舟，令队长一人，各领数妓，任其所适。晡后，鸣锣集之，复会望湖楼，或竹阁，极欢而罢。"（明、田汝成《西湖游览志余》）他尽情地徜徉于其中，尤其欣赏西湖的雨景。比如《六月二十七日望湖楼醉书五绝》（其一）：

黑云翻墨未遮山，白雨跳珠乱入船。

卷地风来忽吹散，望湖楼下水如天。

这是西湖骤雨陡晴的奇景。乌云未合就大雨倾盆，雨点敲击在船板上，就像无数的白色珍珠从空中撒下，乒乓作响。忽然一阵大风吹过，风驱云散，雨过天晴，湖水更加清澈了，碧波如洗，水天一色。作者把西湖骤雨的动态过程写得鲜明如睹，情趣横生，让人忽惊忽喜，心旷神怡。同时，又启人联想起倏忽多变的人生境遇，获得某种哲理的感悟。

在离杭十五年后，即元祐四年（1089），苏轼又有机会来到了杭州。十五年的岁月，让很多东西都改变了，他已历经大起大落的宦海沧桑，早年的“苏学士”，已经自称“东坡居士”了。他青春不在，年华渐老，早过了知天命的年龄，对很多事情都看开了，看淡了。但对自然山水的依恋却更深了，对西湖雨的眷恋更浓了。在《与莫同年雨中饮湖上》一诗中他这样写道：

到处相逢是偶然，梦中相对各华颠。

还来一醉西湖雨，不见跳珠十五年。

在西湖游赏、观雨的情景，“白雨跳珠”的画面，经十五个年头仍难忘怀，依然那么清晰、鲜活地刻在诗人的脑海里、心头上，可见他对西湖雨的赏爱有多深。

西湖雨景令苏轼兴奋不已，雨过天晴的西湖更让他心旷神怡。比如《江城子·湖上与张先同赋，时闻弹筝》：

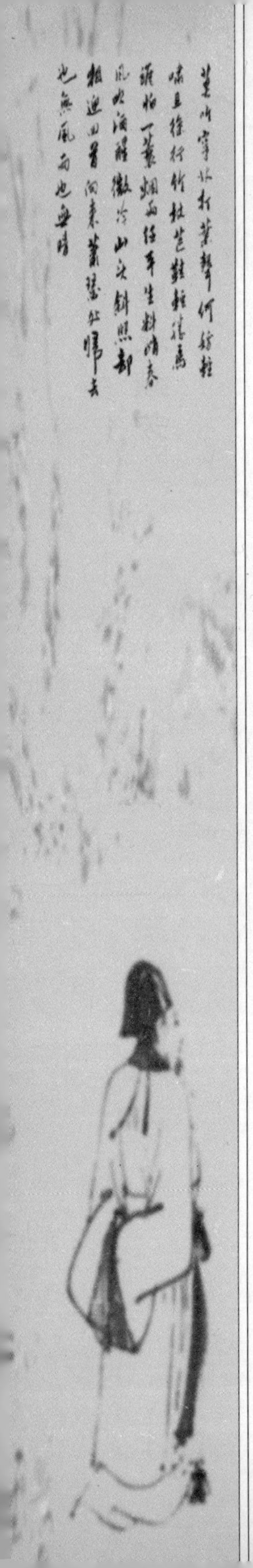

凤凰山下雨初晴，水风清，晚霞明。一朵芙蕖，开过尚盈盈。何处飞来双白鹭，如有意，慕娉婷。　忽闻江上弄哀筝，苦含情，遣谁听？烟敛云收，依约是湘灵。欲待曲终寻问取，人不见，数峰青。

这首小词太美了！上片写西湖湖上美景。凤凰山，位于西湖附近。雨过天晴，清风徐来，水天澄澈，晚霞明丽，给人神清气爽之感。“芙蕖”，即荷花，一朵出水荷花在湖中绽放，虽盛时已过，但风韵犹存。不知从哪里飞来一双白鹭，在空中盘旋不已，恋恋不去，似乎是在向慕这一朵荷花清美的容姿。下片写“时闻弹筝”。在迷濛的江面上，传来阵阵婉转悠扬的筝声，乐曲饱含深情，不知弹奏者是什么人，也不知要弹给谁听。烟云渐渐消散，才看见那位弹筝者，飘逸动人，美若传说中的湘水女神。本打算听完曲问个究竟，没想到曲终人去，竟来不及说上一句话。湖水尽头，只有那重重的青峰，静悄悄地矗立在夕阳之下，真让人怅然若失……词中的弹筝女子与自然景色相映成趣，音乐与山水相得益彰。加之化用了前人诗句入词，即屈原《楚辞·远游》：“使湘灵鼓瑟兮，令海若舞冯夷”和唐·钱起《省试湘灵鼓瑟》：“曲终人不见，江上数峰青”，使全篇既情景优美，又有一种迷离幽渺的神秘韵味。

这样美的词境，只是诗人凭借想象的妙笔生花吗？人们宁愿相信风流潇洒的诗人真有这样美丽的邂逅。所以，关于此词的写作背景，宋人有不少传说。

一种说法是，有一天，苏轼正与两位朋友在亭中喝茶，悠闲地观看湖景，湖心有一叶彩舟渐渐驶向了亭前。船上坐着几个化着淡妆的女子，其中最漂亮的，是一位三十多岁的少妇，坐在船头鼓筝，风韵娴雅，楚楚动人。两位客人十分仰慕这位弹筝女，“竟目送之”。一曲未完，小船竟飘然而去。苏轼觉得此事很有趣，便“戏作长短句。”（宋·张邦基《墨庄漫录》）

另一种说法是，苏轼与朋友游西湖，游到湖心时，“有小舟翩然至前”。一位很漂亮的女子主动求见东坡，并说对诗人倾慕多年，却无由得见，常感遗憾。“今已嫁为民妻，闻公游湖，不避罪而来。善弹筝，愿献一曲”，为的是“求一小词，以为终身之荣”。面对这样漂亮而多情的女子，耳听情韵悠扬的乐曲声，“东坡不能却，援笔立成，与之。”（宋·袁文《甕牖闲评》）

实情到底如何，已经不重要了，读者尽可发挥自己的想象力去补足词境，去勾画诗人的儒雅风流。

苏轼既喜欢西湖雨后初晴的夏景，也喜欢西湖雨后初晴的秋景。《好事近·西湖夜归》一词，就再现了元祐五年秋季的一天，他独自泛舟西湖，放情山水的情状：

湖上雨晴时，秋水半篙初没。朱槛俯窥寒鉴，照衰颜华发。　　醉中吹堕白纶巾，溪风漾流月。独棹小舟归去，任烟波摇兀。

雨后放晴，空气清爽宜人。虽然秋天水落，湖水较浅，只能漫过船篙的一半，但清澈平静，如同泛着冷光的铜镜。诗人闲依红色的船栏，俯观湖面，自己的容貌须发便倒映在水中，清晰可辨。虽容颜衰老，见出其心境的苍凉，但没有悲观。诗人把酒助兴，心神俱醉，不知不觉间，月亮已经悄悄升上了天空。清风徐徐袭来，吹落了诗人的头巾，吹动了碧波涟漪，吹晃了湖中的月亮。诗人驾舟回归，却任凭小船自由飘浮，其感觉似又

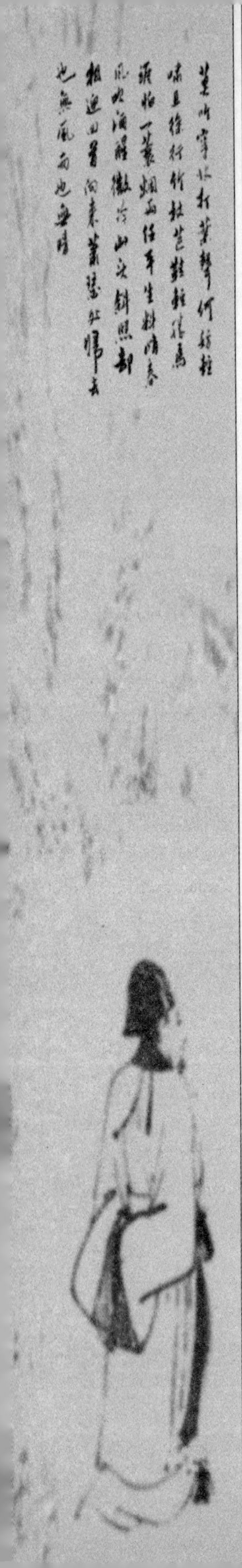

回到了赤壁畅游："浩浩乎如凭虚御风，而不知其所止；飘飘乎如遗世独立，羽化而登仙。"（《前赤壁赋》）

有时，苏轼又乘船在湖上巡游。比如《望湖楼醉书五绝》（其二）：

> 放生鱼鳖逐人来，无主荷花到处开。
> 水枕能令山俯仰，风船解与月徘徊。

北宋从真宗时起，政府规定西湖为放生池，既禁捕鱼鸟，也禁止私人在湖面种植，诗歌的前两句便与此有关。那些被人放生、自由成长的雨鳖之类，不仅不怕人，反倒亲近人、追逐人；满湖的野荷花自然生长，东一丛，西一簇，自开自落。动物、植物与人类各得其所，一派动人的野趣。后两句更是妙趣横生，令人欣羡不已。作者索性躺在船上，船行水面，就如同枕在水上一样。随着船的飘荡起伏，两岸青山似在一俯一仰；清风吹来，小船在湖面徘徊，月亮也在天空徘徊。所有的一切，似乎都那么有情，那么和谐，作者的心儿醉了，身儿化了，融化在了天地山水之中……

苏轼经常泛舟西湖，也经常与同僚一起，在西湖举行一些宴饮或者饯行活动。熙宁七年（1074）知州陈述古离杭前，苏轼写了一系列送别词，其中一首便是《菩萨蛮·西湖送述古》：

> 秋风湖上萧萧雨，使君欲去还留住。今日漫留君，明朝愁杀人。　佳人千点泪，洒向长河水。不用敛双眉，路人啼更多。

秋风秋雨的西湖凄凉景象，渲染了一种悲凉的环境气氛。歌女及路上百姓们的眼泪，更衬托出了作者难舍难分的离愁，感情真挚，十分动人。

苏轼不仅爱西湖，写西湖，就连临近西湖的美景名胜，也大多写入诗词。比如“有美堂”与“十三楼”，就在诗人笔下被描绘得美仑美奂。

湖山信是东南美，一望弥千里。使君能得几回来？便使尊前醉倒、且徘徊。　　沙河塘里灯初上，水调谁家唱？夜阑风静欲归时，惟有一江明月，碧琉璃。

（《虞美人·有美堂赠述古》）

这首词是太守陈述古离任前在有美堂宴请僚属时，点名让苏轼作的。这是一首很别致的送别词，同时又是描写湖光山色的名作。有美堂，位于西湖东南面的吴山最高处，为梅挚做杭州知州时所建，其得名颇有些来历。嘉祐二年（1057）梅挚赴任离朝时，宋仁宗赐诗送行，其中有这样两句：“地有吴山美，东南第一州”。梅挚来到杭州后在吴山建堂，便取名为“有美堂”。这是个最适合观景的地方，前望有钱塘江，后望有西湖，最繁华的街市沙河塘正在其下。“山水登临之美，人物邑居之繁，一寓目而尽得之。盖钱塘兼有天下之美，而斯堂又尽得钱塘之美焉。”（欧阳修《有美堂记》）

据说作词之时，夜色朦胧，月光如练，苏轼即席挥毫，一气呵成。词的上片先用一个“信”字，说杭州的湖山之美真是名不虚传，不愧为“东南第一州”，表达出了对山水名胜的由衷赞美。然后借在座诸人的醉酒、劝饮，表达深深的留恋与惜别。下片更纯粹写景，把惜别之情寓于夜色的描绘之中。此时繁华的沙河塘里，华灯初上，夜市兴起，放眼望去，灯光闪烁，星月争辉。忽

然，不知从哪里传来了悠扬的乐曲，让人心动神摇。待到席散人去的时候，夜已深沉，风平浪静，万籁俱寂，只有那在月光照耀下澄澈如碧的江水熠熠生辉……

临近西湖的十三楼，又称十三间楼，是杭州名胜之一，也是苏轼治杭时经常流连忘返的地方（周淙《乾道临安志》）。《南歌子·钱塘端午》一词，便歌咏了十三楼端午节时的盛况：

山与歌眉敛，波同醉眼流。游人都上十三楼。不羡竹西歌吹，古扬州。　菰黍连昌歜，琼彝倒玉舟。谁家水调唱歌头。声绕碧山飞去，晚云留。

在十三楼这个西湖景点，游人纷至沓来，观美景，唱小曲，欢声雷动。为了突出这里的景致之胜，作者以古扬州的竹西亭作对比。竹西亭是唐时的名胜，得名于杜牧诗：“谁知竹西路，歌吹是扬州”（《题扬州禅智寺》），向为游人倾慕之地。“不羡竹西歌吹，古扬州”，可见节日中的十三楼境况之盛。在另外的地方，包粽子，摆供品，祀屈原，宾朋满座，推杯换盏。不知从哪里，又传来了《水调歌头》的高唱，曲调悠扬，声绕云天。

此词最有特色的是开篇两句，借用前人“水是眼波横，山是眉峰聚”（王观《卜算子·送鲍浩然之浙东》）的拟人化写法，以人的眉目喻山水的美丽与清澈，说十三楼附近的山峰、湖水，似乎也受到了节日的感染，俏丽之形，就如同那美人的黛眉翠敛，秋波流盼，妙不可言。

孔子曰：“智者乐水，仁者乐山。”（《论语·雍也》）苏轼对水有着特殊的感情，喜欢观水、玩水，也喜欢写水。喜欢西湖水的柔美，也喜欢钱塘潮的壮美。他以

《八月十五日看潮》为题，写了五首七言绝句，用“欲识潮头高几许，越山浑在浪花中”的诗句，形容江潮的雄奇与壮观，又兴犹未尽地作了一首词《瑞鹧鸪·观潮》：

碧山影里小红旗，侬是江南踏浪儿。拍手欲嘲山简醉，齐声争唱浪婆词。 西兴渡口帆初落，渔浦山头日未攲。侬欲送潮歌底曲，尊前还唱使君诗。

此词作于熙宁六年（1073）八月十五日。同一题材用不同的艺术形式反复书写，既可看出苏轼“以诗为词”的作词倾向，也说明此次观潮带给诗人的触动是多么强烈。我国沿海潮汐，以钱塘江海潮最为壮观。每年农历八月十五至十八日，潮水汹涌澎湃，如雷似雪，远胜于常时。弄潮、观潮衍为习俗，历代诗人，多有题咏。早于苏轼的宋代诗人潘阆的《酒泉子》（长忆观潮）一词，南宋周密的《观潮》一文，清代施润章的《钱塘观潮》一诗等，皆为名作。

苏轼的这首词，在诸多观潮作品中别具特色：先写手把红旗、劈波斩浪的弄潮，继写开怀豪饮、拍手齐唱的迎潮，再写洒酒祭拜、作曲高歌的送潮，中间插入“西兴渡口”帆落日斜的景物描写。短短五十六字的一首小词，写了好几个场景，而且形象鲜明，节奏明快，加上第一人称的口吻，令读者有身临其境之感。尤其触动人心的是，全词具有一种阳刚壮美，读之令人胸襟为之开阔，精神为之振奋，也折射出观景诗人豪爽的个性与兴奋的心情。

我以为，杭州之美的灵魂在水，而水的灵性使苏轼生命的元气得以淋漓尽致地发挥，也使他对美的感受力、表现力及创造力得到充分发掘与展露。他不仅用眼睛发

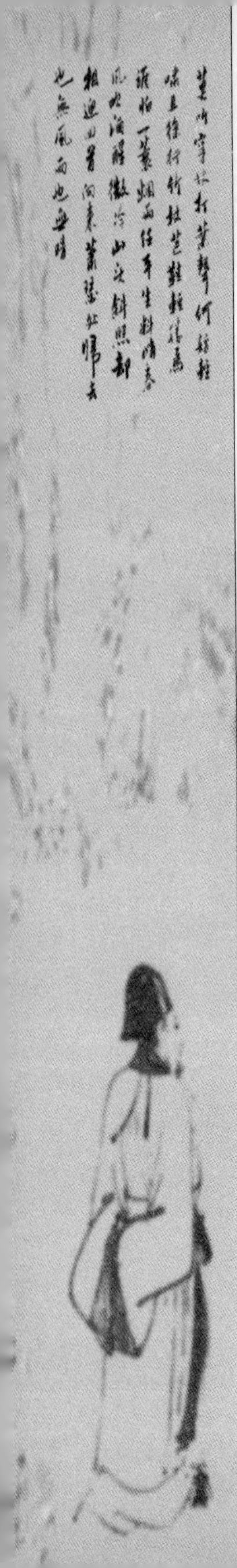

现，用心灵感受，用手笔描绘出了杭州水光山色之特美，还用关心民瘼的责任感和艺术家的审美力，为杭州人民增添了善政美景。

倅杭之时，他虽为副职，但勤于政务，有惠于民，做出了不斐的成绩。他曾经说“政虽无术，心则在民”（《谢雨祝文》），拳拳爱民之心，令人感动。他协助太守陈述古修复钱塘六井，解决杭州民众的饮水困难。他巡行杭州所属各地，监督捕蝗，赈济灾荒，甚至除夕之夜还“野宿”城外……因此，苏轼赢得了百姓的衷心爱戴。

元祐年间旧地重游，他非常高兴，“江山故国，所至如归。”（《杭州谢上表》）但他刚到杭州，就遇到了严重考验。先是水灾，接着是旱灾，还有瘟疫并行。这次苏轼的职务是杭州太守，职务高了，责任大了，也有条件为人民做更多的好事了。他一面上书朝廷为杭州免去租税，一面开仓赈灾，以缓民困，而且请求将原计划修葺州衙的款项拿来作赈灾款。他筹款并捐款创置了类似今天医院的“病坊”，名曰“安乐坊”，配置良药，救治疫患病人。他采用唐代刘晏“以工代赈”的办法，组织疏通淤塞的河道，既兴修了水利，又使许多灾民因被雇佣而得以活命。苏轼对杭州最大的贡献，还要算是对西湖的治理。

在苏轼看来，“杭州之有西湖，如人之有眉目。”（《杭州乞度牒开西湖状》）也就是说，西湖是杭州的精、气、神之所在。然而，他却痛心地发现，因长期疏于治理，西湖中蔓草横生，泥沙淤塞，水量减少，面积迅速缩小，如不治理，“更二十年，无西湖矣”。他于元祐五年（1090）的四月二十九日、五月五日接连两次上书朝廷，请求拨款治理西湖。如何治理呢？他通盘考虑，精心设计，想象浚湖除葑后的西湖，应该美若仙境，并把这种想象赋之于词《南歌子·湖景》：

古岸开青葑，新渠走碧流。会看光满万家楼。记取他年扶病，入西州。　佳节连梅雨，余生寄叶舟。只将菱角与鸡头。更有月明千顷，一时留。

挖出湖中的杂草淤泥，疏通各支流之水道，清澈的流水就会畅快地注入西湖，萎缩的湖面就会大大拓展。湖中种菱，既可扩大收入，用于以后治湖，又可免去葑湖之忧。诗人想象：治理后的西湖会更美，杭州会更繁荣。待那时，碧波千顷，波光荡漾，月夜纵情泛舟于其上，陶醉于这样的自然美景之中，岂不快哉！

想象虽美，但偌大的西湖疏浚起来并不容易，从湖中挖出的淤泥运往何处就是一大难题，我们的大诗人却巧妙地解决了它。他把这些淤泥水草连同石头一起，在湖中铺了一条长堤，既可以就近处理淤泥，省工省力，又方便了西湖两岸人民的往来。为了防止西湖再次淤塞，又在湖上建成三座小石塔，禁止在石塔以内的水域种植菱荷茭白之类，这就是今天的“三潭印月”。后来，堤岸又遍植花木，还修铸了六道桥和一些亭子，西湖的风景更秀丽了。这道堤就是我们熟知的苏堤，杭州人亲切地称它为“苏公堤”，与它相映成趣的是唐代诗人白居易任杭州刺使时修筑的白堤。

两位大文豪、大诗人，出于救助民生的责任感，兴修水利，构筑堤坝，不仅造福于一方百姓，也为西湖增添了游观之美。他们在改造自然、创造自然的同时，也尊重自然、顺应了自然，并遗惠于后人。直到现在，“苏堤春晓”仍是西湖最惹人注目的美丽景观。而两位文豪对西湖的治理，对我们今天的城市建设和生态环境建

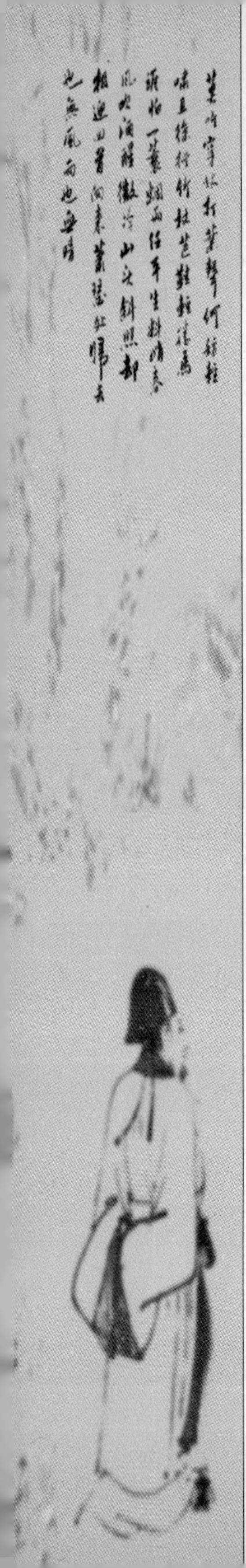

设，仍有着示范作用。

苏轼不仅发现了、再现了、创造了西湖之美，而且善于把身心融进自然山水，享受自然山水，留下了许多风趣雅致的故事。下面，我们只看看苏轼是如何办公和判案的。

人们想象中的古代官员办公，应该是正襟危坐在衙门里，一脸肃穆，一本正经。可苏轼却不是这样古板乏味，他善于把工作与休闲结合在一起，常常把办公桌安放到林间、湖畔、亭旁，批点文件，处理公务，审理官司。他工作效率极高，很快地完成公务后，便召集僚属或朋友们饮酒赋诗，直到夕阳西沉，才半醉半醒地骑马回城。《湖上夜归》一诗，就描写了他在西湖处理完公务，饮酒后夜归的情景：

我饮不尽器，半酣味尤长。
篮舆湖上归，春风洒面凉。
行到孤山西，夜色已苍苍。
清吟杂梦寐，得句旋已忘。
尚记梨花村，依依闻暗香。
入城定何时，宾客半在亡。
睡眼忽惊矍，繁灯闹河塘。
市人拍手笑，状如失林麞。
始悟山野姿，异趣难自强。
人生安为乐，吾策殊未良。

西湖的美景、美酒很合他胃口，让他很放松，很陶醉，也让他进一步觉悟：出来做官，实在有违本性。

他怎么判案呢？有一个“画扇判案”的故事，常被人津津乐道。一天，有人前来状告一制扇者借钱不还。

经讯问得知，被告向以制扇为业，因自春以来，多阴雨天气，制作的扇子卖不出去，所以无钱还债，并非故意赖账。案情很明白，有借也应该有还，可一时无钱还不出，该怎么判呢？苏轼让制扇者拿二十把扇子到公堂之上，挥毫在扇子上题字作画，一会儿就把二十把白绢扇，变成了诗画扇。然后，交给制扇者，让他以每把一千钱的价格出售。你要知道，苏轼在书法、绘画方面都是名家，曾与黄庭坚、米芾、蔡襄并称当世“书法四大家”，这样的扇子一拿出去，立刻被人们抢购一空，抢不到的皆若有所失。制扇者因此还清了债务，原告也高兴地收回了借款。这样把法理人情相结合的判案故事，听来让人心里很温暖，它颠覆了封建官员让人望而生畏的传统印象，体现出苏轼对百姓疾苦的深切关怀，也显示出一个艺术家的情趣与风度。

杭州的山水与文化氛围，与苏轼率性自然的性情很是相得，使他的身心比较能够自由而舒畅地安放。因此，他深情地眷恋杭州，眷恋西湖，希望能够长久地居住于此。然天不遂人愿，元祐六年（1091）三月，苏轼奉诏还京，在告别筵席上，他恋恋不舍，感慨万千，挥毫写下了一首送别词《减字木兰花·送别》：

天台旧路，应恨刘郎来又去。别酒频倾，忍听阳关第四声。　　刘郎未老，怀恋仙乡重得到。只恐因循，不见如今劝酒人。

“天台旧路”两句，借用了汉代刘辰、阮肇入天台山采药遇仙女的神话故事，并以“刘郎”自比。因是第二次来到这仙境般的杭州，所以说是“天台旧路”。又要奉诏离去，因此是“来又去”。告别酒喝了一杯又一杯，

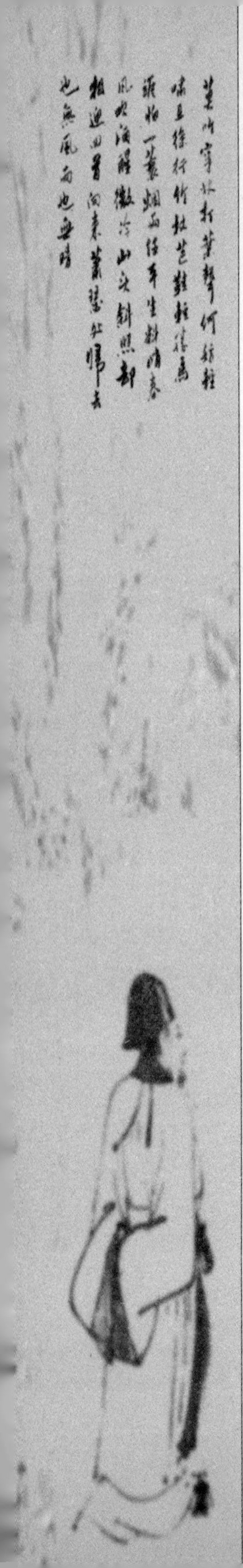

告别的话说了一遍又一遍，让人不堪忍受。他是如此的留恋这里，希望趁年未老迈，有机会再来守杭。他清楚地知道：“殷勤相送出天台，仙境那能却再来”（曹唐《仙子送刘阮出洞》），却不肯直言。只是说害怕拖延日久，即便还能再度来杭，今日别宴上殷勤为我劝酒的朋友们，怕也是见不到了。这里，化用了曹唐《刘阮再到天台不复见诸仙子》的诗句：“桃花流水依然在，不见当时劝酒人。”把依依不舍的别情写得深情绵邈。

令人欣慰的是，杭州的人民没有因为他的离去而忘怀他。元丰二年，当苏轼因“乌台诗案”身陷囹圄之时，杭州人为他做了几个月的解厄斋场，祈祷他灾消难解。《宋史·苏轼传》记载：“轼二十年间，再莅杭，有德于民，家有画像，饮食必祝，又作生祠以报。”直到今天，在杭州还流传着不少苏轼的佳话，苏轼的形象及业绩与他热爱的这方山水，永远地连在了一起。

超然台上望明月
——密州的超然

熙宁七年（1074），苏轼从杭州通判调任密州知州。他到达密州时已是那年的十一月底，离任时是熙宁九年(1076)的十二月，居密州两年零一个月。这段时间虽不算长，但这既是他人生的“不惑”之期，又是其词作的成熟期。读他写于此地的二十首词作，你会有耳目一新之感。尤其是三首名作：《江城子·己卯正月二十日夜记梦》、《江城子·密州出猎》、《水调歌头》（明月几时有），号称“密州三曲”，最为人称道。三词题材风格不同，但都语近情深，格高意奇，令人怦然心动，生出无穷遐想，获得不少启迪。

我们不禁要问：这样的杰作是怎样产生的？它因何集中出现在此时此地？除了这三首名作之外，密州词中还有哪些不应忽略的词？苏轼性好游历，公务之余总爱登山临水，吟赏烟霞，而密州是个边远穷地，他能到哪里去流连寄情呢？细读其诗文，我惊喜地发现：他的游踪，他的思绪，他的词作，常指向一个地方，那，就是

“超然台”!

对于诗人苏轼来说，如果杭州之美主要在水，那么密州之奇则主要在台。水的美集中在自然化育的西湖水；台的奇则体现在人工修整的超然台。水往低处聚，顺势而流，因物赋形；台往高处建，登高望远，眼界开阔。西湖水的温柔滋润了诗人率真随意的性情，抚慰了他苦闷躁动的心灵，让他畅情适意；超然台的高朗则拓宽了诗人豁达乐观的心胸，提升了他的精神境界，让他洒脱达观。

孔子曾有“比德”之说，曰“智者乐水，仁者乐山。”（《论语·雍也》）。“仁者安于义理，而厚重不迁，有似于山，故乐山；智者达于事理，而周流不滞，有似于水，故乐水。” 东坡可谓兼有之，“登山则情满于山，观海则意溢于海”（《文心雕龙·神思》）。

“超然台”，正是一个可以登高观山的地方，其故址在密州（今山东诸城）北城上，原为据城而建的废台，苏轼任职密州的第二年，即熙宁八年（1075），将其修葺一新，作为朋友们共同观赏游宴的处所。它高大、安稳、深广、明亮，又冬暖夏凉。其弟苏辙据《老子》“虽有荣观，燕处超然”之意，为台取名“超然”，并作《超然台赋》。苏轼很喜欢这个名称，不但写下了散文名篇《超然台记》，作诗、词数首，还邀请亲朋知己为之撰文并得到了普遍响应。元老重臣文彦博寄来了《寄题密州超然台》，好友文同写来了《超然台赋》，学生张耒等人也为之唱和，一时间“超然台”名气大噪。它成了苏轼精神寄托之所在，在那里，他与友人“时相与登览，放意肆志”（《超然台记》），诗酒尽欢。

当然，苏轼不是超人，不是没有内心隐痛，不是没有心理调适的过程。他是在杭州度过三年的快乐时光之后来到密州的，两地条件相差太悬殊了，杭州的环境与生活，自然成了密州环境与生活的参照物，心理有很大的落差。

在《超然台记》一文中，他曾这样描述两地的差异："释舟楫之安，而服车马之劳；去雕墙之美，而蔽采椽之居；背湖山之观，而适桑麻之野。"也就是说，由杭州到密州，是放弃了乘船的安稳与舒适，要经受骑马乘车的辛劳；离开了华美的居室，而蔽身在简陋的木屋；没有了美丽的湖光山色，走向了长满桑麻的田野。这还不算，初到密州的苏轼，还不得不面对社会人生的诸多困境与矛盾。这是他第一次做独挡一面的太守，可迎接他的既有不如人意的朝廷改革新政，更有密州地面上的蝗虫、盗匪与弃婴。甚至，在这穷州僻壤，堂堂太守连饱腹都成了问题，不得不常去采摘枸杞与菊花充饥。

仕途的不如意，公务的繁重艰难，天灾连接人祸，给苏轼的心理罩上了层层阴云。《蝶恋花·密州上元》一词，便真实地反映了苏轼内心的寂寞与郁闷：

灯火钱塘三五夜，明月如霜，照见人如画。帐底吹笙香吐麝，更无一点尘随马。　寂寞山城人老也，击鼓吹箫，却入农桑社。火冷灯稀霜露下，昏昏雪意云垂野。

"三五"，泛指每月十五，所谓"三五明月夜，四五蟾兔缺"（《古诗十九首》之十七），这里指熙宁八年（1075）的正月十五，即这一年的上元节，又叫元宵节、灯节。词的上片是回忆杭州元宵节的繁盛热闹景况。元宵节的主要活动是观灯，故先写灯。夜晚，灯火通明，"花市灯如昼"（欧阳修《生查子》），而且"华灯偏共月

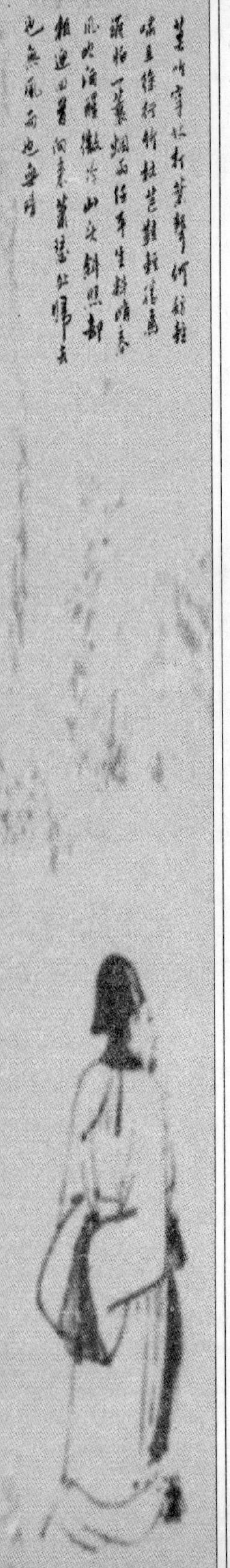

争光”（宋刘昌诗《上元词》），明月当空，皎洁如霜。出来观灯游赏的人们，穿着光鲜，在灯、月交相辉映下，如同画中美人。帷帐之内，珠帘底下，笙歌并作，香味袅袅。街道之上，因“宋时杭州街坊皆以大石板铺路，光洁无尘”（吴世昌《词林新论》），所以，尽管车马拥挤，人们追逐嬉戏，却点尘不起，清润宜人。

下片由回忆转到现实，写密州上元的萧瑟冷落。“寂寞山城”与“灯火钱塘”，“人老”与“人如画”，“昏昏雪意”与“明月如霜”，皆形成鲜明对照，真是今非昔比。你可能要问，此时的苏轼四十岁不到，何以言老？大概是各种不如意使他“尘满面，鬓如霜”，心头充满了苍桑与悲凉吧！“击鼓吹箫”，似乎很热闹，然而只不过是在祭祀土地神的农社里。严寒霜露下，灯火稀疏冷落。茫茫原野上，阴云密布欲雪。写尽了密州上元的冷清与寂寞。

文字是心灵的写照。两地、今昔不同的上元景象，透露出了诗人心理的失衡与寂寞，也折射出了诗人处境的艰难与萧索。

正是在这样的背景与心境中，五天以后，即正月二十日夜，苏轼因情生梦，梦中见到逝去已十年的结发妻子王弗。一切的伤痛与委曲，再也控制不住，再也不用掩饰，然千言万语，竟不知从何说起！在相互注视中，“惟有泪千行”。梦醒之后，梦中情景，历历在目，诗人情不自禁地吟出一支《江城子》：“十年生死两茫茫。不思量，自难忘。千里孤坟，无处话凄凉。纵使相逢应不识，尘满面，鬓如霜。夜来幽梦忽还乡。小轩窗，正梳妆。相顾无言，惟有泪千行。料得年年肠断处，明月夜，短松冈”，遂成悼亡词之千古绝唱，又开以词写悼亡之先河。堪与“悼亡诗”之祖潘岳，以及中唐著名诗人元稹

《离思》诸名作相媲美，且以词之长短句体制，更能曲尽人情，超越诗坛前辈。

面对诸多的人生缺憾，苏轼有一如常人的一面，又有超出常人的一面。他既以一颗善感之心体验着、倾诉着人生种种的苦难，又以一种哲人的理性排遣着、化解着常人难以忍受的伤痛。同时，他还以无比的真诚，用心手相应的才气，把自己的所感所思，写入诗词。正是如此，我们这些千载以下的今人，才能幸运地借诗词与之对话，借诗词感受其心灵的律动，成为他的异代知音。

境遇的低落，生活的艰难，对常人来说，往往只预示着不幸与痛苦；对智者而言，却是调整自己、提升自己的机遇。

在知密州的第二年，苏轼渐渐地平衡了心态，养成了一种安详与从容，即便在他身罹疾病之时，也能表现出常人少有的达观与优雅。比如《一丛花·初春病起》：

今年春浅腊侵年，冰雪破春妍。东风有信无人见，露微意、柳际花边。寒夜纵长，孤衾易暖，钟鼓渐清圆。　朝来初日半含山，楼阁淡疏烟。游人便作寻芳计，小桃杏、应已争先。衰病少情，疏慵自放，惟爱日高眠。

上片，细致描写了初春景象。“今年”两句的意思是：今年的春天来得较早，春意浅淡。因为，立春之日是在上年的腊月，春意是突破了冰雪的阻隔才逐渐显露出来的。“东风”三句写自然界的细微变化：人们虽未感觉东风到来的消息，但柳树的枝条泛黄了，路边的花草要冒出骨朵了，从这些细微的变化，可以知道，春天悄悄地走来了。正可谓“春风如系马，未动意先骋”

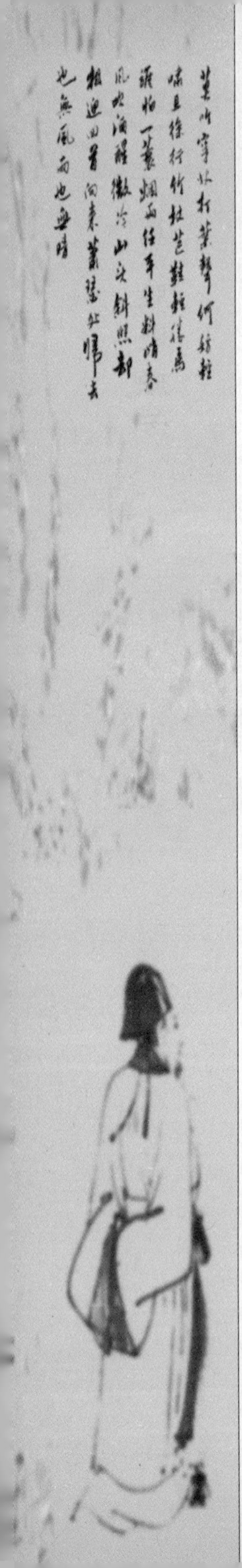

(《次韵赵景贶春思且怀吴赵山水》)。“寒夜”三句写内心的感受：纵然仍是夜长日短，但仿佛那御寒的棉被也容易暖和了，报时的晨钟暮鼓声也渐渐清脆圆润了，运用通感的修辞手法，极其细腻地写出了对初春情景的敏锐感受。

下片，写病后逢春的情怀。“朝来”两句写晨景：晨光乍明，太阳刚刚从东边的山头露出了一半，亭台楼阁，尚沐浴在轻烟淡雾之中。“游人”三句为想象之辞：虽春意乍显，朝阳初升，性急的游人们怕是已作起了游春寻芳的打算，而桃树、杏树，应该赶在游人之前开花了吧。结尾三句，说自己病后初愈，减少了游春的兴致，慵懒自放，只愿日高而卧。这样写似乎有些消极颓废，可全词的基调却无衰颓之感，反而呈现出健康明朗的格调。

此词虽写了自己病后初愈，慵懒疏放，提不起精神的常情常态,但字里行间却透露出病起逢春的欣然。诗人对物态的变化体察入微，所写春景春意虽在觉与不觉之间，却充满了活力与生机，显示出诗人敏锐的感受力以及对生活饱满的热情，也隐约给人一种言外之味：自己虽衰病少游春兴致，但大自然不会因此而改变什么，春天的脚步照样如期而至，春天的美景照样有人去赏，又何必沉溺于一己之病痛，何必为一时游春的缺席而遗憾呢？

这样的词，给人一种轻松，愉悦，也给人一种向上的启示。这，正是一种超然的韵致！从题材上看，该词堪与刘宋名家谢灵运《登池上楼》并举，然苏词的超然洒脱，却是谢诗所无法企及的。

何谓“超然”？其内涵是什么？苏轼在《超然台记》一文中说得很清楚：

凡物皆有可观。苟有可观，皆有可乐，非必怪奇伟丽者也。餔糟啜醨，皆可以醉；果蔬草木，皆可以饱。推此类也，吾安往而不乐？

大凡世间一切的物，都有值得观赏的地方。只要有可观赏之处，就都会使人快乐，不见得非是奇特伟丽之物不可。食酒糟，饮薄酒，都可以醉人，瓜果蔬菜以至草木，都可以饱腹。依此类推，到什么地方有什么关系，我到哪里会不快乐呢？联系当时的实际情况，似乎是说：在杭州有船可坐固然安稳，在密州乘车骑马也自有乐趣；杭州的雕墙华屋固然舒适，密州的土屋茅椽也颇可居住；杭州的湖山江潮虽然美丽可观，密州的旷野桑麻也有诱人之处；杭州的华筵美酒虽然芳香，密州的果蔬薄酒也可饱醉。只要安遇顺性，就能无往而不乐。

正因为知足常乐，苏轼任密州太守满一年作此文时，“貌加丰，发之白者，日以反黑”，心情也大大改观。可是，人为什么会有种种的痛苦，怎样才能摆脱痛苦，获得快乐呢？苏轼的思考极为深刻。文章第二段这样写道：

夫所谓求福而辞祸者，以福可喜而祸可悲也。人之所欲无穷，而物之可以足吾欲者有尽。美恶之辨战乎中，而去取之择交乎前，则可乐者常少，而可悲者常多，是谓求祸而辞福。夫求祸而辞福，岂人之情也哉？物有以盖之矣。彼游于物之内，而不游于物之外；物非有大小也，自其内而观之，未有不高且大者也。彼挟其高大以临我，则我常眩乱反复，如隙中之观斗，又焉知胜负之所在？是以美恶横生，而忧乐出焉，可不大哀乎！

求福避祸是人之常情。人们之所以要求福避祸，是因为福能使人快乐，而祸会引起悲伤。可在现实生活中，常常是乐少悲多，因为人的欲望是无穷无尽的，而能够用来满足我们欲望的物却是有限有尽的。因此，孰好孰坏，人们便常在心中反复掂量，辨别。是舍还是取，人们便常对眼前的选择不停地权衡。如此以来，可乐之事常少，可悲之事常多，这就叫做求祸而辞福。

求祸辞福有违常情，哪里是人们想要的呢？之所以出现这种情况，是因为外物蒙蔽了他们的眼睛与心灵。他们只游心留意于事物之内，而不能游心留意于事物之外。物本无大小、贵贱之分，如果局限于物之中看待它，那么没有哪个物不是又高又大的。这样高大、重要的物横在面前，就会使我们眼花缭乱，犹豫不决，就如同从门缝中看人争斗，又哪里分得清谁胜谁负呢？于是，美丑交错互生，忧乐百感交集，怎能不令人深深的悲哀呢？这样，就把人为贪欲所累，为外物所蔽，以至乐少苦多的道理，讲得十分透亮。可谓深谙道家创始人老子“福祸相依”之理，达至超脱尘垢之境界。

归结上述《超然台记》的两段话，可以知道苏轼的“超然”至少包含两层意思。其一，所谓超然，不是让人脱离现实，而是在直面现实困境的基础上，努力提高精神境界和品位，使精神升华，心灵超越。其二，达到超然的途径主要有两个，一是安遇知足，顺势而为；一是摆脱贪欲、物累，游于物外。如此，方能海阔天空，俯瞰人生的种种缺憾，做到无往而不乐。否则，便会心胸闭塞，目光狭窄，沉溺浸泡在无限的痛苦之中，领悟不到真正的人生乐趣。这里，有对庄子“游于物外”哲学思考的继承，而更主要的，则是苏轼对人生困境的自觉超越。

“超然”的养成与提出，在苏轼思想发展的历程中非常重要。这既是苏轼人生哲学的宣言，也是他化解烦恼，抵御逆境的精神支柱。苏轼后来遭贬黄州，甚至更远的惠州、儋州，一直能够泰然处之，和他这种“超然”观有密切关系。另外，“超然”也成为苏轼在密州文学创作中的“审美追求和审美理想，其超然之韵已普遍渗透在他的散文、词赋之中”（朱靖华《苏轼论》）。这里，我们只说说他的词作。

苏轼在超然台所作的词，多达五首。其中包括：两首《望江南》，两首《江城子》，一首《水调歌头》。

《望江南·超然台作》一首，是苏轼最早与超然台有关，又公认为明确表现出了超然之思的词。词曰：

春未老，风细柳斜斜。试上超然台上看，半壕春水一城花，烟雨暗千家。　寒食后，酒醒却咨嗟。休对故人思故国，且将新火试新茶，诗酒趁年华。

首句“春未老”，用拟人手法写时令，新颖别致，既点明仲春与暮春之交的季节特点，又可见作者心态的高朗。此时春光正灿烂，可写的景象甚多，作者却独拈出“风”与“柳”加以描写，“风细柳斜斜”。以“细”形容风，可见春风的和煦轻柔；以“斜”形容柳，就写出了柳枝的摇曳与婀娜，也透露出写景之人心绪的起伏与激荡。为了平静心情，作者尝试着登台观景，所看见的景是“半壕春水一城花，烟雨暗千家”。春雨绵绵，护城河里春水荡漾，满城的鲜花尽情开放，千家万户笼罩在烟雨迷蒙之中，真有点江南水乡的味道。

景虽很美，却更激起了作者这个南方游子的思乡之情。因此，便有了极深沉的感慨：“寒食后，酒醒却咨

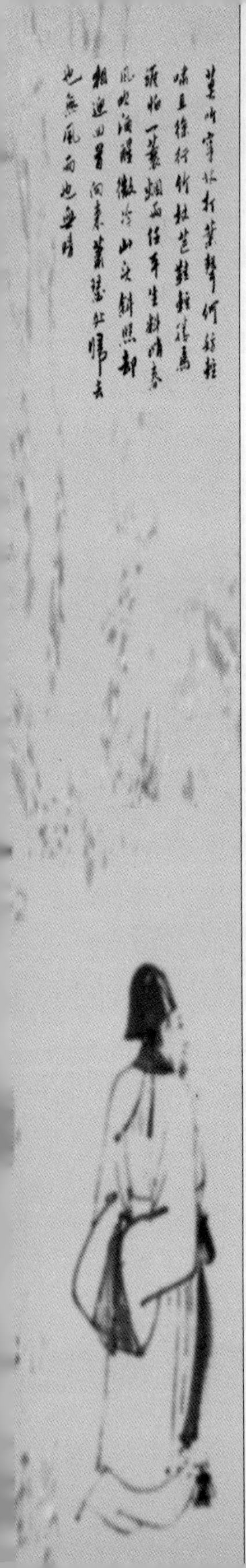

嗟。”为什么叹息呢？从下句“休对故人思故国”看，是怀乡念家了。因为，寒食之后即是清明，“清明时节雨纷纷，路上行人欲断魂”（杜牧《清明》），清明节，是传统的回乡祭祀扫墓的日子，本地人家纷纷到先人坟前扫墓祭祀。苏轼宦游他乡，父母、妻子的坟墓均在四川眉州老家，他多想插翅前往，一抒哀思！然密州与四川相隔千里，虽思归而不得。他想借登高、饮酒，抑制乡情，谁知薄酒难消乡愁，触景却更伤情。

可见，词中所写之景，是清明时节之景；所抒之情，是思念故土之情。正如王国维在《人间词话》中所论，“一切景语皆情语。”情由景发，景由情染，情景相映相生，这是本词一个很大的特点。

值得注意的是，本词还借转折、对立性的词语，努力化解乡愁，呈现出了乐观情怀与超然之韵。词的最后三句：“休对故人思故国，且将新火试新茶，诗酒趁年华。”明明是思乡心切，却用“休对”加以否定，说不要面对故人谈论故国之思，不要沉溺于悲伤之中。又用“且将”自慰自解，现“新火已举”，“新茶”已采，姑且用新火，煎新茶，趁着人还未老，尽情地饮酒赋诗吧。言外之意似乎是，如陷于乡愁之内，则会苦不堪言，何不跳出反观，有美景可赏，新茶可品，诗酒可享，不也是人生的一乐吗？

这里，两个“新”字很有深意。何谓“新火”？相传为纪念介子推，要禁火三日，即寒食节的由来。寒食禁火后需重新点火，称之为“改火”，又叫“新火”。唐宋时，每清明日，赐百官新火。杜甫《清明》二首之一就有这样的诗句：“朝来新火起新烟，湖色春光净客船”。“新茶”，指寒食节禁火前采制的茶，俗称“火前茶”，或“明前茶”，为茶中佳品。诗人有意用“新火”、“新茶”

对应“故人”、“故国”，正如俞陛云在《两宋词选释》中所说：“下阕‘故人’、‘故国’触绪生悲，‘新火’、‘新茶’及时行乐，以此易彼，公诚达人也。”而且，词中两处出现“超然台”之名，又用“趁年华”呼应首句的“春未老”，都在有意指明诗人不愿沉溺于伤感之中，而要努力超然于外的达观。

全词虽含有淡淡的哀愁，但基调清爽洒脱，思想格调与《超然台记》是一致的，呈现出知足常乐、善于自解的超然意趣。

此篇的姊妹篇是《望江南·暮春》，作于同一年稍晚一点的暮春时节，其思想情感更接近超然的境界。词曰：

春已老，春服几时成？曲水浪低蕉叶稳，舞雩风软纻罗轻。酣咏乐升平。　微雨过，何处不催耕。百舌无言桃李尽，柘林深处鹁鸪鸣。春色属芜菁。

我们先来看看词的表层意思。词的上片写暮春时节的游春活动。似乎是说，已到暮春时节，希望能穿上新缝制的春服，和朋友们一起，在曲水边临流列坐，用蕉叶形的酒杯喝喝酒，到舞雩台上，敞开纻罗制作的轻柔春服，吹一吹风。然后尽情歌咏，悠然享受天下太平。下片写农事劳动和暮春之景。一场小雨之后，到处可见官吏们催促农夫下田耕种。古时候，有春季官吏催耕的制度，以示对农事的重视。在词中写农村风景，苏轼是第一人，苏词中提到农活，这首词又是最早的。“百舌”，是伯劳鸟的一种，又叫反舌，因其鸣声反复如百鸟之音，故得此名。这种鸟立春后鸣叫不止，夏至后即不再啼鸣。在春末夏初，百舌鸟停止了叫声，代之而起的，是躲在柘枝深处鹁鸪的欢鸣。灿烂的桃李春花早已凋谢，

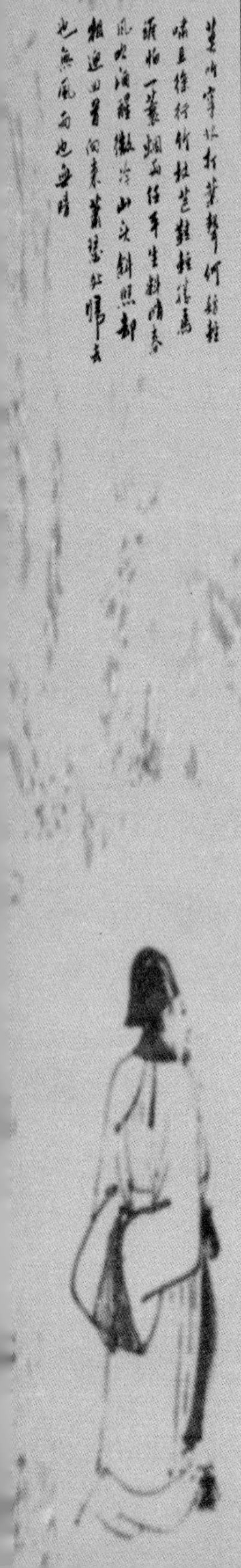

到处是蔓菁之类的绿色植物，放眼望去，几乎成了绿色的世界。所有这一切，都让人感到祥和安乐，自然和谐。

在这样的一首小词中，苏轼要抒写什么样的情怀呢？为什么说它更接近超然的境界？我们先来看“舞雩”一词。“雩”是古代求雨的祭祀，因求雨时常伴以音乐、歌舞，故称舞雩。这里是指举行舞雩的坛，位于山东曲阜东南，是春秋时鲁国祭天求雨的地方，它曾经出现在曾点的理想描述之中。

曾点，字子皙，是孔夫子的弟子。在孔子与学生们畅谈理想的时候，子路、冉有等人的理想都是治国理政，不是做政治家、军事家，就是做外交家。轮到曾点，他未说任何治国宏志，却从容地谈起与友人的春游：“莫春者，春服既成。冠者五六人，童子六七人，浴乎沂，风乎舞雩，咏而归。”（《论语·先进·侍坐》）意思是说：暮春时节，天气转暖，春天的衣服已经穿定，陪同五六个成年朋友，带上六七个孩子，去沂水中洗澡，到舞雩台上吹吹风，然后，一面唱着歌一面走回家。孔夫子对其他人的言志不予评论，唯独赞赏曾点的理想：“吾与点也。”

这是一种什么样的志向呢？历代评论家见仁见智。我以为曾点所描述的是顺应自然，安贫乐道，即孔夫子所说的“君子不器”（《论语·为政》）。也就是说，君子的人生目标不应该是成为有特定用处的器皿，限定自己只能做什么，不能做什么，为“器”所局限。换句话说就是，不应该以谋求哪一个具体的社会职业或职务为人生目标，而应该首先有志于内，注重精神的修养，注重顺应自然规律，无论是否被用，都能保持内心的平和与从容。果能如此，就能干一行爱一行，在力所能及的岗位上实现理想，在日常生活中品味生活的美好。

苏轼正是借用了《论语》中的这个事典，希望能够达到曾点的境界，实现先圣先贤的人生理想，使万物各得其所，使百姓安享太平，使自己“无往而不乐”。这是苏轼的一贯理想，也是其超然思想之本。

由此可见，超然思想与苏轼的从政热情，社会责任并不矛盾，事实也正是如此。知密州时，苏轼正当四十岁左右的壮年，“四十曰强，而仕”（《礼记·典礼上》）。也就是说男人到了这个年龄，智深力强，最适合做官为政。密州任上的苏轼，可圈可点之处也确实很多。

他“勤于吏职”，“视官事如家事”（《密州通判厅题名记》），他亲自下田灭蝗抗旱，机智巧妙地清除匪患，满怀热情地救助弃婴，“磨刀入谷追穷寇，洒涕循城拾弃孩”（《次韵刘贡父李公择见寄》）。关于收养弃孩一事，他后来还在《与朱鄂州书》中说：“轼向在密州，遇饥年，民多弃子。因盘量劝诱米，得出剩数百石，别储之，专以收养弃儿。”仅此一项善政，就救活数千人。他急农夫之所急，想农夫之所想。凡便于民者，不辞辛劳、不计利害；对不便于民者，敢于抵制，不惜得罪权贵。

他忧国家之所忧，时刻把国家的安危挂在心头。熙宁八年（1075）七月，辽主胁迫宋王朝“割地以畀辽”，“凡东西失地七百里”。因此，他写下了生平第一首豪放词《江城子·密州出猎》“老夫聊发少年狂，左牵黄，右擎苍。锦帽貂裘，千骑卷平冈。为报倾城随太守，亲射虎，看孙郎。酒酣胸胆尚开张，鬓微霜，又何妨。持节云中，何日遣冯唐？会挽雕弓如满月，西北望，射天狼。”抒发了他渴望驰骋疆场，为国立功的壮志豪情。

苏轼的所作所为，赢得了当地人民的普遍欢迎。而不以境况自苦的豁达，也让他渐渐喜欢上了这片朴野的

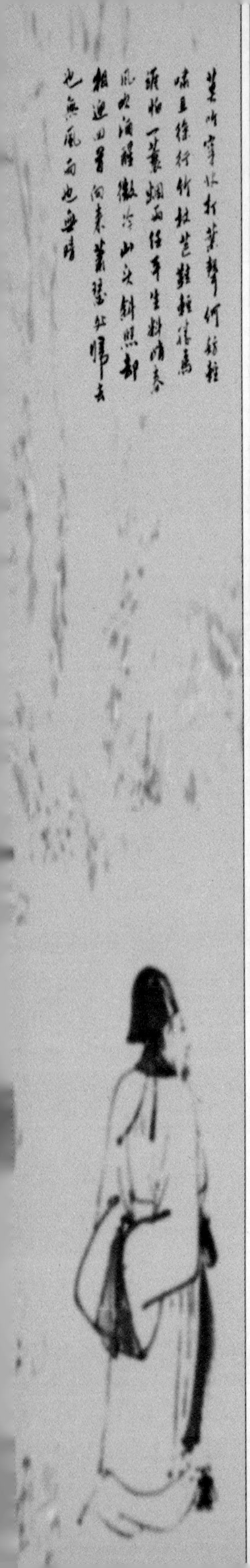

土地，这里朴厚的百姓。他有时深入田间地头，探询民情；有时“聊发少年狂”，骑马射猎；有时宴赏宾客，谈笑风生，几乎要笑掉下巴。

然而，为官不自在，皇帝一纸诏书，苏轼就又要离开他已经熟悉并已产生了感情的地方，举家他迁。“二年饮泉水，鱼鸟亦相亲”，他心有不舍地再次登上曾“日日登临”的超然台，吟出了他超然台的告别之作《江城子》：

前瞻马耳九仙山，碧连天，晚云闲。城上高台，真个是超然。莫使匆匆云雨散，今夜里，月婵娟。小溪鸥鹭静联拳，去翩翩，点轻烟。人事凄凉，回首便他年。莫忘使君歌笑处，垂柳下，矮槐前。

本词上下片结构相同，都是把景与情、虚与实交替来写。上片开头三句，先写从超然台上眺望的实景。“马耳”，山名，在今山东诸城市西南六十里，因山上有二石并列似马耳而得名。苏轼在《雪后书北台壁》一诗中有这样的描绘：“试扫北台看马耳，未随埋没有双尖。”“九仙山”，在诸城市南九十里，高耸奇秀，传说曾有仙人居住过。这一天，晴空万里，诗人登台远眺，但见：天高云闲，山奇景秀，碧色连天。真让人心旷神怡，顿生超然物外之想。“莫使匆匆云雨散，今夜里，月婵娟。”意思是说，不要让我们的相会像云雨那样匆匆消散，因为，今晚的月光一定非常美好。短短几句，有写景，有抒情；有实景，又有想象之景。赏爱之意，留恋之情，超然之感，皆溢于言表。

下片前三句，似写望中实景。“小溪鸥鹭静联拳，去翩翩，点轻烟。”什么叫“静联拳”？指的是鸥鹭的头、颈、身躯蜷缩在一起时，安静可爱的样子，出自杜甫《漫成一绝》："沙头宿鹭联拳静，船尾跳鱼拨刺鸣"。此处暗用杜诗语典，自然贴切，如水中著盐，不着痕迹。洁白的鸥鹭，静卧在溪水边，是那么闲适、安然，可一旦翩然飞去，却如烟消无迹。这不正像自己眼前的景况吗？"人事凄凉，回首便他年。"两年时光，匆匆便去，种种情事，转瞬便将成为过去，怎不令人感慨万端。结拍"莫忘"三句，更以嘱托之语，虚拟之景，道尽了内心的深深留恋。

这首词虽流露出了人事变迁的感慨和依依惜别的惆怅，但意境磊落高雅，格调清新健朗，给人一种心灵澄澈高远的美感。尤其那两座美丽的山和一座超然台，更是让人触目难忘。

苏轼对密州、对超然台的不舍之情，既体现在上面这首告别词中，也体现在送别词中，他的另一首《江城子》，题为《东武雪中送客》，是为州学教授章传道而作的饯行词：

相逢不觉又初寒。对尊前，惜流年。风紧离亭，冰结泪珠圆。雪意留君君且住，从此去，少清欢。转头山下转头看。路漫漫，玉花翻。银海光宽，何处是超然。知道故人相念否，携翠袖，倚朱栏。

雪中送客，语浅情深。尤其"雪意留君君且住，从此去，少清欢"三句，很自然地让人想起唐代岑参的《白雪歌送武判官归京》："轮台东门送君去，去时雪满天山路。山回路转不见君，雪上空留马行处。"行客亦多情，离去未远就生别情。妙在不直说，反说行客一步一回头，然大雪飘飞，满眼是"玉花"、"银海"，望不见

密州友人，看不见超然台。这种写法，既把别情写得含蓄蕴藉，又突出了超然台在作者心中的地位。

确实，密州对苏轼的重要，最主要的就是随着超然台的修缮而提出的超然观，而苏轼超然观在词中的最集中体现，应该是中秋绝唱《水调歌头》。

大家可能要问，这首词我们太熟悉了，当代流行歌坛上的女歌星王菲演唱的《但愿人长久》，即以苏词原文为歌词，惜其将下片中“低绮户”唱成了“低倚户”，为大众所熟知，亦可见苏词的魅力历千载而不衰。可它和超然台、超然观有什么联系呢？让我们先重温一下这首词，然后再予以讨论。

明月几时有？把酒问青天。不知天上宫阙，今夕是何年。我欲乘风归去，又恐琼楼玉宇，高处不胜寒。起舞弄清影，何似在人间？　转朱阁，低绮户，照无眠。不应有恨，何事长向别时圆？人有悲欢离合，月有阴晴圆缺，此事古难全。但愿人长久，千里共婵娟。

根据本词的题序：“丙辰中秋，欢饮达旦，大醉，作此篇，兼怀子由。”我们知道这首词的创作时间，是熙宁九年（1076）的八月十五。但作于何地，却没有明确标志。朱靖华先生在《苏轼论》一书中提出，此词“作于熙宁九年中秋在超然台上饮酒赏月之时”。此后，刘石先生、日本学者保苅佳昭等，也持此说。对此，我很赞同，并找到了几条根据。

其一，据苏轼《超然台记》所言，自熙宁八年（1075）底台修好后，“雨雪之朝，风月之夕，余未尝不在，客未尝不从。”就是说，不论下雨还是落雪的早晨，或是月白风清的夜晚，苏轼没有一次不去那里，客人们没有一次不与之同行。既然如此，风清月圆的中秋之夜，苏轼便没有不登台赏月的道理。

其二，唐宋时有中秋登台赏月的习俗。《开元天宝遗事》记载，唐玄宗与杨贵妃在八月十五日夜临太液池，凭栏赏月，还使人在池西筑百尺高台，以备来年望月。到宋代，中秋节开始深入民间，开封“中秋夜，贵家结饰台榭，民间争占酒楼玩月”（《东京梦华录》）。苏轼为一州太守，又喜欢与人游赏，自会愿意遵从这样的习俗。

其三，七年之后的同一天，苏轼在黄州写下了《念奴娇·中秋》一词，开篇便点出是“登高眺远”，其中有“玉宇琼楼”、“举杯邀月”、“起舞徘徊”、“今夕不知何夕”、“便欲乘风翻然归去”等词句，与七年前的本词有明显继承关系。而且，本词也确实给人一种登高望远，胸襟开阔的感觉。

其四，在熙宁九年八月十五日这一天，苏轼还作有登览诗《和鲁人孔周翰题诗二首》，诗前有引文，明确说明是中秋这天，“轼与客饮于超然台上”而作。

综上所述，可以推断熙宁九年八月十五日，苏轼在超然台上举行酒宴，与客人饮酒赏月，“欢饮达旦”，并作有二诗一词。

这首词不仅作于超然台上，词中的超然高韵更是显而易见。细读词作，我发现一个很有意思的现象，那就是在这首如行云流水，似“天仙化人之笔”的绝妙好词中，用字却多重复。诗词本字少篇短，讲究言短情长，言少意丰，用字很少重复。可这首九十五字的小词，重复出现的字竟达十个之多，使用三次以上的就有四个：“有”字四次出现，“不”、“何”、“人”三字，皆三次出现。另外，“月”这个字虽只出现了两次，但全词以“明月”起，以“婵娟”结，又以“月”相贯穿，使得满

篇皆“月”。“月”、“人”、“有”、“不”、“何”，这几个字虽都是常用字，但在一首词中如此反复使用，还是很令人深思的。作者是有意为之，还是无意使然，这一点我们无从得知。但透过这种语言现象，联系东坡在《减字木兰花》（春牛春杖）等词中的重字运用，既可窥见宋人重意尚理的思维方式与创作方法，又可体察苏轼作词时的情态与心路历程。

在月华如水的中秋夜晚，酒酣兴浓之时，作者眼望明月，心系人事，思绪如潮，既有多情、浪漫的伤感与想象，又有理性、深沉的思索与追问。在人月对比之中，涌起重重痛苦与矛盾，向往与犹疑；在人月融合之中，又努力化解矛盾，超脱愁苦。终于，在天人合一中，实现了人生的艺术化，结晶出这曲中秋绝唱！

词的上片，把酒问月，人月对比，由明月的空明澄澈、千古不变，生出宇宙意识与人生感慨，展开超越时空的人生思考与领悟。

“明月几时有？”“不知天上宫阙，今夕是何年？”在连续的追问中，思接千载，想象天上人间的差异与相似，引发出对人生的思索。既赞叹造化的神奇、永恒的伟大，又隐含岁月流逝，人生苦短的惆怅。“上下四方曰宇，往来古今曰宙”（见于《淮南子·齐俗训》）。无限广远的时空，更能凸显个体生命之渺小、孤微。惟有哲人，方能有此一问。这里，远承屈原《天问》，又接张若虚的《春江花月夜》“江畔何人初见月？江月何年初照人”？亦如李白的《把酒问月》“青天有月来几时？我今停杯一问之。”呈现出诗人对宇宙的探求，以及强烈的生命意识。

“我欲乘风归去，又恐琼楼玉宇，高处不胜寒。”作者爱那月空的清澈、高洁与自由，厌恶世间的污浊与烦恼，很想乘清风飞上天去，“抱明月而长终”，又担忧禁受不起那里的清寒与孤独，而心怀恐惧。飞天入月，何言“归去”？苏轼自认为与谪仙李白一样，本不属于尘世，那仙境般洁净、自由的世界才是归宿。苏轼一生，既“奋厉有当世志”，崇儒务实，又爱自然，好佛道，历经磨难，故每当失意之时，多有出世之想。但他热爱生活，执着于现实理想，终未退隐。所以，自然与人生，出世与入世，理想与现实等种种矛盾，对他形成了极大困扰。

这种困忧，既是苏轼的，又是屈原的、李白的。所不同的是：屈原、李白始终没有走出这种困扰，“唯愿当歌对酒时，月光长照金樽里。”（李白《把酒问月》）仍然怀抱孤独与寂寞。而苏轼却以他安遇顺势、游于物外的思维方式，找到了解决办法。

“起舞弄清影，何似在人间。”此句来源于李白的“我歌月徘徊，我舞影零乱”（《月下独酌》），又别有意趣。我在月下翩然起舞与自己的清影嬉戏，哪里像是在人间呢？也就是说，既然“归去”与不去都不如人意，不如乘着皎洁的月光轻歌曼舞，月随人移，影随形动，人与月与自然融为一体，这样，虽身处人间，不就像是到了仙界一样吗？换句话说，境由心生，内心欢愉，精神自由，就是仙境！这正是苏轼在密州形成的超然境界，与后来《赤壁赋》中“飘飘乎如遗世独立，羽化而登仙”异曲同工。

这种精神层面的超越虽蕴含苦涩与忧患，不可能真正超脱，但其积极而又超越尘俗的人生态度，既给自己以抚慰，获得诗意的快慰，又传达出一种飘逸洒脱之美。

词的下片人月合写，借明月的圆缺变化与千江共有，引出对人间离别，人生缺憾的内省与达观，表达对美好

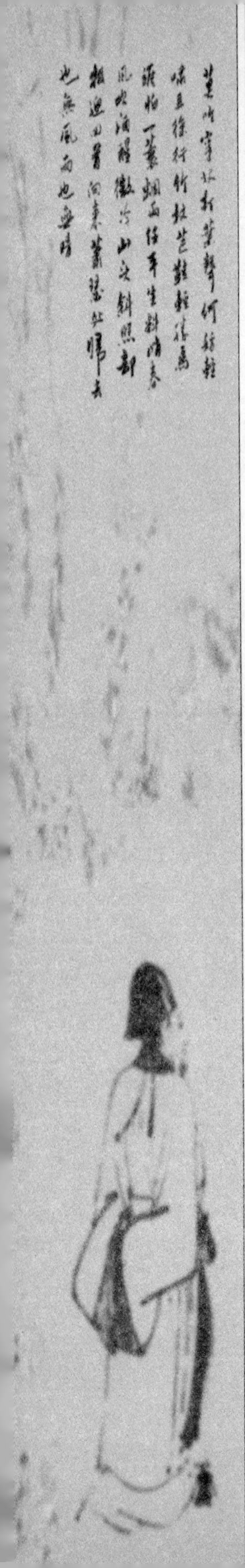

生活，人间真情的向往与期待。

“不应有恨，何事长向别时圆？”唐代诗人李贺有诗句：“天若有情天亦老”，宋代石曼卿对曰：“月如无恨月长圆”，人以为绝对（司马光《温公诗话》）。苏轼此句则更为曲折，直把月亮当成有灵性之物，迁怒于月。月亮本不该有人间的喜怒哀乐，可你为什么偏偏在人们离别时圆圆地挂在空中？不是更触发人们的离愁别恨，故意跟人们过不去吗？这样的追问与责难，无理而有情，是为古典诗词中所特有的“悖理达情”之法。想当初，苏轼自请离杭赴密，本为兄弟苏辙在齐州，便于兄弟相会。不想天不遂人愿，五年了，值此月圆佳节，兄弟俩仍不能聚首，情何以堪！

但苏轼很让人佩服的是：深于情而不滞于情。他很快就跳出一己哀愁，从一个宽广高远的角度，以理化情。“人有悲欢离合，月有阴晴圆缺，此事古难全。”人不能长聚，月不能长圆，自古以来皆如此。欢乐常与痛苦为临，月圆就意味着月缺的开始，天地万物没有十全十美，这是大自然永恒的规律。不如意事常十有八九，有缺憾，有不足，才是自然界与人世间的常态。既然如此，又何必为一时离别而忧伤呢？这种对人生缺憾的透彻理解和高朗襟怀，对任何时代的人都是一种感动和启迪。学习这样的人生理念，在遭遇坎坷不幸时，便会多一丝坦然、从容与大气，便会知道，幸福与获得固然是一种享受，有人与你共尝的痛苦，同样也是一种享受。

“但愿人长久，千里共婵娟！”在古代所有吉语中，这一句最令人感动！因为，它是那么深情而博大，温暖而高洁。既然缺憾不可避免，我们就祝愿亲人、大家健康长在，即便远隔千里，也可以“千里与君同”（许浑《秋霁寄远》），互道慰藉，心意相通。大家同沐月光，相互挂怀，相互祈福，便获得温暖不再孤单。在这里，苏轼借月的普照，既抒发了对兄弟的美好祝福，又推己及人，发出了对人世间所有有情之人的深切关爱，让我们深感有月的世界是那么明亮，有爱的世界是那么美好！

这首词情韵深厚，又思理超妙，“上下片都带有人生哲学的意味”（夏承焘《唐宋词欣赏》），都带有超然的意趣。正因为此，这首词不仅意丰、情深，而且境美、理达；不仅给人美的享受，情的陶冶，也给人智的启迪。真不愧为“格高千古”（王国维《人间词话》）的“千古绝唱”（杨慎《草堂诗馀》）！

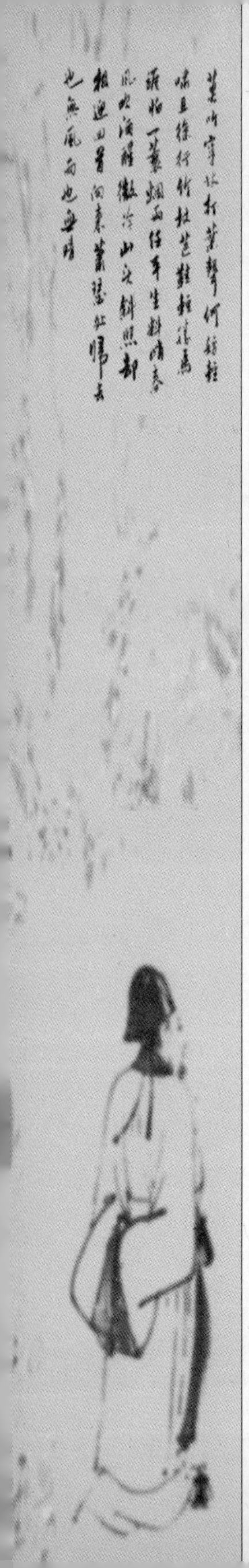

东坡雪堂归去来
——黄州的省思

“乌台诗案”，发配黄州，躬耕东坡，自号东坡居士，在苏轼的一生中，甚至在中国古代文化史上，都是值得大书、特书的重大历史事件。从这里开始，掀开了苏轼人生的新篇章：思想更成熟，人格更闪光，创作更杰出，名号更响亮，只不过更多的是以“苏东坡”的称谓活在人们的嘴边、心上。

身处黄州的苏东坡，不再是令人敬慕的朝廷大臣，但其形象却更鲜明而可亲。他既是被编管的罪人，又是善于发现美的诗人；既是田野劳作的农夫，又是精神遨游的哲人；既是备感贬谪之苦的迁客骚人，又是心灵自由自得的自然之子。可以说，黄州，是东坡现实人生的低谷，又是他文学创作的圣地；是他历经坎坷的见证，又是他获得新生的沃土。黄州因东坡名扬中外，东坡在黄州找到了精神家园。

回首往事，“乌台诗案”一定是东坡心中永远的痛！元丰二年（1079）七月二十八日，刚刚担任湖州（今江苏吴兴）知州的苏轼，就因新党的弹劾而遭抓捕。而且，据目击者称，“顷刻之间，拉一太守，如驱犬鸡”。八月十八日，押入汴京御史台狱审理，到十二月二十八日才结案出狱，前后长达五个月之久。这就是中国第一场震动朝野的文字狱，史称“乌台诗案”。此案的导火索，是他在《湖州谢表》中“难以追陪新进，或能牧养小民”的牢骚，罪证是被认定为“讪谤”新政的诗作。由御史中丞李定主持，挑选苏轼的部分诗文、诗句，一首首一句句的勘问其“讪谤”罪状，并摘出《塔前古桧》中“根到九泉无曲处，世间惟有蛰龙知”的诗句，诬其有不臣之心，欲治其死罪而后快。后经多方营救，加上宋朝本有不杀士大夫的祖训，苏轼才得以死里逃生。

对新法中不便于民者提出批评，本不过是政见之争。以诗托讽，希望有补于国，亦是秉承了《诗经》以来儒家的诗歌创作传统。可谁承想却被恶意曲解，无限上纲，招致牢狱之灾！昔日响当当的廊庙之才，却一下子沦为阶下之囚！不仅生命受到威胁，还遭到审判者百般侮辱。当时与苏轼一墙之隔被关押的苏颂，曾留下了这样的诗句：“遥怜北户吴兴守，诟辱通宵不忍闻。”（《元丰已未东阁作》）连局外人都对传来的通宵诟辱“不忍闻”，苏轼在狱中所受到的身心摧残就可想而知了。如果设身处地的想一想，这样的境遇与灾难，有几个人能承受得了？何况我们的诗人，当时已是四十四岁的一方大员了！

身陷牢狱，贬官黄州，是苏轼一生中的第一次大挫折，打击是极其沉重的。此时的东坡，无论是政治上、心理上，还是生活上，都陷入了前所未有的困境。

从政治上来说，东坡主张渐变、慎重、折中而行的改良，反对王安石全面而激烈的骤变新法，虽属政见分歧，但随着时移势迁，新法渐渐被当作不可争论的国是，

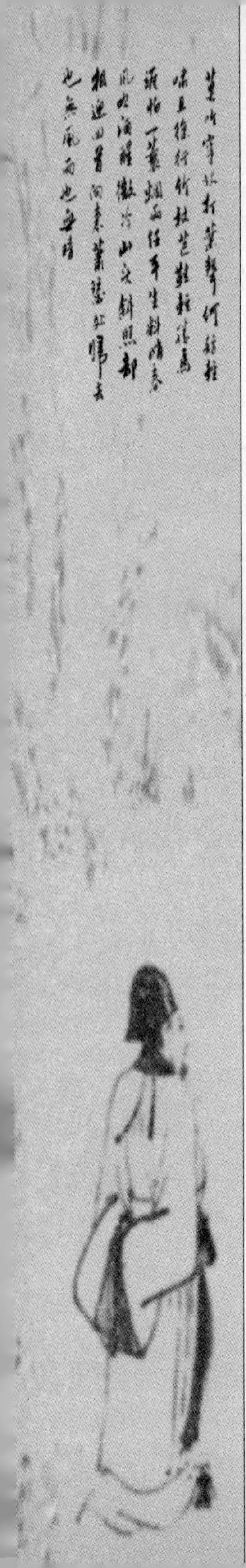

御史台的人又将其与皇权相联系，把反对新法说成是侮辱皇帝的尊严，并以此证明苏轼有大罪。在这种情况下，东坡的政治前途似乎没有了一点指望。因为，主张推行新法，批准逮捕、贬谪东坡的皇帝宋神宗，才三十三岁，小了东坡十来岁，而当时谁也不会料到皇帝会英年早逝。这对极想在政治上大有作为的人来说，无异于当头一棒！东坡对专程来探望的弟弟曾这样说："别来未一年，落尽骄气浮。平时种种心，次第去莫留。便为齐安民，何必归故丘。"（《子由自南部来陈，三日而别》）不仅平时骄气、浮躁气被打得无影无踪，甚至种种的雄心抱负也不敢作任何企望了。就连"功成名遂"、思归故里的愿望也化作泡影，只好作个"齐安民"了。

从心理上说，他体验了生的痛苦，死的恐惧，孤独的煎熬，是"惊起却回头，有恨无人省"（《卜算子·黄州定惠院寓居作》）。他最看重的人格尊严遭受了践踏，最向往的自由遭受了戕害，最尽力的功名事业遭受了嘲弄。在《初到黄州》一诗中，他自我解嘲道：

> 自笑平生为口忙，老来事业转荒唐。
> 长江绕廓知鱼美，好竹连山觉笋香。
> 逐客不妨员外置，诗人例作水曹郎。
> 只惭无补丝毫事，尚费官家压酒囊。

遥想当年，兄弟二人随父上京赶考，双双进士及第，名动京华。随后参加制科考试，东坡又获最高等，实为大宋百年制科第一名，以至于被仁宗皇帝说成是未来宰相人选。在仕途上，诗人虽因不赞同王安石变法受过挫折，但八年地方官工作得以展现才能，也受到了百姓的拥戴。他做梦也不曾想到，半生忙碌的结果，竟是因诗得罪，落得个“责授检校尚书水部员外郎，充黄州团练副使，本州安置，不得签书公事”！虽说“水部员外郎”是水部的副职，但“检校”却是代理或寄衔的意思，并不是正任官。所谓“团练副使”，名义上是地方军事助理官，实际上是挂名闲职，再加上“本州安置”，不得参与公事，则属于被监管，近于流放了。这岂不是太荒唐，太讽刺了！虽然东坡先生善于苦中作乐，说自己因祸得福：“长江绕廓知鱼美，好竹连山觉笋香”，以后有时间尝长江的“鱼美”，尝连山的“笋香”了，但我觉得，在自我解嘲、自我安慰的深层，苏东坡的心在淌血！

我们再看看他生活的艰难。在初居黄州的日子里，因俸禄微薄，家人饱腹也成了问题。他曾致书弟子秦观，谈到他在黄州的生活：

初到黄州，廪入既绝，人口不少，私甚忧之。但痛自节俭，日用不得过五十。每月朔，便取四千五百钱，断为三十块，挂屋梁上。平旦，用画叉挑取一块，即藏去叉。仍以大竹筒别贮，用不尽者，以待宾客。此贾耘老法也。度囊中尚可支一岁有余，至时别作经画。水到渠成，不须预虑。以此胸中都无一事……展读至此，想见掀髯一笑也。（《答秦太虚七首》之四）

虽然这样的生活较之一般百姓还是好些，虽然东坡在讲如何靠节俭度过难关，以保持乐观的心情，但从中也透露出他生活的困顿与无靠。

为了解决生活上的困窘无依，第二年，即元丰四年(1081)，老友马正卿替他向官府申请拨得一块数十亩的荒地，他亲自耕种，借以糊口自给。这块地属于城东的营防废地，他为之取名“东坡”。后来，又在东坡上盖起

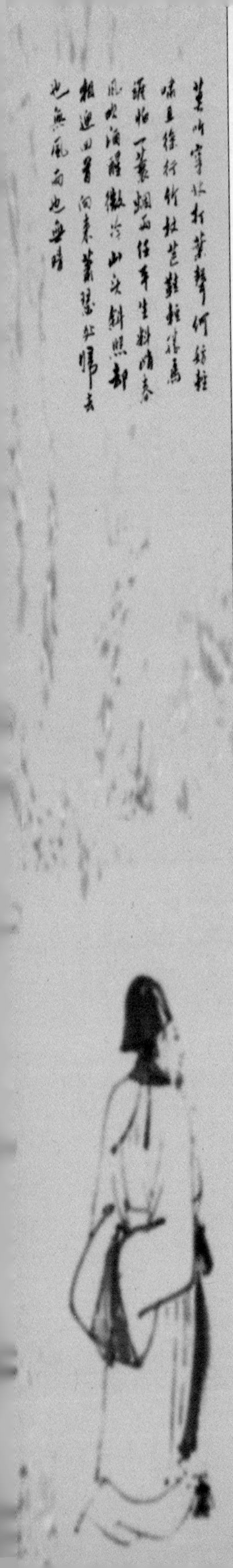

了几间房子，因是在大雪中修的，就在壁上绘雪景，命名为“雪堂”，还亲自写了“东坡雪堂”四字作为匾额，而且自号起“东坡居士”来了。

东坡平生中的这第一次大挫折，既是困境与考验，又是他人生道路的一大转折。他乐观开朗的性格，自小养成的品格节操和文化修养，决定了他不可能被风雨吓倒，被困境压垮，反而会于泥泞中崛起，奋然前行；在人生省思中，让生命发出更靓丽的光彩。

什么是真正的强者？什么是真正的潇洒？我以为：不是不言苦不流泪，不食人间烟火，而是在面对常人难以承受的困苦时，仍能抬头挺胸，笑对人生；在面对种种的人生挫折时，敢于直面自己，反省自己，并善于提升自己。苏东坡便是这样的强者，便有这样的潇洒！

被贬黄州以后，他在写给朋友的信中说：“谪居无事，默自观省，回视三十年以来所为，多其病者。足下所见皆故我，非今我也。”（《答李端书》）他冷静地解剖自己，笑自己具有制科人好发议论的习气，锋芒毕露，太喜欢张扬才华，逞口舌之快，就像那树上的树瘤，石上的花纹，犀角的纹络，本来是毛病，却常常不以为病，反而炫耀展示给别人。他常常去黄州安国寺去诵经、默坐，将平生所学儒、释、道思想融会贯通，重新认识自己，认识社会，重新思索人生的目的和意义。

他不辞辛苦，躬耕以自济。他曾经描述自己一介勤劳耕作的农夫形象是：

> 去年东坡拾瓦砾，自种黄桑三百尺。
> 今年刈草盖雪堂，日炙风吹面如墨。

东坡甘愿尝尽躬耕之苦，不只是为了生活的温饱无虞，更是为了“力耕不受众目怜”（《次韵孔毅甫之旱已而甚雨》），自食其力，维护自尊，得到精神的寄托与安然。

他还能借著述以自见。古代圣贤注重立德、立功、立言，在仕途无望之时，往往著书立说，以垂来世。东坡效法圣贤，遵从父亲遗命，在谪居黄州期间，完成了《易传》九卷，《论语说》五卷，并开始了《书传》的写作。由此，东坡形成了自己富于特色的学术思想，得以“跻身于北宋最重要的思想家之列，其学说与王安石‘新学’对立而自成一家，被称为‘苏氏蜀学’。”（王水照、朱刚《苏轼评传》）

与学术著述相比，东坡此期的文学创作更为人熟知，为人喜爱。他的散文更重文学性与抒情性，诗歌增添了厚重的人生感慨，近百首的词作内容更丰厚，格调更清旷。一大批名作脱颖而出，最著名的便是那“三咏赤壁”，达到了他一生创作的高峰。正因为有了《念奴娇·赤壁怀古》，有了前、后《赤壁赋》，清代的人便把黄州赤壁命名为“东坡赤壁”，黄州也由此名满天下。甚至，后世的戏曲、绘画、雕塑等也多以此为创作题材，如：元代无名氏的《苏子瞻醉写赤壁赋》杂剧，明代许潮的《赤壁游》、沈采的《苏子瞻赤壁记》传奇，明代魏学洢《核舟记》散文等。

东坡被贬黄州是他的不幸，又是他的大幸。正是事功之路被堵塞，激发了他对既往人生的反省和对精神家园的寻求；正是磨难与挫折，造就了他思想的深刻与智慧的生发。他在黄州最大的收获，便是寻找到了心灵的归宿与精神的寄托。

黄州时期，“苏东坡精神寄托的对象，从名利事业而暂时转移到东坡，转移到大自然。这就是对统治集团

的一种疏远，这不能不无它的积极意义。”（颜中其《苏东坡》）“东坡”、“雪堂”成了苏东坡黄州诗文中最多见的题材与词语。诗歌有《东坡八首》和七绝《东坡》，散文有《雪堂记》，词作与“东坡”、“雪堂”有关的达七、八首。正是躬耕东坡的实践，亲近自然的体验，使他寻找到了异代知己陶渊明，感受到了自然界的宁静和谐，温暖无私。

我们知道，在中国诗歌史上，陶渊明被推为大家的地位，被公认为伟大的田园诗人，在很大程度上得力于苏东坡的推崇。苏东坡“独好渊明之诗”，既认同其“性刚才拙，与物多忤”的性情及躬耕固穷、率真耿介的品格，又推崇其“质而实绮，癯而实腴”（《与苏辙书》）的诗歌特色。晚年遭贬惠州、儋州，他更以陶渊明为精神榜样，对陶诗逐首和作。学界考定，东坡开始写《和陶诗》，是在知扬州的元祐七年（1092）作的《和陶饮酒二十首》。而东坡对陶渊明的敬仰之情，实自遭贬黄州以后，便日益强烈。在黄州所作的词中，既有“手把梅花，东望忆陶潜”（《江城子》）这样的词句，更有《江城子》（梦中了了醉中醒）、《哨遍》（为米折腰）这样两首作品，直接吟咏对陶渊明的仰慕之情。

先看《江城子》一词：

梦中了了醉中醒，只渊明，是前生。走遍人间，依旧却躬耕。昨夜东坡春雨足，乌鹊喜，报新晴。雪堂西畔暗泉鸣，北山倾，小溪横。南望亭丘，孤秀耸曾城。都是斜川当日境，吾老矣，寄余龄。

这首词有“公旧序”云：

陶渊明以正月五日游斜川，临流班坐，顾瞻南阜，爱曾城之独秀，乃作《斜川诗》。至今使人想见其处。元丰壬戌之春，余躬耕于东坡，筑雪堂居之，南挹四望亭之后丘，西控北山之微泉，慨然而叹，此亦斜川之游也。乃作长短句，以《江神子》歌之。

从序中得知，苏东坡是从东坡雪堂周围的风景联想到了陶渊明《游斜川》诗里所咏的景致和内容，联想到陶渊明之行事为人，乃作此词。细读此词，有两点值得我们注意：其一，苏东坡引陶渊明为自己的“前生”，既表达了对陶渊明的仰慕，又是一种对镜自照式的自我反思。其二，借对雪堂周围美景的描绘，表达了对躬耕生活的认同。

“梦中了了醉中醒，只渊明，是前生。”既写陶渊明又写自己，含义十分丰富。“醉中醒”典出《楚辞·渔父》：“举世皆浊我独清，众人皆醉我独醒，是以见放。”表明自己的“见放”正与屈原一样，实因未随世俗之“浊”与“醉”，流露出对贬官黄州的不满之情。“醉中醒”还应有另一层含义，后来的《和陶饮酒二十首·叙》可为佐证：“吾饮酒至少，常以把盏为乐，往往颓然坐睡。人见其醉，而吾中了然。盖莫能名其为醉为醒也。”由此可见，苏东坡认为：一般人是梦中糊涂，醉中迷糊，只有陶渊明和自己可以做到梦、醉皆清醒，知道自己在干什么，要走怎样的人生道路。“走遍人间，依旧却躬耕”，便是尝尽仕途甘苦后，他们所做出的人生选择。

人们可能要说，苏东坡和陶渊明虽然都过上了归农躬耕的生活，但二人并不一样啊！确实如此，陶渊明之归农是自愿弃官还乡，苏东坡则是被贬官放逐到异地干上了农活，二人有自愿与被迫的明显差异。对古代读书

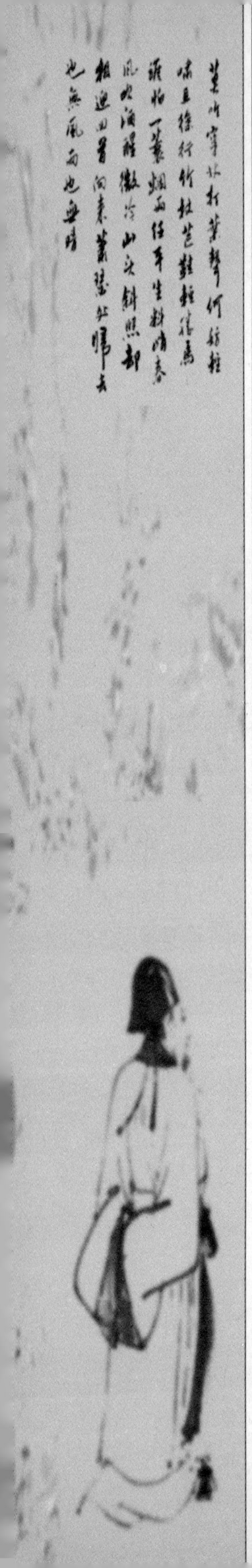

人而言，读书何为？“士者，仕也。”读书、做官，修身、齐家、治国、平天下，才是正途。“劳心者治人，劳力者治于人”，读书人是耻于耕种为农的，陶渊明是很难学的。苏东坡为仕途中人，所处时代环境与陶渊明大不相同，不可能真正学陶渊明归隐田园。但他深深佩服陶渊明，在被挤出官场之时，以陶渊明为榜样，亲自下地耕种，并乐在其中，愿意“寄余龄”，这就已经很不简单了。

在组诗《东坡八首》中，他曾如数家珍地记录劳动的全过程：“种稻清明前”，“分秧及夏初”，“秋来霜穗重”，“新春便入甑”。他描述了劳动的情景，写下了老农的经验与忠告：“农夫告我言，勿使苗叶昌。君欲富饼饵，要须纵牛羊。再拜谢苦言，得饱不敢忘。”没有造作，没有抱怨和哀愁，有的是真诚的心愿，新鲜的感受和淡淡的愉悦。

这是那些无病呻吟，炫耀高洁的所谓田园诗，永远望尘莫及的。再想想当今，还有那么多人歧视农民，厌弃农业劳动。相比之下，苏东坡敢于超越世俗偏见，超越士人身份，亲身参加田间劳作，是多么难能可贵！其立足现实，并在艰苦的劳动中安遇处顺，体会生活的诗意与快乐，是多么可佩可敬！

正因为苏东坡有如此的见识和态度，他对陶渊明“质性自然，非矫励所得；饥冻虽切，违己交病”（陶渊明《归去来兮辞·序》）的持守，便心有共鸣，对陶渊明的《归去来兮辞》更是喜爱有加。《哨遍》一词，就是用“隐括”的方式，对这篇辞赋的改写。词曰：

为米折腰，因酒弃家，口体交相累。归去来，谁不遣君归？觉从前皆非今是。露未晞，征夫指余归路，门前笑语喧童稚。嗟旧菊都荒，新松暗老，吾年今已如此。但小窗容膝闭柴扉，策杖看孤云暮鸿飞。云出无心，鸟倦知还，本非有意。　　噫！归去来兮，我今忘我兼忘世。亲戚无浪语，琴书中有真味。步翠麓崎岖，泛溪窈窕，涓涓暗谷流春水。观草木欣荣，幽人自感，吾生行且休矣。念寓形宇内复几时，不自觉皇皇欲何之。委吾心，去留谁计。神仙知在何处？富贵非吾志。但知临水登山啸咏，自引壶觞自醉。此生天命更何疑，且乘流，遇坎还止。

隐括，是根据前人诗文内容或名句意境，进行剪裁、改写来创作新词的一种方法 。这首词既是对陶渊明原作的精妙隐括，又是“雪堂亦有思归曲”（《次韵黄鲁直寄题郭明父府推颖州西斋》），是东坡自己的“思归曲”，自己的人生选择。既然是“觉从前皆非今是”，那么“今是”的人生选择又是什么呢?

“神仙知在何处，富贵非吾志。”诗人明确否定了求富贵，求仙乡的道路。“我今忘我兼忘世”，“步翠麓崎岖，泛溪窈窕”，“但知临水登山啸咏，自引壶觞自醉”，“委吾心”，“且乘流，遇坎还止”。可见，“今是”的选择，是听任自己的本心，返归大自然，乐天安命，保存天性的纯真。

联系此词题序所言，当时，“使家僮歌之，时（董毅夫）相从于东坡，释耒而和之，扣牛角而为之节，不亦乐乎!”让人想见其神情风采，顿生无限敬慕之情，恨不得超越时空以追随之。

既然如此陶醉于田园生活，那么，苏东坡为什么没有走上像陶渊明一样的归隐之路呢？在《雪堂记》和《前赤壁赋》两篇散文中，典型地反映出了东坡对人生之路

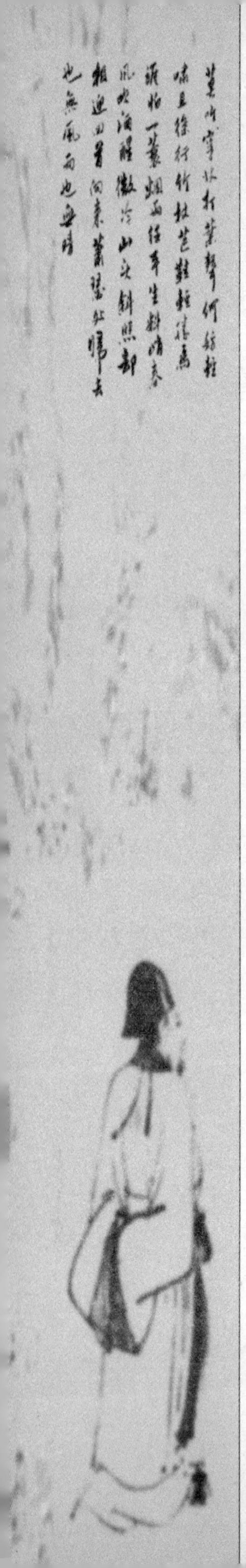

的思辨。

在《雪堂记》中，主客对话的核心是做“散人”还是“拘人”。“客”问“苏子”道：“子世之散人耶？拘人耶？”“客”所主张的是要人涤除心智，形如枯槁，心如死灰，真正达到与天地万物泯为一体。“苏子”则既不做“散人”也不做“拘人”。何谓“散人”？类似于独好佛道的方外之士，独善其身的隐逸之士。何谓“拘人”？类似于囿于儒家传统观念而汲汲于功名利害之人，志在兼济天下的仕途中人。

我们知道，中国传统文人的人生之路不外两条：“达则兼济天下，穷则独善其身”，二者不可得兼。黄州时期的东坡，是欲做朝臣而不得，想做隐士而不能，聪明而可爱的东坡便走上了第三条道路。他说：“是堂之作也，吾非取雪之势，而取雪之意。吾非逃世之事，而逃世之机。”“世之事”，指世事人生，现实生活实践。“世之机”，指世俗机诈权变之心，庸俗的功名利禄之心。也就是说，他并不是要在东坡雪堂隐居避世，而是“澄怀观道”，聊与造物游。在对大自然的相拥，对日常生活的体验中，求得身心自由，自我发展与完善。

联系他在来黄州以前说过的话：“古之君子，不必仕，不必不仕。必仕则忘其身，必不仕则忘其君。”（《灵壁张氏园记》）我们似乎明白了苏东坡要走的是怎样一条路。它既不做陶渊明式的逃避现实、独善其身，在山林田园中怡然自得的隐士，又不愿屈己干仕，汲汲营求什么官职、名利。而是把陶渊明的世外桃源拉回到心境中，入世又超世，执著于现实人生，又超然于物外。无论穷达，均不要太在意，均要坚守自我。仕与不仕均要保持个体的独立与自由。这种超越传统的人生选择与人格范式，闪耀着智慧的光彩与生命的韵律，对后世文人有深远的影响。

未来的人生道路虽然选定了，可人生的短暂，现实的残酷毕竟是实际存在，无法逃避的。《前赤壁赋》便是对人生价值与意义的思辨，对现实人生痛苦的化解。

东坡首先借“客”之口，道出了哪怕历史上的英雄也不能长久，功业也不能长存的无奈，宇宙永恒而人生短暂的悲哀，那么，人生的价值和意义到底在哪里？

苏子曰：“客亦知夫水与月乎？逝者如斯，而未尝往也；盈虚者如彼，而卒莫消长也。盖将自其变者而观之，则天地曾不能以一瞬；自其不变者而观之，则物与我皆无尽也，而又何羡乎？且夫天地之间，物各有主，苟非吾之所有，虽一毫而莫取。惟江上之清风，与山间之明月，耳得之而为声，目遇之而成色，取之不尽，用之不竭，是造物主之无尽藏也，而吾与子之所共适。”

这一段是理解《前赤壁赋》内涵的关键。作者以江水山月作比，以水的逝去而又长流、月的盈亏而又永生的现象，阐明了变与不变，瞬间与永恒的关系。也就是说，任何事物的价值与意义，都有一个观察角度问题。跳出一时一事的得失利害，从宏观而辩证的角度，把人生和历史、自然万物等而观之，就会获得开阔的胸怀和深邃的视野，从现实局促的功利束缚中解脱出来，淡化现实的残酷。从审美的角度，寄情于江上清风，山间明月，便可以使悲哀得到化解，心灵得到净化和安顿。

从苏东坡的词作到散文，我们清晰地看到，黄州时期的东坡，越来越喜欢投身于大自然的怀抱中了。在他看来，世间万物，唯有大自然才是无私而永恒的。早在神宗熙宁六年所作的《行香子·过七里濑》中，他就表达

过这样的思想。

一叶轻舟，双桨鸿惊。水天清，影湛波平。鱼翻藻鉴，鹭点烟汀。过沙溪急，霜溪冷，月溪明。　重重似画，曲曲如屏。算当年，虚老严陵。君臣一梦，今古空名。但远山长，云山乱，晓山青。

在作者眼里，富春江的山水是那么美丽。江水清明，山峰雄奇，景随船移，让人目不暇接。无论是风平水秀的宁静，还是轻舟疾下的迅疾，都让人心情愉悦，情致悠然。虽然，这里有过严光拒绝征聘，隐居垂钓的故事，但不论是东汉皇帝刘秀的帝王事业，还是严光垂钓的高士美名，全已成空。“但远山长，云山乱，晓山青。”只有山水自然，才是永恒长存，可供我们共赏的。这是苏东坡一贯的思想，也是他身处黄州时，痛苦心灵的主要慰藉。

系狱乌台，贬谪黄州，犹如一场恶梦。梦醒后的东坡痛定思痛，更深切地感受到，大自然才是他永远不弃的伴侣。而贬谪的生活，与外界人事交往的减少，也使他得以更多地亲近这长江之畔的美丽自然。他放下文人的身架，“与鱼樵杂处，往往为醉人所推骂，辄自喜渐不为人识”；他寄生命与山水之间，“酒醉饭饱，倚于几上，白云左绕，清江右回，重门洞开，林峦坌入。当是时，或有所思而无所思，以受万物之备。”他有时奔走于田野，在“清风徐来，水波不兴”的赤壁遨游；有时又在躬耕陇亩之余，漫步东坡，曳杖独行：

雨洗东坡月色清，市人行尽野人行。

莫嫌荦确坡头路，自爱铿然曳杖声。

在题名《东坡》的这首小诗里，诗人欣赏着“雨洗”后的清清月色，独享着月夜的澄明清静，踏着高低不平的山石小路，手杖触地发出有节奏的铿铿声。这是一幅怎样的图画？我们似乎看到：在充满天风海雨的漫漫人生旅途中，东坡老人视险如夷、宠辱不惊，从容自得而又充满豪情地曳杖前行！

大自然的美景使诗人陶醉，有时，他竟醉卧芳草，与这黄州的山水融为一体了。在《西江月》一词的题序中，他说自己“顷在黄州，春夜行蕲水中，过酒家，饮酒醉，乘月至一溪桥上，解鞍，曲肱醉卧少休，及觉，已晓。乱山攒拥，流水锵然，疑非尘世也。书此语桥柱上。”

这真似一首优美的散文诗。其大意是：他最近住在黄州，在一个春天和柔美好的晚上，骑着马过蕲水，到一个酒家喝酒喝醉了，便乘着月光往回走。走到溪桥上时，醉得想睡，就解鞍下马，曲起手臂当枕头略作休息。谁知一觉醒来天已大亮。眼望青山拥绕，耳听流水淙淙，真怀疑自己到了天上仙境之中。于是，便挥笔在桥柱上题下此词。

照野弥弥浅浪，横空隐隐层霄。障泥未解玉骢骄，我欲醉眠芳草。　可惜一溪明月，莫教踏碎琼瑶。解鞍欹枕绿杨桥，杜宇一声春晓。（《西江月》）

真是太美了，太潇洒了！这是一个和煦明亮的夜晚。廖廓的天空，飘动着几片白云，月光穿过稀薄的云彩，洒满原野。清风徐来，月光便在水面上、草丛木叶上闪动，整个原野就如水的层层波浪。在这样谜一样的夜色

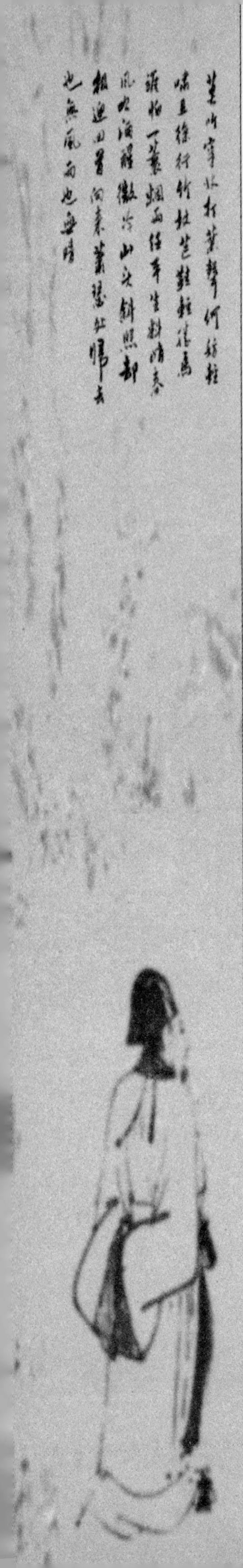

中，诗人骑着一匹宝马来到溪桥之上。“障泥未解玉骢骄，我欲醉眠芳草”。《晋书·王济传》言：“济善解马性，尝乘一马，著连乾障泥，前有水，终不肯渡。济曰：‘此必是惜障泥。’使人解去，便渡。”作者借用此典写坐骑神态，既见出濒临溪流的情景，又衬托出作者对月色、芳草的陶醉。“我欲醉眠”四字，既让人想起陶渊明醉时就对客人说：“我醉欲眠，卿可去”，一派率真洒脱之态；又充满了醉卧芳草、和大自然融为一体的渴望。

“可惜一溪明月，莫教踏碎琼瑶。”溪水波光粼粼，水月交辉，明洁如玉，水光月色是如此的美好而可爱！如果骑马淌水过去，岂不是把这天光月影踏碎了吗？我怎么舍得？千万不可以！你看，他是把溪水、月光看作有情性的生物了，让人不由想起杜甫的“一重一掩吾肺腑，山鸟山花吾友于”（《岳麓山道林二寺行》）以及辛弃疾的“一松一竹真朋友，山鸟山花好弟兄”，伟大的诗人竟都这么多情！

“解鞍欹枕绿杨桥，杜宇一声春晓。”既不忍搅扰水光月色，又醉意未消，便解下马鞍当枕头，斜卧在绿杨桥上。这一觉睡得太香了，直到一声杜鹃的啼叫，才把他从梦中惊醒，可已经是仙境般春天的早晨了。而这“一声春晓”，如空谷传声，余音袅袅，给人无尽的回味与遐想。

此词描述了春夜醉眠山水之间的一次特殊经历，写出了幕天席地、友风交月的逍遥自得之态，表达了对自然山水的那份亲近与钟爱，读来令人无限神往。据说，有敬慕苏东坡的人，因太喜欢这首词，就在离桥不远的地方，建造了一个亭子，取名“春晓亭”。此事是否属实，已不可知，但却成为文学史上的一段佳话。

这样的小词题材虽小，所写本不过是醉不得归，人马露宿郊野的小事，但其中却贯穿着融于自然、脱却机心、顿然觉悟的惊喜；拥抱自然、赏爱自然，忘却世间烦恼的心灵飞扬，最能见出作者的个性素养及审美情趣。多读读这样的作品，可以荡涤心胸，净化灵魂，修养气质。在我们心浮气躁时，帮助我们沉下心来，虚怀以待；在我们筋疲力尽，或受到伤害时，得到疏导与慰藉，重获搏击人生的勇气。

苏东坡的生活实践与心路历程告诉我们：苦难并非都是坏事，它让人看透人生无奈，也让人成为人间智者；让人尽尝人生的辛酸，也促人学会生活的艺术。

世事就是这般的奇妙！贬谪黄州的苏东坡，虽然丢掉了施政报国的机会，却获得了难得的闲暇，使他既能在东坡雪堂反省人生，吟唱“思归曲”，又可以兴趣盎然地把清贫的日常生活，打点得极富情趣。

他发现黄州的猪肉很便宜，一般百姓又不知怎么烹调，便动手尝试烹煮，把猪肉调弄的肥而不腻，入口即化，后来被人亲切地称作“东坡肘子”或“东坡肉”。为此，他还专门写了一首打油诗向人推荐：

净洗锅，少著水，柴头罨焰烟不起。待它自熟莫催它，火候足时它自美。黄州好猪肉，肉贱如泥土。富者不肯吃，贫者不解煮。早晨起来打两碗，饱得自家君莫管。

黄州地处长江之滨，鱼虾很多，烹调鱼虾也便成了东坡的一大乐趣。他曾亲自撰写《煮鱼法》一文：

子瞻在黄州，好自煮鱼，其法以鲜鲫或鲤鱼治斫冷水下，入盐如常法，以菘菜心芼之，仍入浑葱白数茎，

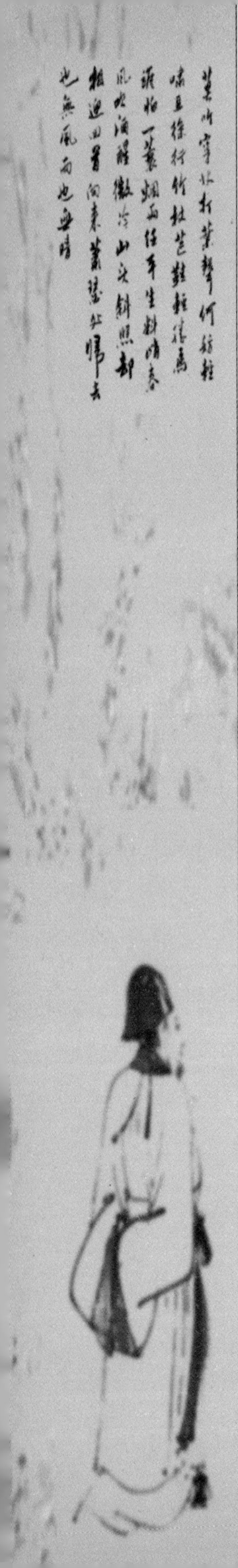

不得搅。半熟，入生姜、萝卜汁及酒各少许，三物相等，调匀乃下。临熟,入橘皮片，乃食之。其珍食者自知，不尽谈也。

直到今天，这些饮食已汇入了中华民族的饮食文化，走进了长江南北的大街小巷，端上了平民百姓的饭桌。人们在品尝之余，会更觉东坡先生的丰富与亲切，会更真切地懂得：人生的幸与不幸，有时候就看你如何活法了。

佳人斜倚合江楼
——惠州的顿悟

写下这样的一个题目，也许让人稍觉诧异。苏东坡贬谪惠州时期的作品，人们最为熟悉的，可能是《纵笔》“白头萧散满霜风”，和《食荔枝二首》“罗浮山下四时春”，几时和“佳人”扯上了关系？检读东坡寓惠两年零六个月的近二十首词作，我发现了一个很有意思的现象，就是多和女人有关。或为侍妾朝云而作，或为歌女琵琶小蛮而作，或出现具有某种象喻的女性身影。仅写到“佳人”一词的，就有四首之多。这与他近百首黄州词中，只有两首写到“佳人”的现象，形成了明显反差。“何为其然也”？其中泄露的是东坡怎样的情感意绪？让我们跟随“佳人”的“凌波微步”（曹植《洛神赋》），走进东坡寓惠期间的心灵世界吧。

“佳人斜倚合江楼”一句，出自东坡《临江仙·惠州改前韵》一词。词云：

九十日春都过了，贪忙何处追游。三分春色一分愁。

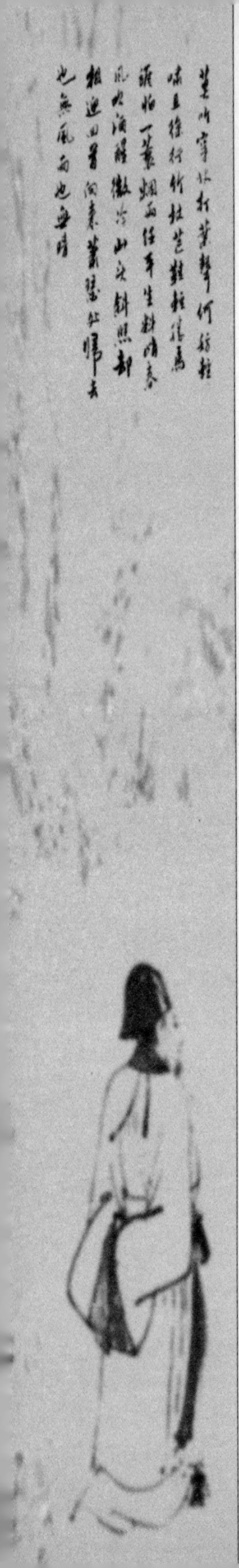

雨翻榆荚阵，风转柳花球。　　与使君皆白首，休夸年少风流。佳人斜倚合江楼。水光都眼净，山色总眉愁。

“合江楼”，是惠州接待官员的驿馆，条件较好，而且地处东江、西江汇合处，江流环抱，百鸟和鸣，如同仙境。“海山葱胧气佳哉，二江合处朱楼开。蓬莱方丈应不远，肯为苏子浮江来。”（《寓居合江楼》）这是东坡来惠最初住过的地方，又是他两进两出过的地方。他在《迁居》诗序中说：

吾绍圣元年十月二日至惠州，寓合江楼，是月十八日，迁于嘉祐寺。二年三月十九日，复迁于合江楼，三年四月二十日，复归于嘉祐寺。时方卜筑白鹤峰之上，新居成，庶几其少安乎？

才两年多的时间，竟在合江楼与嘉祐寺之间两进两出，不得安居！其两进两出的时间，又如此明确地标出，个中缘由，很耐人寻味。

东坡是新旧党争的牺牲品，惠州是东坡第二次遭贬的谪所。绍圣元年（1094），朝廷大规模打击“元祐党人”，苏东坡首当其冲。此年四月，就以“掌制词语涉讥讪”、“讥斥先朝”的罪名，被贬知英州。英州未到，随后又三易诰命，追贬为宁远军节度副使（无权的虚衔），惠州（治所在今广东惠阳东）安置，与此前的贬谪黄州差不多，仍然是有罪而被编管的官员。而此时的东坡，已年近花甲，又多病体衰。

惠州太守詹范（字器之），敬重东坡的学问人品，“待以殊礼”，安排其在合江楼下榻。但不知何故，仅仅住了十六天，就匆匆迁入惠州郊外的嘉祐寺松风亭。亭在寺旁山上，“来时野寺无鱼鼓，去后闲门有雀罗”（苏过《送昙秀》），环境冷清，条件恶劣。五个月后，因苏东坡的表兄程之才（字正辅），以广东提刑的身份巡行至惠，得其关照，才重新迁回合江楼，所谓“人言得汉吏，天遣活楚囚”（《闻正辅表兄将至以诗迎之》）。在合江楼住了一年出头之后，因程之才离任，东坡担忧“兄去此后，恐寓行衙，亦非久安之计”（《与程正辅书》），不得已又复归于嘉祐寺。

《临江仙》这首词，作于绍兴二年的暮春时节，即二进合江楼不久。虽暂时安定下来，但回想一生经历，眼见雨打榆荚飘落、风吹柳絮翻飞的暮春景象，感慨万端。由于种种缘由，人们整天在奔波劳苦，总有忙不完的事情，推不掉的借口，常常忽略对身边美景的欣赏，忽略真正的人生要义。好容易有了闲暇，才发现“九十日春都过了”，剩下的只是“雨翻榆荚阵，风转柳花球”。“三分春色”未及赏，空留下春愁与叹惋。人啊人！常常是这样，失掉了才感遗憾，错过了方知珍惜！

本词上阕全用十九年前在密州的同调旧作，可见遗恨之重，感怀之深。

“使君”，是知州的别称，这里指时任惠州知州的詹范。下阕便写邀约詹范尽赏合江楼风景：咱们两个都年华老大、白发苍苍了，年少风流已飘然远逝，还是抓紧时间，携带“佳人”，尽情欣赏那美丽的水光山色吧。“水洗禅心都眼净，山供诗笔总眉愁”（《次韵送张山人归彭城》），大自然会洗去我们的烦愁，带给我们无尽的安慰与宁静。

这里的“佳人”何指呢？东坡来惠，把一家老小安顿在阳羡（今江苏宜兴），随同的仅有幼子苏过，侍妾王朝云，和两个相随多年的老婢，这“佳人”似当指王朝

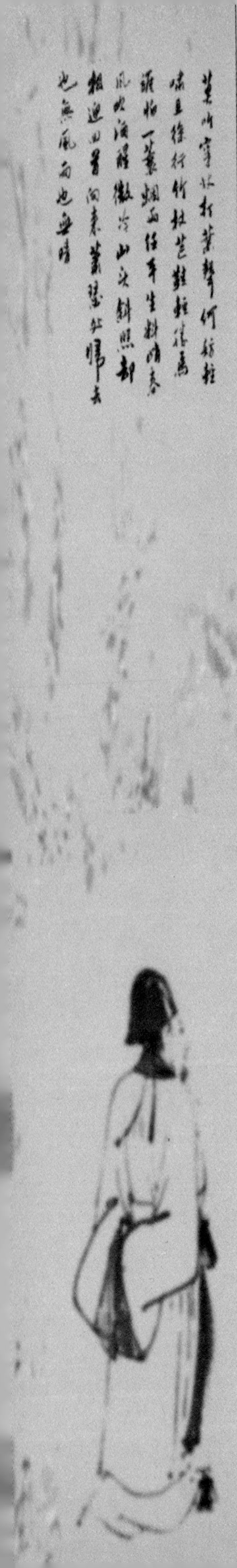

云。但每读此词，我感觉中的这“佳人”，常常是亦朝云，亦东坡。为什么呢？这“斜倚”二字，流露出的那份自在与淡定，率性与自然的神态，活脱脱一个摆脱官场桎梏，恢复本真面目的苏东坡！这“斜倚合江楼”的“佳人”，与知杭州时“闲依胡床”，吟唱“明月清风我”的东坡，也就常在我脑海中叠映！

朝云，在东坡大难来临之时，自愿随其南迁，患难与共，是东坡晚年的知己与安慰，是东坡心中不能替代的“千年等一回”的绝代佳人。当端午节朝云生日来临之时，东坡便写下了《浣溪纱·端午》一词相赠：

轻汗微微透碧纨，明朝端午浴芳兰。流香涨腻满晴川。彩线轻缠红玉臂，小符斜挂绿云鬟。佳人相见一千年。

既写出了端午节的节日气氛与习俗，又可见东坡对爱妾的珍惜与怜爱，让人生出丝丝温暖与欣羡。东坡不仅称朝云为“佳人”，有时候，还把他喜欢的物品与“佳人”联系在一起。比如《减字木兰花·西湖食荔枝》：

闽溪珍献，过海云帆来似箭。玉座金盘，不贡奇葩四百年。　　轻红酿白，雅称佳人纤手臂。骨细肌香，恰似当年十八娘。

这里的西湖，非杭州西湖，也非颖州西湖，乃是惠州西湖，又名丰湖。据《名胜志》记载：“惠州城西有石埭山，流泉溅沫若飞帘，其水泻入丰湖，即西湖也。”

荔枝，是地道的南方特产，蔡襄《荔枝谱·原本始》记载：“荔枝之于天下，唯闽粤、南粤、巴蜀有之。汉初，南粤王尉佗以之备方物，于是始通中国。”在唐代，它成了杨贵妃十分喜欢的贡品，杜牧曾有诗曰：“长安回望绣成堆，山顶千门次第开。一骑红尘妃子笑，无人知是荔枝来。”（《过华清宫三首》其一）借远道传送荔枝的事件，鞭挞了唐玄宗与杨贵妃骄奢淫逸、劳民伤财的罪行，撼人心魄，传诵久远。

苏东坡到惠州第一次吃到这种佳果，惊喜万分，也感慨万端。他欢呼：“日啖荔枝三百颗，不辞长作岭南人”，并连续写下了《四月十一初食荔枝》、《荔枝叹》、《食荔枝二首》等一系列作品，这首词便是其中之一。

词的上片是追述历史，抒发感慨。“闽西”两句，概述了自隋以来，贡送荔枝的史实。自隋“大业中，闽地贡五种荔枝”（隋炀帝《海山记》）。为了让宫中人吃上色香味俱鲜的荔枝，往往不惜成本，从海道用船急运。正所谓“飞车跨山鹘横海，风枝露叶如新采”（《荔枝叹》）。“玉座”两句，是借唐讽今，批判贡荔枝的弊政。杜甫《解闷》十二首其九有言：“先帝贵妃今寂寞，荔枝还复入长安。炎方每续朱樱献，玉座应悲白露团。”虽杨玉环已死，为杨贵妃盛荔枝的“玉座金盘”不知流落何处，但自唐天宝末到宋绍圣中三百多年间，荔枝一直是贡品，贡荔枝的弊政仍在继续。在同期写作的《荔枝叹》中，东坡不顾一生被政敌纠缠于诗案的惨痛教训，以贬谪戴罪之身，激烈批判这种扰民、害民的弊政，热切祈祷“我愿天公怜赤子，莫生尤物为疮痏。雨调风顺百谷登，民不饥寒为上瑞”。其胆识与仁爱，至今都让人感动。

东坡清楚地知道，贡荔枝的劳民伤财，乃人之祸，非物之罪，他也不忍心归罪于这天生“尤物”。所以，词的下片，作者便调转笔锋，深情赞美这小小荔枝的奇姿

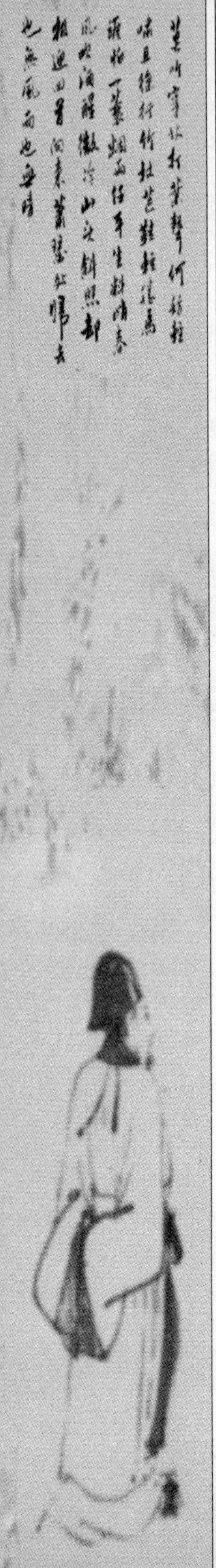

丽质。“轻红酿白，雅称佳人纤手擘”两句，言荔枝形状之美。“壳如红缯，膜如紫绡，瓤肉莹白如冰雪”(白居易《荔枝图序》)。这样的美物由美丽佳人的纤手玉指来剖开，相称而益妙。“骨细肌香，恰似当年十八娘”两句，则用妙龄女子比拟荔枝之品、之奇。蔡襄《荔枝谱》七《别种类》介绍：“十八娘荔枝，色深红而细长，时人以少女比之。俚传闽王王氏，有女弟十八，好啖此品，因而得名”。是荔枝名“十八娘”，还是荔枝本就美如“佳人”？已是很难分辨了，因为，“不须更待妃子笑，风骨自是倾城姝”(《四月十一日初食荔枝》)。

在这首词里，“佳人”与荔枝，已合而为一了。此种写法，在东坡词中已有先例。早在元祐七年知扬州时，东坡所写《减字木兰花》(回风落景)一词中，就用美人比拟白芙蓉，写有“散落佳人白玉肌”一句。这种写法，体现了东坡人与物可等而观之的思想，也可见出他对美好之物的珍爱之情。

东坡惠州词中最有名的一首，当推《蝶恋花·春景》。这首词中的“佳人”形象，与上述三首词中的“佳人”似有明显不同，该当如何理解呢？我们先引原词如下：

花褪残红青杏小。燕子飞时，绿水人家绕。枝上柳绵吹又少，天涯何处无芳草。　墙里秋千墙外道。墙外行人，墙里佳人笑。笑渐不闻声渐悄。多情反被无情恼。

这是一首大家耳熟能详而又很妙的词，似乎一读就懂，可越品越觉得深情绵邈，意蕴丰厚，借用叶嘉莹先生的话说，是“既宜浅又宜深”的作品。解读这样的作品，我想到了叶先生在《论纳兰性德词》一文中，所介绍的德国接受美学家姚斯关于阅读视野的“三个阶层”之说。叶先生将其概括为：“直觉的美感的感受”、“较为理性的对作品内含的反思与探索”、“在过去被读者阅读和诠释的接受过程中所形成的多种诠释”等三个层次。下面，我们学着分层解读一下《蝶恋花·春景》这首词。

我读这首词获得的直接美感是：上片借景伤春，又极力排遣；下片借事伤情，又极富理趣。整首词多情而理性，苦涩而幽默。

“花褪残红”，有春已归去的伤感。可杏已生出，虽个小色青，也显示了自然界的生息变化。有凋谢就有新生，伤感中透着怜惜与希望；燕子掠水而飞，绿水环舍而流。有燕子“冬藏夏来见”（《乐府歌辞·艳歌行》），“流水落花春去也”（李煜《浪淘沙》）之意。但村野人家，有燕子翻飞，绿水环绕，温馨而充满生趣；枝头上的柳絮随风飘去，越来越少，“也无人惜从教坠”（《水龙吟》）。但芳草连天，满眼碧绿，又是一种蓬勃气象和生命的延续。

下片出现了两个人物，描画了一段生活小场景。墙里的“佳人”荡着秋千，欢声笑语，天真烂漫；墙外的行人踽踽独行，飘泊天涯，被笑声所吸引而驻足、遐想。渐渐地，“佳人”的笑语停止了，欢声消失了，一切归于寂静。路上的行人无可奈何，又留恋不舍，叹息枉自多情。

这像是一个伤春伤情、美人难再得的单相思的苦涩喜剧，词人潜意识中的爱美之心与敏感多情，宛然如现。果真如此吗？似乎远没有这么简单！接下来我们从词语、意象及用典的角度，理性地探求一下词的内涵。

诗词字少篇短，讲究言简意丰，忌讳重复，尤其是令曲短章。然这首六十字的小词却多重复用词，尤其一

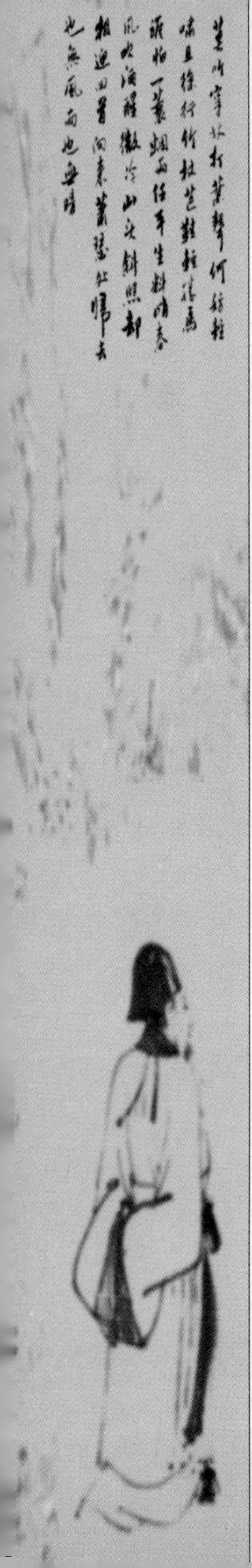

个“墙”字，竟四次使用。读起来错落有致，耐人寻味。所用意象也极为讲究，多呈对立形态：花残与杏生，绵少与草长，“天涯”与“人家”，“墙里”与“墙外”，“佳人”“无情”与“行人”“多情”等，充满了矛盾，又包蕴着思理。而“天涯何处无芳草”一句，似乎出自《离骚》：“何所独无芳草兮，尔何怀乎故宇？”这是卜者灵氛劝屈原的话，道出了屈原既深感“国人莫我知”，又深情眷恋故国的矛盾与痛苦。东坡虽深于情又不为情所累，与屈原有很大不同，但对国家的忠诚与对理想的执着，却一如屈子。由此可见，东坡的情感旷达而深沉，小词的意蕴厚重而复杂。

第三个层面，我们从词作本事及前人评论来分析。关于这首词，许多的宋人笔记记载了一个相似而凄美的故事。大致是说，东坡被贬惠州时，制《蝶恋花》词，常令朝云歌之。朝云唱至“柳绵”句，就为之动容，泪满衣襟。东坡问其原因，朝云答曰：“妾所不能竟者，‘天涯何处无芳草’句也。”东坡笑道：“是吾正悲秋，而汝又伤春矣。”便就此作罢。不久，朝云抱疾而亡，东坡痛断肝肠，“终身不复听此词”。

这首词为什么会让朝云如此动容呢？“必是其中暗含着伤春之外的东西，那就是‘伤境’。”（刘石《苏轼词选》注评）“枝上柳绵吹又少，天涯何处无芳草”两句，正是东坡贬谪生涯、坎坷处境的真实写照。清人王士祯《花草蒙拾》认为，此二句“缘情绮靡”，就连擅写情词的高手柳永也“未必能过”。

“多情反被无情恼”一句，也是此词的警句。《古今词话》说写出了“行人多情，佳人无情”，“极有理趣”。“行人”心存爱慕，“佳人”却根本不知，正是“物自无情而人自有情”，写出了人生普遍存在的矛盾现象。词中的“行人”也可以看作东坡自己的写照，其“情”的内涵十分丰富。东坡一生饱经沧桑，但痴情不改，一直“多情”地关注现实，关注民生，却落得个贬官远谪，漂泊天涯。苏东坡最大的伤感，正是基于一份热爱。他不能忘情于现实人生，又无奈于这俗世凡间！

词中的“行人”，连“佳人”的美丑、年龄都不知，就心向往之，为了什么呢？该怎么理解词中出现的“佳人”形象呢？我以为这是一个具有某种象喻的形象。既是象喻，就不好实指。

这位“佳人”，住在“绿水”环绕的“人家”，可以在“墙里”自由地荡秋千，自在地欢声笑语，充满了激情与活力。她不知也不管有没有人注目，自然也与“墙外”行人无干。对这样的“佳人”，“墙外行人”油然动情，心向往之，可高墙阻隔，可闻而不可及。此情此境，让我联想起《诗经·蒹葭》中那位“在水一方”的“伊人”。她也许是一段逝去的情感，也许只是一段回忆，一个理想，如梦如幻，可望而不可及。然而，她那样美好，值得你去不懈地追寻。

诗歌与现实告诉我们：越是美的东西，越是难以追寻。但正是在对美好事物的执著追求当中，你才变成了真正的有品位的人，你才会把自己向美与善的方向提升，获得心灵的充实与快乐！

人总是在经历了岁月的风霜，经受过一次次的失去之后，才会真正懂得珍惜。珍惜自己想要的，珍惜自己拥有的，珍惜一切美好的东西！

在来惠以前，东坡词中曾经十几次地写到过“佳人”，但除了《永遇乐》（明月如霜）等三、四首词有特指外，大多泛指酒宴上助兴的歌女，少有用心在意的描绘，难以给人留下深刻印象。而惠州词中的“佳人”形

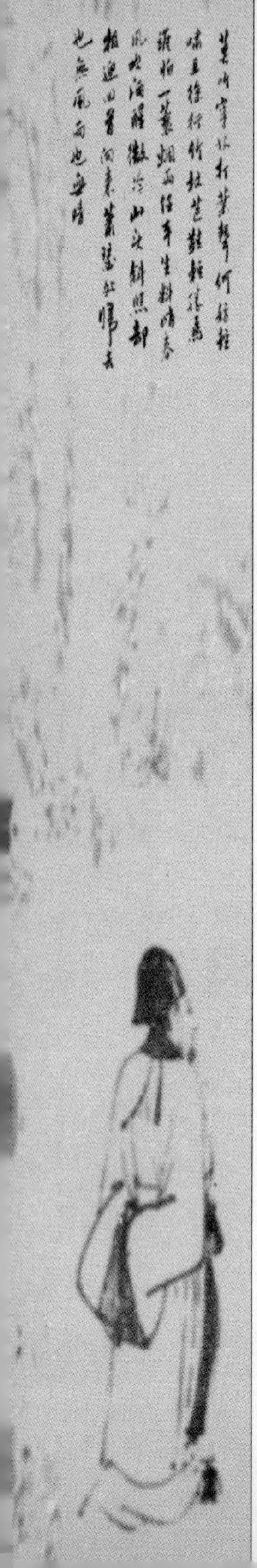

象则不同，不仅指称自己喜爱的人，喜欢的物，而且象喻自己心中的理想和追求，带上了自己的影子。“佳人”形象，在东坡心中越来越清晰，位置越来越重要，以至于有些时候，虽不用“佳人”字眼，却整首作品都在为“佳人”绘形写神。如《贺新郎·夏景》一词：

乳燕飞华屋。悄无人、桐阴转午，晚凉新浴。手弄生绡白团扇，扇手一时似玉。渐困倚、孤眠清熟。帘外谁来推绣户，枉教人、梦断瑶台曲。又却是，风敲竹。　石榴半吐红巾蹙。待浮花、浪蕊都尽，伴君幽独。浓艳一枝细看取，芳心千重似束。又恐被、秋风惊绿。若待得君来向此，花前对酒不忍触。共粉泪，两簌簌。

词的题目是“夏景”，实则所写为夏景中的一位绝代佳人。上片先写出了佳人的生活环境。她住在雕梁画栋的“华屋”，身份高贵。可这里沉寂冷落，只有学飞的“乳燕”飞进飞出，悄然没有人声。户外也门庭寂寂，惟听风动竹摇。佳人所居，竟是如此清幽僻静。

佳人的形象又是如何呢？“晚凉新浴”四个字，写得很妙，既写出了初夏傍晚，热退转凉的天气特点，又把一个刚刚出浴，铅华尽洗的清爽佳人推到了面前。“手弄生绡白团扇，扇手一时似玉。”意思是说浴后的佳人不是施粉打扮，而是独自一人轻轻玩弄着生丝织就的白色纱扇，扇子与手都洁白如玉。这个造型很是令人回味。“扇手一时似玉”，典出《世说新语·容止》：“王夷甫容貌整丽，妙于谈玄。恒捉白玉柄麈尾，与手都无分别。”给人一种冰清玉洁、丽质天成之感，使美人具有了贞静脱俗、容止娴雅的气度。而“白团扇”，在中国古代诗词传统中，自汉成帝妃子班婕妤作团扇诗，悲叹遭弃命运之后，“团扇秋风”便成了红颜薄命，佳人被弃的象征。由此意象，又令人顿生盛年独处、美人迟暮之想。

“渐困倚”几句，写佳人的困卧之态。倦意袭来，佳人依枕孤眠，酣睡之中梦入瑶台仙境。忽然，帘外的响声打断了她的美梦，仿佛之中感觉有人推门，心头一阵兴奋地期待。醒后方知，哪有人来，只是风吹竹子在动！“枉教人”，“又却是”，透露了佳人对理想的渴望和梦醒后失意怅惘的心绪。

词的下片写榴花，实则借榴花写佳人的内在品格。初夏时节，百花凋谢，只有这半开的石榴花，好似褶皱的红巾，美艳绝伦。它自甘幽独，不愿与“浮花浪蕊”为伍，以它“秾艳”的花容，“如束”的“芳心”，甘心陪伴爱护它的佳人，度过百花过后的寂寞时光。它又心事重重，担心待秋风起时，花残凋落。设想着当这一天来到时，佳人把酒对花，眼泪与花瓣将会“两簌簌”。

这哪里只是写花，分明在借花为佳人传神写照！花即人，人即花，已浑然莫辨了。正如清人黄蓼园所说：“是花是人，婉曲缠绵，耐人寻味不尽”（《蓼园词选》）。

此篇笔致婉转，寄托深远。其中寓意，前人说法颇多。有说为官妓秀兰而作（宋·杨湜《古今词话》），有说为名叫榴花的爱妾而作（宋·陈鹄《耆旧续闻》），皆不可信。有说写君臣遇合之难（宋·项安世《项氏家说》），似有太坐实之嫌。有说为爱妾朝云而作（刘崇德《苏轼编年考》），初读我深有同感，细品则不敢赞同。

我比较认可清人谭献的说法，他认为此词“颇欲与少陵《佳人》一篇互证”（《复堂词话》）。杜甫《佳人》一诗，以“绝代有佳人，幽居在深谷”开篇，以“天寒翠袖薄，日暮倚修竹”结尾，描写了一位被丈夫遗弃，

但坚贞自守的乱世佳人，并寄寓了杜甫个人的身世之慨。东坡此词与杜诗确有相似之处。都叙写了佳人的品格及命运，都融入了个人的品格追求与身世感慨，是对屈原《离骚》中以香草美人自喻文学传统的继承和发扬。婉转多情，又韵味浓厚。

东坡此篇中的佳人，形象丰满鲜明，托意深沉高远。既寄托了自己孤高失时，迟暮不偶的身世遭遇与悲凉感受，又是对自己表里澄澈、高洁幽独品性的抚躬自省与自赞。合目思之，只觉佳人即东坡，又有余韵让人品之不尽。

一位遭受着灭顶之灾的花甲老人，却热情地关注"佳人"，用小词写出形形色色的佳人佳趣，这是一颗怎样的心灵？一种怎样的情怀与境界？联系东坡谪惠的人生境遇，参读其同时期的诗歌作品，可以帮助我们找到答案。

东坡谪惠是他一生中遭受的第二次重大迫害，其政治打击之重，生活境遇变化之大，心理情感触动之深，都远远超过了贬官黄州那一次。

从政治上来说，黄州之贬是因政见之争导致的杀一儆百的政治打压。神宗皇帝还是个励精图治，政治上清醒的不错的皇帝，对东坡之才也甚是怜惜。尤其是东坡尚处中年，未来变数尚存，后来的事实也果真如此。惠州之贬则是权力倾轧、派系报复的恶果。年轻的哲宗皇帝一亲政，竟把做儿皇帝时的压抑与怨愤，迁怒于元祐大臣，发泄到江山的治理上。而政治斗争的风向标，顺着元祐年间的意气之争，更发展为个人玩权力、泄私愤的丑陋儿戏。对政敌更是置之死地而后快。加之东坡已为垂暮之年，仕途政治便如判了死刑。

从生活境遇来说，黄州离京城尚不算太远，且交通便利，气候适宜，生活上至少猪肉很便宜。尤其一家团聚，可以共享天伦。而惠州地处岭南，在北宋尚属蛮荒之地，多烟瘴之气和瘟疫肆虐，是统治者贬逐逆臣、政敌的险恶之所。在唐代，韩愈就因被贬往距惠州不太远的潮州任刺史，而充满怨愤地对侄孙感叹："知汝远来应有意，好收吾骨瘴江边"（《左迁至蓝关示侄孙湘》）。有刺史职权的韩愈尚发如此感慨，作为流放罪臣的东坡的生活处境就可想而知了。加上一家老小多不在身边，在生活的艰辛之外，又添了些空落与牵挂。

从心理情感来说，黄州时期的东坡虽有满腹委屈和深重的挫折感，向往陶渊明式的隐居生活，但从政热情仍在，对未来抱有希望。所以他不断地反省、调整自己，寻找新的人生坐标与方向。而惠州时期的东坡，历经仕宦生涯的大风大雨，大起大落，对政治斗争的翻云覆雨、丑恶血腥看多了，彻底厌烦了。所谓"一念失垢污，身心洞清净。浩然天地间，惟我独也正"（《过大庾岭》）。他迈过了大庾岭这个内地与岭南的界山，也跨过了仕与隐这个心灵的门坎，卸掉了人臣的枷锁，心态更平和、沉稳，心灵更自由、本真。

他受到了朝廷政敌的残酷迫害，但名高望重，得到了底层民间各方面的帮助与接纳。他虽以"罪人"身份远谪蛮荒，却"吏民惊怪坐何事，父老相携迎此翁。"得到了惠州人民的热情欢迎，让他感到"岭南万户皆春色"（《十月二日初到惠州》）。门生故吏，邻里百姓，方外友人，包括地方官员，给了他各种的尊重与温暖，他倍感安慰，由衷感慨："南来万里真良图"（《闻正辅表兄将至以诗迎之》）。远在江南的佛印和尚怕东坡想不开，写信开导他，用佛家的虚无思想启他"寻取自家本来面目"。其实这时的东坡，倒霉的日子尝过了，无限的风光

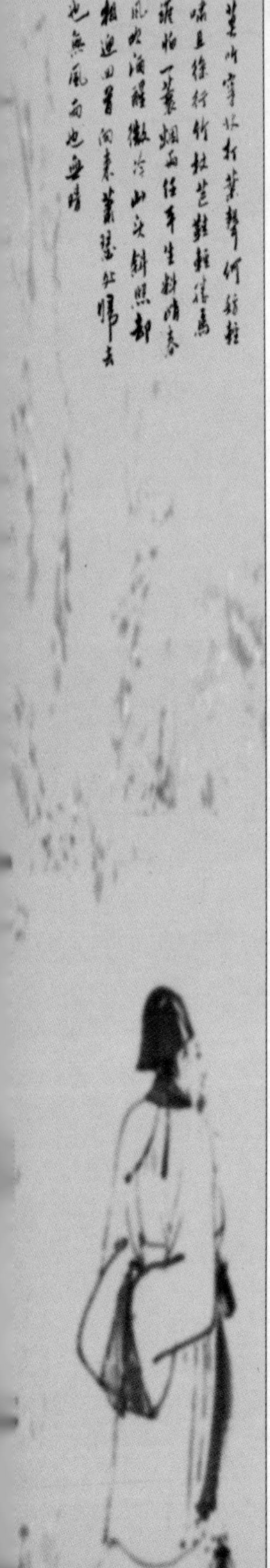

领略过了，他已比常人看得很开了。在《答参寥书》中，便表现出了这种达观：

某到贬所半年，凡百粗遣，更不能细说。大略只似灵隐天竺和尚退院后，却住一个小村院子，折足铛中，罨糙米饭便吃，便过一生也得。其余瘴疠病人，北方何尝不病？是病皆死得人，何必瘴气？但苦无医药。京师国医手里死汉尤多。参寥闻此一笑，当不复忧我也。

在《东坡志林》中，录有《记游松风亭》一文，更典型地反映了他的看得透，放得开：

余尝寓居惠州嘉佑寺，纵步松风亭下。足力疲乏，思欲就林止息。仰望亭宇，尚在木末，意谓是如何得到？良久忽曰："此间有什么歇不得处？"由是如挂勾之鱼，忽得解脱。若人悟此，虽兵阵相接，鼓声如雷霆，进则死敌，退则死法（军法），当甚么时也不妨熟歇。

由此类推，既然官做不得了，就没有必要去念它、求它、为它而苦了。做点想做又能做的，岂不更好！正是这种"此间有什么歇不得处"的人生顿悟，以及安之若素的人生态度，使东坡任情纵性，苦中得乐。《纵笔》一诗便是很好的明证：

白发萧散满霜风，小阁藤床寄病容。
报道先生春睡美，道人轻打五更钟。

据说，此诗很快传至京师，政敌章惇冷笑道："苏子尚尔快活耶？"便把东坡再贬儋州。此事未必可信，但东坡雷打不惧、风吹不倒、笑对人生的精神境界，却深深地刻在了人们的心里。

此时的东坡，不仅心态更旷放平和，对自己该干什么不该干什么也更清楚了。正如王水照、朱刚二先生在《苏轼评传》中所说：

岭南时期的东坡居士，无论就其身份与生活状况，或就其精神依托、思想倾向与情感认同来说，都已从庙堂走向民间。他舍弃了端笏立朝的大臣形象，而在一般士民当中，找到了属于自己的位置。

他生存的意义转变了。他不再为仕途功名所累，不再为人臣的身份所拘束，却更知生命的可贵，真情的可贵。他更真实地贴近了大地，贴近了普通士民；他更真情地关注生命、关注周围的生灵；更实实在在地懂得了珍惜二字。

他珍爱生民，也爱惜自己的生命。借助身为提刑点狱的表兄程之才，他做了不少为当地百姓引水架桥、排忧解难的好事，提了不少好的建议。为此，他与表兄通信达七十多封，但往往在信末告诫对方“便毁”、“勿示”，以防因“干政”之嫌连累表兄，也不愿为政敌提供借口，为自己惹来无妄之灾。

他珍惜身边的亲人，也珍爱日常生活中一切美好的东西。他视朝云为可寄托心事的最爱，视小儿苏过为另一个自己。他为贡奉荔枝、茶叶而劳民伤民之事痛心疾首，也为才不见用的不平深深的叹息。他待朋友以真诚，又视自然万物为友朋。

可以说，因为达观通脱的人生领悟，因为真正懂得了珍惜，东坡的心灵更充实而富有，其生命的内容更本

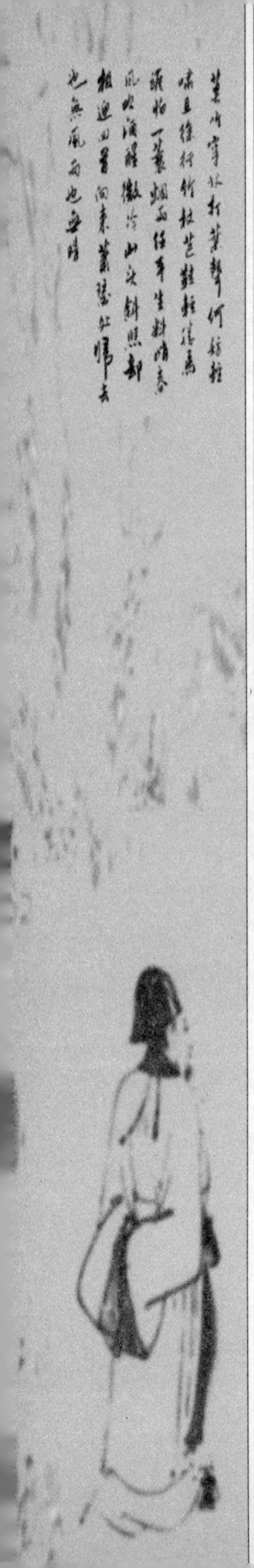

色而丰厚，其生命的色彩也更妩媚而动人。那么，具有美好象喻的“佳人”形象，屡屡出现于笔端，也就是自然而然的了。

天涯海角作奇游

——儋州的安然

今天的海南岛，是迅速崛起的经济特区，是创业、冒险的好去处，也是捞钱、旅游的理想之地，不少的人，尤其是年轻人，心中往往揣着一个海南梦。

可在宋代，那里却是天涯海角，是真正的蛮荒之地，绝壁死谷，是贬谪士人最严厉的流放地。对苏东坡来说，那是他迭遭贬谪的最后驿站，是他面临的又一次人生绝境。但同时，又是他安遇乐生、旷达性格与智慧人生最显力度的地方。

儋州三年，东坡的词作较少，仅存五首，但结合其同期的诗文，亦可看出其心路历程及人生境界。

绍圣四年（1079）四月，朝廷再次加重对元祐党人的惩处，东坡被贬为琼州别驾，昌化军（今海南儋州市）安置。按照宋代“不杀士大夫及上书言事者”的祖训家法，远贬海南，已是惩处士人的极限。因为，这里已是无远可远，“所欠唯一死”了。因此，刚闻儋州谪命时，

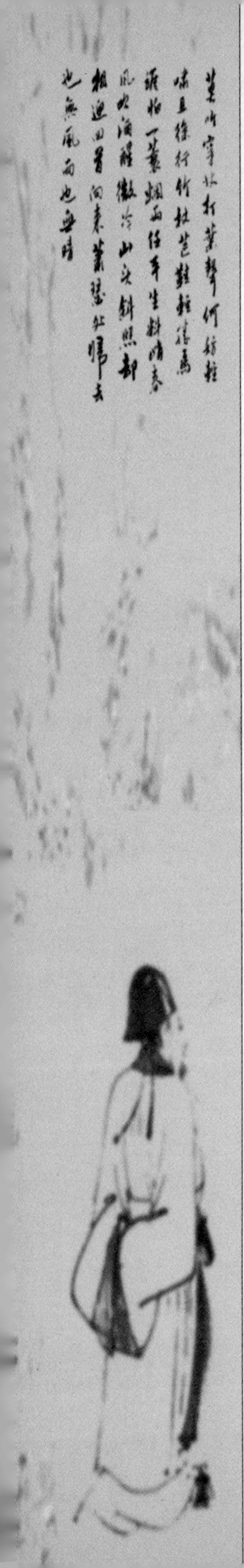

东坡万念俱灰，做好了葬身海岛的准备。他把家人留在了惠州白鹤峰，独与三子苏过渡海赴贬所。在给朋友的信中，他这样交待：“某垂老投荒，无复生还之望。昨与长子迈诀，已处置后事矣。今到海南，首当作棺，次当作墓。”（《与王敏中书》）在《到昌化军谢表》中又称：“臣孤老无托，瘴疠交攻。子孙恸哭于江边，已为死别；魑魅逢迎于海外，宁许生还？”心境极为凄苦，读来催人泪下。

当时的儋州，“风涛瘴疠”，“蝮蛇魑魅”，条件恶劣，素有“鬼门关”之称。东坡刚到儋州时，太守张中待他很好，让他暂住行衙，并为他整修官舍。但不久，湖南提举常平官董必察访岭南，便派人把他从官舍赶出，张中也因此罢官离任。他只好靠友人帮助，在桄榔林下建造茅屋。在生活饮食方面，更是“食无肉，病无药，居无室，出无友，冬无炭，夏无寒泉，然亦未易悉数，大率皆无耳。”（《与程秀才书》）而且，“海南连岁不熟，饮食百物艰难，及泉、广海舶绝不至，药物鲊酱等皆无。”东坡“与过子相对，如两行僧耳”（《与侄孙元老》），真可谓艰难万状。所以，即使东坡再旷达，孤独与忧伤也常常爬上心头。

东坡到达贬所的时间是七月二日，一个多月后便是中秋佳节。可在这本应团圆欢乐的时刻，身边除三子苏过外，一家老小相距遥远。爱妾朝云已在惠州被瘴雾蛮风夺去了生命，惟有兄弟子由被贬在雷州半岛的海康境内，距离较近，但也只能隔海相望。故此时的东坡正是烦恼百端，他举酒对月，忧从中来，顺口吟成一曲《西江月》：

世事一场大梦，人生几度新凉。夜来风叶已鸣廊，看取眉头鬓上。　　酒贱常愁客少，月明多被云妨。中秋谁与共孤光，把酒凄然北望。

回想一生所历，世事如梦，人生若浮。风吹落叶在廊中鸣响，自身不也是秋意苍苍！世态炎凉，宵小当道，忠直反而见谤。环顾孑然，可与语者唯弟苏辙，可也只能异地对“孤光”。只好端起酒杯，“凄然北望”。愤懑之情，凄苦之言，令人不忍卒读，再也无复当年“把酒问青天”的豪兴了！

寒食清明，是回乡祭祖、踏青游春的时节，可这一切，对东坡而言，只能是仙梦一场。

改火初晴，绿遍禁池芳草。斗锦绣，火城驰道。踏青游，拾翠惜，袜罗弓小。莲步袅，腰支佩兰轻妙。行过上林春好。　　今困天涯，何限旧情相恼。念摇落、玉京寒早。任刘郎、梦断蓬山难到。仙梦杳，良宵又过了。楼台万家清晓。（《踏青游》）

遥想当年在京都过清明，芳草遍地，鲜花锦簇，朝会时有火炬仪仗，御苑中有女子游春，一派繁荣盛景。叹如今飘零海岛，困居天涯，北归无日，“仙梦”难成，烦恼缠身。在抚今追昔之中，透出淡淡的凄凉与隐隐的伤痛。

再贬儋州对苏东坡是一场致命的打击。但东坡真正了不起的地方，就在于他永远不会沉浸在痛苦之中，永远不会被外界的打击所击倒！甚至，往往会蚌病成珠，在痛苦和磨难之中生出大觉悟！

据《儋县志》记载，东坡有这样一段情感经历：

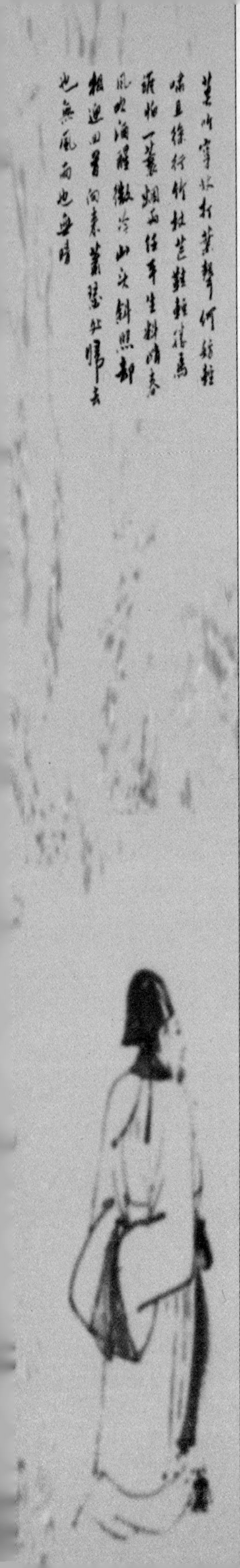

吾始至天涯，环视天水无际，伤之曰：“何时得出此岛耶?”已而思之，天地在积水中，九州在大瀛海中，中国在少海中，有生孰不在岛者?覆盆水于地，芥浮于水，蚁附于芥，茫然不知所济。少焉水涸，蚁即经去，见其类，出涕曰：“几不复与子相见。”岂知俯仰间有方轨八达之路?念此可为一笑。

当他刚被贬到南荒儋州时，看到天水相连，茫无际涯，自己身悬海中孤岛，感到前途渺茫，凄凉伤感。但思之良久，再环视茫茫天水时，忽然领略到一个道理，那就是“有生孰不在岛者?”如果从一个无限大的背景空间去看，天地也处在积水中；从茫茫宇宙中看，中国也不过一小岛，所有生物、生命，哪一个不是处在岛中呢?想到这里，心中一片空明。尔后，他又联想到“蚁附芥浮于水”的寓言故事：倒一盆水在地下，小草浮在水上，蚂蚁附在草上，它觉得这一盆水也是茫无边际，不知怎样爬上岸。一会水干了，它赶紧离开这里，见到同类就哭着说：“我差点就见不到你们了。”蚂蚁因为囿于俯仰之间，尺寸之地的狭小空间，环境稍加改变，就会惊慌失措，乱了方寸，岂不是极可笑的目光短浅的愚蠢行为?由前面的领悟和这个生动的寓言，他找到了自己的“方轨八达之路”，坚信逆境终将过去，便释然一笑。

这真是走出困境的妙法！你的眼睛只盯着眼前的困难，它就会变得无限大，压得你喘不过气来。换一个角度思考问题，眼界放远些，心胸放大些，你就会豁然开朗！

这种心智的豁达，使东坡获得了极顽强的生命力。他很快便与岛上的原住民——黎族人建立了感情，在艰难困苦中发现了生趣，发现了快乐，活得越来越洒脱自在、兴致勃勃。

他经常来往于黎家，受到了天真烂漫的孩子们的欢迎："总角黎家三小童，口吹葱叶送迎翁。莫作天涯万里意，溪边自有舞雩风。"（《被酒独行，遍至子云、威、徽、先觉四黎之舍三首其一》）把天涯海角当成了有曾点之遗风的理想之地。和孩子们在一起的他，是那么亲切、随和、富于情趣："寂寂东坡一病翁，白须萧散满霜风。小儿误喜朱颜在，一笑那知是酒红。"（《纵笔三首其一》）

他走遍山村野径，遍访黎族友人，一日不见黎民挚友，便如同疯魔一般："野径行行遇小童，黎音笑语说坡翁。东行策杖寻黎老，打狗惊鸡似病风。"（《访黎子云》）有时为访友回家迟了，醉意朦胧之中，连自家门口也找不到了："半醒半醉问诸黎，竹刺藤梢步步迷。但寻牛矢觅归路，家在牛栏西复西。"（《被酒独行，遍至子云、威、徽、先觉、四黎之舍三首其一》）

海南盛产椰子，有一次东坡饱食椰汁后，便把椰壳做成了帽子戴在头上，引得路人停下观看。据说，这种高筒短沿的样式，流传到京城，士大夫竞相效仿，人称子瞻帽。有一次，他途中遇雨，便向农家借一斗笠和木屐穿上，引得妇女儿童大笑，篱犬争吠。有人据此画了一幅《东坡笠屐图》，风行天下。这种极富情趣的生活细节和小故事，既反映出东坡心灵的赤诚与丰美，也体现出他对待逆境不屈不挠，甘之若饴的超然自得。他已经不再执着于功利成败，所谓"胜固欣然，败亦可喜"（《观棋》），表现出忘怀得失，乐天知命的思想。比如，《千秋岁·次韵少游》：

岛外天边，未老身先退。珠泪溅，丹衷碎。声摇苍

玉佩，色香黄金带。一万里，斜阳正与长安对。　道远谁云会？罪大天能盖。君命重，臣节在。新恩犹可觊，旧学终难改。吾已矣，乘桴且恁浮于海。

此词是元符二年（1099）次韵秦观（字少游）之作，需要与秦观原作加以比照，才更能深入理解它。秦观的《千秋岁》如下：

水边沙外，城郭春寒退。花影乱，莺声碎。飘零疏酒盏，离别宽衣带。人不见，碧云暮合空相对。　忆昔西池会，鹓鹭同飞盖。携手处，今谁在？日边清梦断，镜里朱颜改。春去也，飞红万点愁如海。

秦观为苏门四学士之一，很受苏轼器重，在民间传说和话本小说中，人们甚至虚设了一个苏小妹，编造了一个“苏小妹三难新郎”的美丽故事。故事虽然是假的，苏小妹也是子虚乌有，但秦观与苏东坡的感情确实很深，其人生的起伏际遇与苏东坡也有着密切的关系。绍圣年间，秦观被当作元祐党人的一员，同时也是苏门弟子中的一员，屡遭重贬，先后被流放到郴州、横州、雷州等。秦观才华过人，壮志满怀，对仕途有很高的期望值，无奈被卷入党争的旋涡，随东坡等饱受迫害。他性情柔弱，心理承受能力差，对人生的挫折缺乏足够的心理准备和应对勇气，故希望破灭后，异常痛苦、绝望。《千秋岁》这首词，便作于他遭贬的途中。

东坡极欣赏秦观词的辞情相称，哀婉动人，曾把秦观的“郴江幸自绕郴山，为谁流下潇湘去？”（《踏莎行》）写在扇子上，也极能理解秦观的内心苦楚，但东坡并不赞成秦观的柔弱与绝望。

在次韵秦观的《千秋岁》一词中，东坡审视了自己的过往和政治命运，也申明了对自己人生道路的思考与选择，表现出“超然自得，不改其度之意”。

“岛外天边，未老身先退”两句，写出了自己的身世命运和现实处境。儒家传统“大夫七十而致仕”，《老子》曰“功成名遂身退，天之道。”东坡刚六十多岁，贬惠州时方五十九岁，远未到退休年龄，又一直“奋厉有当世志”，心怀“致君尧舜”的理想。然天不遂人愿，却壮志难酬，年华渐老而被发配到这天涯海角的孤岛，怎不让人“珠泪”抛洒，丹心揉碎！追思佩玉系带、出入朝堂的京官生活，伤感今日的远谪命运，有伤痛，也有对过去生活的绝决。

自己与秦观皆遭重贬，又相隔遥远，无由相见，令人伤感。但“君命重，臣节在。新恩犹可觊，旧学终难改。”在“君命”、“新恩”与“臣节”、“旧学”之间，坚定地选择了后者，语气坚决，毫不含糊。言外之意似乎是：任凭你当权者出什么招数，怎么迫害我，我都不惧怕，不在乎，更不会改变自己的操守和信仰！这种对自己品行信仰的自信与持守，这种敢对操生死大权的人说“不”的胆识和勇气，放眼古代中国是凤毛麟角。即使在今天，也让人感佩、敬仰不已。

“吾已矣，乘桴且恁浮于海”，语出《论语·公冶长》：“子曰：道不行，乘桴浮于海。”东坡说，既然政治理想行不通，就算了吧，我就像现在这样乘船漂浮于海上，自由的生活于民间，不也很好吗？我愿意终老于此，再也不动摇了。

东坡虽有些伤感与无奈，但他在出与处，行与藏的问题上，摆脱了多年的矛盾与犹疑，表现出了超然旷达、乐天知命的思想。与柳宗元、秦观的穷愁悲苦、哀怨绝

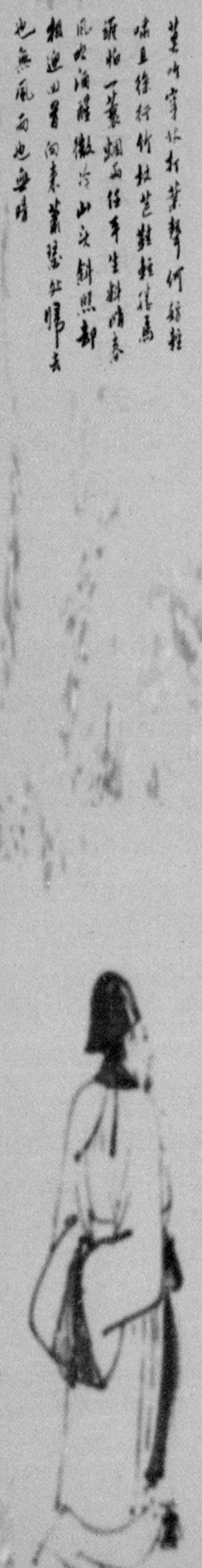

望，有着天壤之别；与屈原的舍生取义，怨愤执著也有着极大的差异。从而在贬谪文学中，树立了既气节凛然，又安遇乐生的新范式，对后世有着深远的影响。

东坡的安遇乐生，在日常生活中随处可见，而集中表现在他的《谪居三适》中。东坡有着非常好的生活习惯，善于养生保健，享受由贬谪而意外获得的休闲之乐和养生之福。在黄州时期是这样，惠州时期是这样，远贬儋州，被权宰欲置之死地之时，更是把贬谪当作休养，从而使他的生命张力无可估量！下面，我们就来欣赏他的《谪居三适》：

一适，为《旦起理发》：

安眠海自运，浩浩朝黄宫。
日出露未晞，郁郁濛霜松。
老栉从我久，齿疏含清风。
一洗耳目新，习习万窍通。
少年苦嗜睡，朝谒常匆匆。
爬搔未云足，已困冠巾重。
何异服辕马，沙尘满风骏。
雕鞍响珂月，实与杻械同。
解放不可期，枯柳岂易逢。
谁能书此乐，献于腰金翁。

在这里，东坡先言现在之乐，再言过去官场之苦，把“理发”自适与官场的拘束作了一番对比。现在每天“安眠”到“日出”，养的体内元气充沛浩荡，起来后用栉齿稀疏的梳子好好梳一梳头，真是耳清目明，浑身清爽。再想想年轻的时候，贪于睡眠又忙于朝谒，痒未搔足就衣冠楚楚地上朝，拜会应酬，真如驾辕之马，手铐脚镣加身，很不自由。

二适，为《午窗坐睡》：

蒲团蟠两膝，竹几阁双肘。
此间道路熟，径到无何有。
身心两不见，息息安且久。
……

两腿盘坐在蒲团上，两肘靠搁在竹制几案上，深深入睡，沉入梦乡，养元聚神。

三适，为《夜卧濯足》：

……
瓦盎深及膝，时复冷暖投。
明灯一爪剪，快若鹰辞鞲。
天低瘴云重，地薄海气浮。
土无重膇药，独以薪水瘳。
谁能更包裹，冠履装沐猴。

夜晚睡前，用很充足的水泡脚，要不时添加热水，以保持温度，洗完后快速地修修脚。这里虽然缺药，但用这种办法，便可治疗腿脚浮肿的病。懂得了这些乐趣，谁还会再次把自己包裹得像猕猴一样，只重仪表而不知爱惜自己呢？

东坡认为，这些养生之法，休闲之乐，是官场中人享受不到，体会不到的，故风趣地调侃："谁能书此乐，献于腰金翁"，言外之意，别看腰悬金印的高官重臣们看起来威风八面,他们也有他们的不自在。对此，东坡当是深有体验的，而不是酸葡萄心理在作怪。

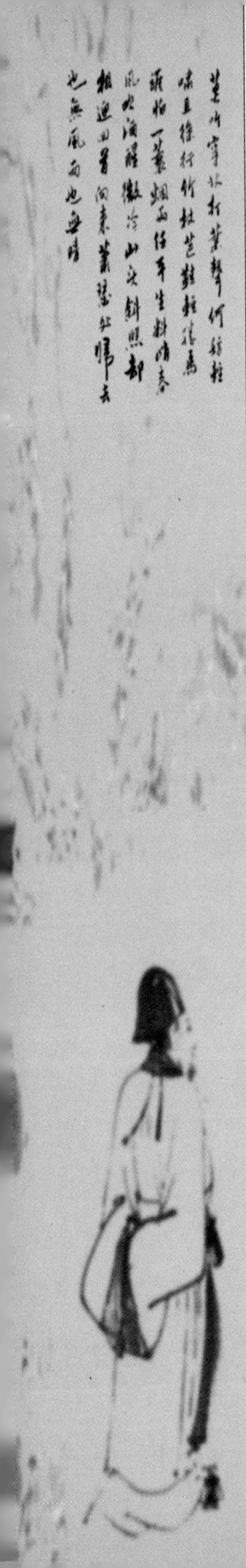

东坡不仅善于在细微小事中寻找乐趣，以养生自适，而且也以书生本色，借诗文以自娱。他把陶渊明、柳宗元的诗文置于左右，视为“南迁二友”。尤其是陶渊明，几乎成了他晚年崇拜的偶像。在扬州、惠州和陶诗的基础上，继续与陶渊明对话交流，把陶诗几乎和遍。在此期间，他既创作了二百多篇诗文，又继续黄州时期的学术研究。修订补充了《易传》、《论语说》，而且以大量精力完成了《书传》，并打算写一部史学批评专著《志林》，惜未能全部完成。

儋州不仅经济落后，文化更是让人忧虑。学舍里，学生星散，先生忍饥独坐，鸦雀无声。东坡身体力行，自觉担负起了培养后学、促进海南文化发展的责任。他经常与一些学生往来，指点其读书与作文的方法，许多学生也不远千里，追至贬所，从东坡学习。比如琼州人姜唐佐，自元符二年（1099）九月前来向东坡求学，直到第二年阳春三月才告辞而去。临行前，东坡在他的扇子上题诗两句“沧海何曾断地脉，白袍端合破天荒”。意思是说，海南虽与大陆隔着大海，但地脉相连，文脉也不应中断。这里虽一直无人中过科举，将来你一定能破此天荒，表达了殷切的期望。并鼓励他说：“异日登科，当为子成此篇。”姜唐佐果然没有辜负东坡的期望，于崇宁二年（1103）进京应试，成了海南第一位举人，只是当时东坡已经过世。中举之后，他专程拜访了当时致仕在家的苏辙，拿出了那把题诗扇。苏辙睹物思人，泪如雨下，提笔代兄续完了那首诗：

生长茅间有异芳，风流稷下古诸姜。

适从琼管鱼龙窟，秀出羊城翰墨场。

沧海何曾断地脉，白袍端合破天荒。

锦衣他日千人看，始信东坡眼力长。

东坡居儋四年，使该地“书声琅琅，弦歌四起”，且泽被后人。在姜唐佐中举之后，海南又出现了进士。有宋一代，海南有十三人中了举人，十二人中了进士。到了明代，海南更有了“海滨邹鲁”的美誉。

本是被放逐、流放者，却成了文化的传播、拓荒者！东坡之不幸，却成了海南之大幸！而海南的蛮荒与奇丽，也促成了东坡的自我完善。世事就是如此奇妙，世道就是这样实现了它的公正！

从东坡的诗词中我们看到，此时的东坡，已达到了很高的精神境界。他不仅以贬谪为闲适，乐天养命；不仅以诗文自娱著书立说；不仅以文明传播者自任，培养后学，而且还以贬谪为闲游，尽享游趣。

他自称：“少年好远游，荡志隘八荒”（《和陶拟古九首》）。他高唱：“吾生如寄耳，岭海亦闲游”（《郁孤台》）。他惊喜：“垂天雌霓云端下，快意雄风海上来”（《儋耳》）。他甚至说“他年谁作舆地志，海南万里真吾乡”（《吾谪海南，子由雷州，被命即行，了不相知。至梧乃闻其尚在藤也，旦夕当追及。作此诗示之》）。而海南立春之日的无限风光，更让他陶醉不已：

春牛春杖，无限春风来海上。便与春工，染得桃红似肉红。　　春幡春胜，一阵春风吹酒醒。不似天涯，卷起杨花似雪花。（《减字木兰花·立春》）

立春标志着寒冬过去，春回大地，万物复苏。因此，古代“立春之日，天子亲率三公、九卿、诸侯、大夫，以迎春于东郊。”（《礼记·月令》）地方也以各种形式表

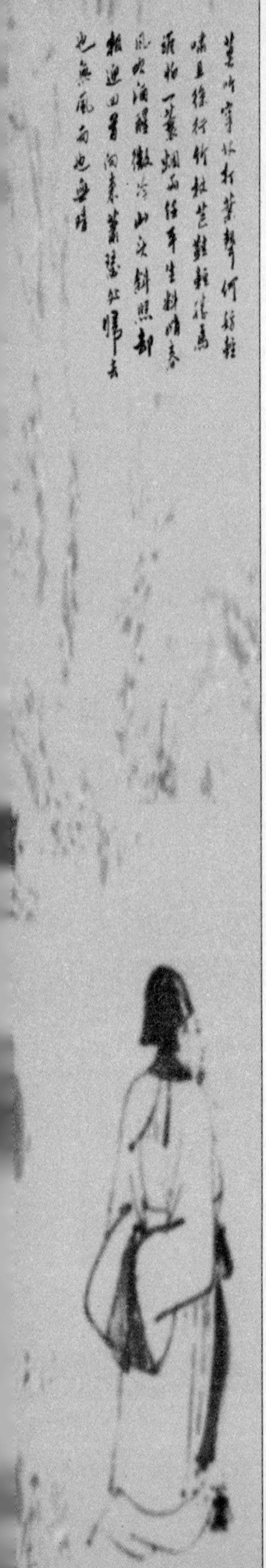

示对春天的欢迎，“立春幡，施土牛耕人于门外，以示兆民”（《后汉书·礼仪志》）。

词的上片描写海南立春习俗与风光。“春牛”，立春日前所造的土牛。“春杖”，指鞭打土牛的木杖。用木杖鞭打土牛，表示劝农，象征春耕的开始。“春牛春杖”，概写海南立春之日的“打春”习俗，既显示海南迎春与中原无异，又引起了作者对中原迎春的回忆。“无限春风来海上”，形容春风浩荡，春至人间的美丽景象，境界壮阔，令人心胸舒朗，又十分切合儋州地处海岛的特点。“便与”两句，把春天拟人化，写春天就像一个创造、化育万物的工匠，桃花被它吹染得红艳柔媚。

下片继续渲染立春的风光与热闹。“春幡”，即春旗，旧俗于立春挂春旗作为春至的象征。“春胜”，或指立春日妇女头上的饰物，或指庆祝春至的吉语，如李商隐《娇儿诗》所言：“请爷书春盛，春盛宜春日”。所谓“春幡”、“春胜”，就是到处挂着象征着春至的春旗，到处能听到贺春的吉祥话，使人如置身中原一般。“一阵”句以下，说在迎春仪式的宴席上，美酒醉人，风吹酒醒，更感觉不像身处天涯海角。你看，那漫天飞扬的杨花，多么像中原的雪花在飞舞啊！

短短的一首小词，竟用了七个“春”字、两个“花”字、两个“红”字来赞美海南之春的盎然生机与迷人风光。那绚丽的春景，轻快的节奏，洋溢的热情，让你很难想象，竟会出自一位年迈的贬官的心头！苏东坡旺盛的生命力与乐观旷达的胸襟，太让人佩服了！

谪居儋州整整三年后，六十五岁的苏东坡终于遇赦北归，在回归途中，他又吟出了一首著名的七律《六月二十日夜渡海》：

参横斗转欲三更，苦雨终风也解晴。
云散月明谁点缀，天容海色本澄清。
空馀鲁叟乘桴意，粗识轩辕奏乐声。
九死南荒吾不恨，兹游奇绝冠平生。

远谪海南，九死一生，竟成了他一生中最奇特、最有意思的游乐了！此种精神与情怀是前无古人的，但愿后有来者！

据陆游《老学庵笔记》记载，宰相章惇之所以把东坡流放到儋州而不是别处，竟有着文字游戏的成分："绍圣中贬元祐党人：苏子瞻儋州，子由雷州，刘华老新州，皆戏其字之偏旁也，时相之忍忮如此。"东坡字子瞻，便据"瞻"字偏旁贬儋州，实在是拿人命当儿戏！其险恶用心，是蓄意置东坡于绝境、死地。但了不起的苏东坡，却能够于绝处逢生，还能够在绝处逍遥！这大概是章惇之流怎么想也不会理解的吧！

"心似已灰之木，身如不系之舟。问汝平生功业，黄州、惠州、儋州。"（《自题金山画像》）经过了海风的吹拂和绝境的考验，他已经不再以外在的事功来看待人生的价值与意义了，他已经可以昂首笑看人间的一切了！

人们常说，人生就像一部大书，而苏东坡的一生，更是一部厚重、多彩、闪耀着智慧之光的大书！值得我们不断地读下去……

责任编辑：韩　宁
Tel：0312-5921819
E-mail：hanning1974@126.com
版式设计：赵　谦
责任印制：闻　利

图书在版编目(CIP)数据

天风海雨吟啸行：东坡词的智慧人生 / 周新华著.
—保定：　河北大学出版社，2008.5
(走进古典丛书)
ISBN　978 - 7 - 81097 - 250 - 5

Ⅰ. 天…　Ⅱ. 周…　Ⅲ. 苏轼(1036～1101)—宋词—文学研究
Ⅳ.I207.23

中国版本图书馆 CIP 数据核字 (2008) 第 029634 号

出版：河北大学出版社
地址：保定市五四东路 180 号
经销：全国新华书店
印制：保定天德印务有限公司
规格：1/16(710mm×1000mm)
印张：15.25
字数：167 千字
版次：2008 年 5 月第 1 版
印次：2008 年 5 月第 1 次
书号：ISBN　978-7-81097-250-5/I·209
定价：27.00 元